BACKEN
mit Liebe

BACKEN
mit Liebe

Reader's Digest
Deutschland · Schweiz · Österreich

Zusammenstellung der Rezepte und Redaktion: Redaktionsbüro Cornelia Klaeger (Petra Casparek, Christiane Hunstein), München

Reader's Digest
Projektleitung:
Joachim Wahnschaffe
Grafik: Thomas Maier
Bildredaktion: Christina Horut
Prepress: Andreas Engländer
Produktion: Thomas Kurz

Ressort Buch
Redaktionsdirektorin:
Suzanne Koranyi-Esser
Redaktionsleiterin:
Dr. Renate Mangold
Art Director: Susanne Hauser

Operations
Leitung Produktion Buch:
Norbert Baier

Satz und Reproduktion
Meyle+Müller GmbH+Co.KG,
Pforzheim

Druck und Binden
Mohn media Mohndruck, Gütersloh

Dritte Auflage 2010

GR 1269/IC

Printed in Germany

ISBN 3-89915-223-9

Besuchen Sie uns im Internet:
www.readersdigest.de

Zu diesem Buch

Backen liegt nach wie vor im Trend! Das Anrühren einer Fertigbackmischung ist eine Sache – doch wie viel befriedigender ist es, Teigzutaten abzuwiegen, miteinander zu verrühren oder zu verkneten und daraus einen Kuchen entstehen zu lassen. Wer aus Lust und Freude backt und wer auf der Suche nach bewährten Klassikern, aber auch nach neuen Backideen ist, wird in diesem Buch mit Sicherheit unzählige Anregungen finden: Die Bandbreite reicht von Käsekuchen und Frankfurter Kranz bis zu modernem Gebäck wie Muffins und Tartes. Die Rezepte sind so einfach beschrieben, dass selbst unerfahrenen Hobbybäckern das Backen gelingen wird. Damit auch wirklich nichts schief geht, sollten Sie ein paar grundsätzliche Dinge bei den Rezepten beachten: Wird bei den Zutaten „Mehl" angegeben, ist damit immer Weizenmehl Type 405 gemeint. Gebacken wird normalerweise auf der mittleren Schiene im vorgeheizten Backofen, es sei denn, es steht ausdrücklich anders im Rezept. Die Backzeiten sind Richtwerte, dabei wird von herkömmlichen Backformen aus Metall ausgegangen. Bei Formen aus anderen Materialien, wie Glas, Keramik oder Silikon, können die Backzeiten zum Teil erheblich nach oben oder unten abweichen. Und nun guten Appetit!

Inhalt

Grundteige Schritt für Schritt 10

Kuchen mit Früchten und Beeren 38

Klassische Kuchen und Torten 98

Festliche Sahnetorten und Cremestücke 134

Kleines Gebäck und Kekse 166

Allerlei für Advent und Weihnachten 208

Brot und Frühstücksgebäck für jeden Tag 240

Herzhafte Teilchen für jede Gelegenheit 274

Pizza, Quiche und pikante Kuchen 306

Fragen und Antworten rund ums Backen 342
Rezeptregister 346

Grundteige Schritt für Schritt

Schnell und

einfach

So gelingt Rührteig

Beispiel: Schoko-Napfkuchen

Für 1 Napfkuchenform (24 cm Ø)
250 g Butter, mehr für die Form
150 g Zucker
1 Päckchen Vanillezucker
1 Prise Salz
4 Eier
500 g Mehl
1 Päckchen Backpulver
100–125 ml Milch
Semmelbrösel für die Form

VORBEREITUNGSZEIT 15 MINUTEN
BACKZEIT SIEHE KASTEN RECHTS

- Den Teig zu Anfang mit den Schneebesen des Handrührgeräts oder der Küchenmaschine kräftig aufschlagen, damit er schön locker wird.
- Den Backofen auf 180 °C (Umluft 160 °C, Gas Stufe 2–3) vorheizen. Die Form in den Ofen stellen und den Kuchen 65 Minuten backen. Garprobe machen (siehe S. 26).
- Den fertigen Kuchen aus dem Ofen nehmen, 10 Minuten in der Form abkühlen lassen. Dann aus der Form lösen und auf einem Kuchengitter völlig auskühlen lassen.
- Den kalten Rührkuchen mit 50 g geschmolzener dunkler Kuvertüre überziehen. Nach Belieben mit gehackten Mandeln oder Nüssen bestreuen.

Im Backofen

Flacher Blechkuchen
Backofentemperatur: 180 °C (Umluft 160 °C, Gas Stufe 2–3); mittlere Schiene; Backzeit 15–20 Minuten

Halbhohes Gebäck auf dem Blech oder in der Kastenform
Backofentemperatur: 180 °C (Umluft 160 °C, Gas Stufe 2–3); mittlere Schiene; Backzeit: 20–40 Minuten

Hohe Kuchen in der Napfform
Backofentemperatur: 180 °C (Umluft 160 °C, Gas Stufe 2–3); zweitunterste Schiene; Backzeit: 50–70 Minuten

1 Für den Rührteig alle Zutaten abwiegen und abmessen. Gekühlte Zutaten schon 1 Stunde zuvor aus dem Kühlschrank nehmen, damit sie Raumtemperatur annehmen können.

2 Die Backform ausfetten und mit Semmelbröseln ausstreuen. Die Form drehen und leicht schütteln, damit sich die Semmelbrösel gut verteilen. Überschüssige Brösel entfernen.

3 Butter, Zucker, Vanillezucker und 1 Prise Salz zu einer hellen, schaumigen Creme schlagen, bis sich der Zucker aufgelöst hat. Die Eier trennen und die Eigelbe unter den Teig rühren.

4 Das Mehl und das Backpulver mischen und löffelweise abwechselnd mit der Milch unter den Teig rühren. So lange rühren, bis alle Zutaten miteinander verbunden sind.

5 Die Eiweiße steif schlagen und mit dem Spatel unter den Teig heben. Je nach Rezept weitere Geschmackszutaten wie Schokoraspel, Nüsse oder Rosinen unter den Teig heben.

6 Den Teig in die Form füllen, dabei das obere Viertel frei lassen: Rührteig geht beim Backen bis zu einem Viertel auf! Die Teigoberfläche mit einer Teigkarte glatt streichen.

Die schönsten Varianten

Rodonkuchen
50 g geschälte und gehackte Mandeln, 100 g Sultaninen und je 50 g klein gehacktes Zitronat und Orangeat mit 2 EL Mehl vermischen. Die Zutaten mit dem Eischnee unter den Teig heben. Den fertigen Kuchen mit einer Glasur aus 100 g Puderzucker und 1–2 EL Zitronensaft oder Rum überziehen.

Schokoladen-Walnuss-Kuchen
100 g Zartbitterschokolade und 50 g Walnüsse grob hacken und mit dem Eischnee unter den Teig heben. Den fertigen Kuchen mit dunkler Kuvertüre überziehen.

PRAKTISCHE BACKTIPPS

Backblech und Form vorbereiten

- Bleche und Formen sehr sorgfältig bis in die kleinsten Rillen und Kanten mit Butter oder Margarine ausfetten, nie mit Öl. Blech oder Form anschließend mit Semmelbröseln, fein gehackten Nüssen oder Kuchenbröseln ausstreuen, bis die gesamte Innenfläche mit einer dünnen Schicht überzogen ist. Überschüssige Brösel entfernen.
- Bleche, Spring- und Kastenformen lassen sich gut mit passend zurechtgeschnittenem Backpapier auslegen, in diesem Fall entfallen das Einfetten und Ausstreuen.
- Kuchen aus Rührteig bleibt besonders lange frisch, wenn man das Backpapier erst unmittelbar vor dem Anschneiden entfernt.

Kuchen stürzen

Den fertigen Kuchen aus dem Ofen nehmen und 10 Minuten in der Form ruhen lassen. Den Kuchen mit einem Messer vorsichtig vom Rand der Form lösen und auf ein Kuchengitter stürzen. Aus einer Kastenform den Kuchen am besten seitlich auf das Gitter gleiten lassen, damit er nicht bricht. Dann auf dem Gitter vollständig abkühlen lassen. Torten aus Rührteig mit einem großen Messer waagrecht durchschneiden und wie im Rezept angegeben mit Creme, Konfitüre und/oder Früchten füllen.

Wird die Backform nch dem Fetten mit Semmelbröseln ausgestreut, lässt sich der gebackene Kuchen leicht aus der Form lösen. Glatte Formen können auch mit Mandelblättchen oder ganzen Pinienkernen ausgestreut werden.

Kuchen überziehen

Nur völlig abgekühlte Kuchen mit Kuvertüre oder Guss überziehen. Von feinem Geschmack und sehr saftig werden Rührkuchen, wenn sie zuerst mit erwärmter, fein passierter Aprikosenkonfitüre und anschließend mit Puderzuckerguss überzogen werden.

Aufbewahren und einfrieren

- Rohen Rührteig stets sofort backen. Sollten doch einmal Wartezeiten entstehen, den Teig mit Folie bedecken und im Kühlschrank aufbewahren – nie bei Raumtemperatur, da Wärme das Backpulver vorzeitig aktiviert.
- Rührkuchen hält sich in einem Folienbeutel, einer Weißblechdose oder unter der darüber gestülpten Backform an einem kühlen Ort 3–5 Tage frisch. Kuchen und Gebäck aus Rührteig lassen sich gut einfrieren und so bis zu 6 Monate aufbewahren. Zum portionsweisen Einfrieren den Kuchen in Scheiben oder Stücke schneiden, diese nebeneinander auf ein Tablett legen und mehrere Stunden vorgefrieren. Erst dann die Kuchenscheiben in Gefrierbeutel füllen; luftdicht verschließen. So kann man nach Belieben den Kuchen scheiben- bzw. stückweise entnehmen und je nach Bedarf rasch bei Raumtemperatur auftauen lassen.

Wenn der Kuchen zu dunkel wird

Geht der Kuchen beim Backen hoch auf, wird seine Oberfläche leicht zu dunkel. Den Kuchen dann möglichst 1 Einschubleiste niedriger setzen und mit Alufolie bedecken.

Eine abgebrochene Kuchenecke wird mit Abrikosenkonfitüre befestigt.

Kuchenstücke zum Einfrieren zunächst auf einem Tablett vorgefrieren, anschließend portionsweise verpacken.

Kuchenreste

- Für leckere Brösel können Sie leicht angetrocknete Reste von Rührteigkuchen offen vollständig trocken und fest werden lassen. Dann im Blitzhacker zu feinen Bröseln verarbeiten. Die Brösel in eine fest schließende Blechdose geben und im Vorratsschrank aufbewahren oder in einen Gefrierbeutel füllen und einfrieren. Die Kuchenbrösel nach Bedarf zum Ausstreuen von ausgefetteten Formen und zum Bestreuen von süßen Mürbeteigböden verwenden.
- Für einen Trifle größere, leicht angetrocknete Kuchenreste in Scheiben schneiden. Diese mit Saft oder einer Saft-Likör-Mischung beträufeln. Die Kuchenscheiben abwechselnd mit Vanillepudding und Beeren oder Obstkompott in eine große Schüssel schichten. Zugedeckt 4–5 Stunden im Kühlschrank durchziehen lassen. Mit einer dicken Schicht geschlagener Sahne bedecken, mit Obst garnieren und als Dessert servieren oder statt Kuchen zum Kaffee.
- Für Eisdesserts wie Tiramisu-Eis Kuchenreste grob zerbröckeln. Eis nach Rezept herstellen und in der Eismaschine halbfest gefrieren. Die Kuchenreste hinzugeben und das Eis komplett gefrieren lassen. ■

Obstmuffins – schnell gerührt

Damit die kleinen Törtchen aus Rührteig schön aufgehen und nach dem Backen locker sind, die Teigzutaten am besten nur mit einem Kochlöffel verrühren, bis sie gerade vermischt sind.

1 Den Backofen auf 180 °C (Umluft 160 °C, Gas Stufe 2–3) vorheizen; die Papierförmchen in die Mulden des Muffinblechs setzen.

2 Mehl, Backpulver, Zucker, Zitronenschale und Salz in einer Schüssel mischen. In einer zweiten großen Schüssel Butter, Ei und Flüssigkeit kräftig verquirlen.

3 Die trockenen Zutaten und das vorbereitete Obst esslöffelweise zu den flüssigen Zutaten geben. Alles nur so lange vermischen, bis alle Zutaten gerade angefeuchtet sind, aber kein homogener Teig entsteht.

4 Teig zwei Drittel hoch in die Mulden füllen. Mit Zucker bestreuen und im Ofen 20–25 Minuten backen.

Für 1 Muffinblech (12 Stück)
200 g Mehl
1 EL Backpulver
100 g Zucker
2 TL abgeriebene Zitronenschale
1/4 TL Salz
50 g zerlassene abgekühlte Butter, mehr für die Form
1 Ei
250 ml Flüssigkeit (Buttermilch, Milch oder 250 g saure Sahne)
200 g Beeren (z. B. Heidelbeeren, Himbeeren, Johannisbeeren) oder in Stücke geschnittene Aprikosen oder Pflaumen
2 EL Puderzucker zum Bestauben

VORBEREITUNGSZEIT 15 MINUTEN
BACKZEIT 20–25 MINUTEN

So gelingt Hefeteig

Beispiel: Frühstücksbrötchen

Für 10 Stück oder 1 Brot
4 EL geschmacksneutrales Öl (z. B. Maiskeim-, Sonnenblumen- oder Rapsöl) oder 50 g Butter
1/2–1 TL Salz
500 g Weizenmehl Type 405, 550 oder 1050, mehr zum Arbeiten
42 g Hefe (1 Würfel) oder 1 Päckchen Trockenhefe
1 TL Zucker
250–300 ml Flüssigkeit (z. B. Buttermilch, Milch oder Wasser)
1 Ei
Butter oder Margarine für das Blech

VORBEREITUNGSZEIT 40 MINUTEN
PLUS 1–1 1/2 STUNDEN RUHEZEIT
BACKZEIT SIEHE KASTEN RECHTS

- Alle Zutaten sollten Raumtemperatur haben. Die Flüssigkeit auf ungefähr 30 °C (angenehm lauwarm) erwärmen. Sie darf nicht zu warm werden – dann verliert die Hefe ihre Treibkraft!
- Den Teig 5–10 Minuten am besten mit den Händen kneten und schlagen, bis er schön elastisch ist. Dabei nur so viel Mehl oder weitere Flüssigkeit zugeben, dass der Teig gerade nicht mehr klebt und schön weich ist.
- Zum Gehenlassen den Teig in eine Schüssel legen, mit einem Küchentuch bedecken und die Schüssel an einen zugfreien warmen Ort (etwa 30 °C) stellen. Ist der Teig lange genug aufgegangen, fühlt er sich so zart wie ein Ohrläppchen an.

Im Backofen

Teilchen oder Brötchen
Backofentemperatur: 220 °C (Umluft 200 °C, Gas Stufe 4–5); mittlere Schiene; Backzeit 10–15 Minuten

Flache Kuchen
Backofentemperatur: 220 °C (Umluft 200 °C, Gas Stufe 4–5); mittlere Schiene; Backzeit: 20–35 Minuten

Hohe Kuchen oder Brote
Backofentemperatur: 200 °C (Umluft 180 °C, Gas Stufe 3–4); zweitunterste Schiene; Backzeit: 40–60 Minuten

1 Öl oder weiche Butter, Salz und nach Belieben die geschmacksgebenden Zutaten in eine Rührschüssel geben. Das Mehl darauf schütten. Eine Mulde in die Mitte drücken.

2 Schnellmethode: Flüssigkeit, Zucker und Ei verquirlen, Hefe hineinrühren; zum Mehl gießen. Mit den Knethaken 4–5 Minuten verkneten. Zugedeckt 30 Minuten gehen lassen.

3 Herkömmliche Methode: Hefe in die Mulde geben, Zucker darauf streuen, Hefe mit etwas lauwarmer Flüssigkeit und etwas Mehl verrühren. Zugedeckt 30 Minuten gehen lassen.

4 Ein Blech fetten. Den Vorteig mit allem Mehl, sämtlicher Flüssigkeit und dem Ei kräftig verkneten; zugedeckt 30 Minuten ruhen lassen. Den Schnellteig durchkneten.

5 Für Brötchen den Teig mit bemehlten Händen zu einer Rolle formen. Zugedeckt an einem warmen Ort gehen lassen, bis sich das Teigvolumen verdoppelt hat. In 10 Stücke schneiden.

6 Brötchen formen, auf das Blech setzen – dicht nebeneinander gesetzt bleiben sie an den Seiten weich, mit 3 cm Abstand werden sie knusprig. Nochmals gehen lassen, dann backen.

Die schönsten Varianten

Focaccia mit Kräutern und Oliven
Aus 500 g Weizenmehl Type 1050, 2 TL Salz, 100 ml Olivenöl, 1 Würfel frischer Hefe und 250 ml lauwarmem Wasser einen Teig kneten, zugedeckt 30 Minuten gehen lassen. Anschließend je 2 TL fein gehackten Rosmarin, Thymian und Oregano sowie 150 g klein geschnittene Oliven unter den Teig kneten. Wie beschrieben weiter arbeiten, Teig zu einem ovalen Laib formen, gehen lassen und backen.

Süße Brötchen
Den Grundteig mit Butter, 1 TL abgeriebener Zitronenschale, 1 TL Zimtpulver und 50 g Zucker zubereiten. Nach Belieben 100 g gut abgetropfte Rumrosinen, halbierte, geröstete Haselnüsse, grob gehackte Walnüsse, gewürfelte kandierte Früchte oder Schokoladenstücke unter den Teig arbeiten. Brötchen formen, gehen lassen und vor dem Backen mit einer Mischung aus 50 ml Milch und 2 EL Zucker bestreichen.

PRAKTISCHE BACKTIPPS

Zutaten

- Fett: Öl ist als Fettzugabe für Hefeteige praktisch, da es flüssig ist und sich gleichmäßig mit den restlichen Zutaten verbindet. Butter schmeckt besonders gut in süßem Hefeteiggebäck. Zum Verarbeiten muss sie weich sein; im Mikrowellengerät bekommen 250 g mit 300 W in 20–30 Sekunden die richtige Konsistenz. Das Fett sollte nie direkt mit der Hefe in Berührung kommen, da es deren Treibkraft beeinträchtigt.
- Salz: Es unterbindet die Treibkraft der Hefe, darum nicht auf die Hefe, sondern vor oder mit dem Mehl in die Schüssel geben.

Praktisch: Hefeteig am Abend zuvor fertig stellen, dann über Nacht im Kühlschrank ruhen lassen.

- Mehl: Sie können bis zu zwei Drittel vom Weizenmehl Type 405 durch Mehl anderer Typen ersetzen. Dabei muss man je nach Mehltype zusätzlich lauwarme Flüssigkeit zufügen, sonst wird der Teig zu fest und geht nicht auf. Faustregel: Je höher die Mehltype, desto mehr Flüssigkeit braucht der Teig. Die zusätzliche Flüssigkeit nach und nach in den Teig einkneten. Das geht am besten, wenn man immer wieder eine Hand voll Wasser unter den Teig knetet, bis er weich ist, aber nicht klebt.
- Hefe: Frische Hefe riecht angenehm obstartig und bricht blättrig. Luftdicht verpackt, hält sie im Kühlschrank etwa 2 Wochen. Im Gefriergerät lässt sich frische Hefe etwa 1 Jahr lagern. Sie verliert dabei jedoch 30–50 % ihrer Treibkraft; deshalb sollten Sie von eingefrorener Hefe knapp die doppelte Menge verwenden. Gefrorene Hefe taut binnen weniger Minuten in der lauwarmen Flüssigkeit auf und wird dabei flüssig.

Teig gehen lassen

- Hefeteig mit wenig Butter oder Öl zu einer Kugel formen, in eine große Schüssel legen und die Schüssel mit einem trockenen oder leicht angefeuchteten Küchentuch bedecken.

Ist der Vorteig nötig?

Ob man den Hefeteig mit oder ohne Vorteig zubereitet, ist Geschmackssache und hängt meist davon ab, nach welcher Methode man die Teigzubereitung gelernt hat. Frische Hefe und Trockenhefe sind heutzutage dank industrieller Fertigungsmethoden von gleichbleibend bester Qualität und garantieren ein einwandfreies Backergebnis. Entscheidend für das Gelingen von Hefeteig sind ausreichend langes Kneten und das Gehenlassen des Teigs sowie die richtige Temperatur der Zutaten.

Hefeteig ist genug aufgegangen, wenn er weich und flaumig ist und beim Eindrücken leicht zusammensackt.

Den Teig an einem warmen, zugfreien Ort gehen lassen. Im Winter kann man die Schüssel auch auf die Heizung stellen (ein mehrfach gefaltetes Geschirrtuch darunter legen) oder in den auf 50 °C eingeschalteten Backofen bei geöffneter Tür. Vorsicht, dass der Teig dabei nicht zu heiß wird, die Hefe verliert dann ihre Treibkraft.

- Hefeteige mit viel Butter mit Frischhaltefolie bedecken und über

Den Teig mit den Handballen richtig kräftig durchkneten und wiederholt auf die Arbeitsfläche schlagen. Kühle Arbeitsflächen aus Marmor oder anderem Stein mit einem heiß angefeuchteten Geschirrtuch vorwärmen.

Nacht im Kühlschrank ruhen und dabei gehen lassen. Dadurch wird die Porung schön gleichmäßig und klein, und das Fett schwitzt beim Gehenlassen nicht aus.

Reste verwerten

- Teigreste: Am besten als Brötchen, Brezeln oder kleine Kuchen backen.
- Kuchenreste: Trockene, süße Kuchenreste für Obstaufläufe verwenden.
- Brotreste: Trocknen lassen und zu Semmelbröseln verarbeiten, dann für Hackfleischteig oder Semmelknödel verwenden.

Aufbewahren und einfrieren

- Roher Teig: Hefeteig lässt sich sehr gut einfrieren. Bereits ausgeformter Teig hält sich 3–4 Monate im Gefriergerät. Lohnender ist es, den Teig zu 90 % fertig zu backen und dann das Gebäck einzufrieren.
- Fertiges Gebäck: Fett- oder quarkhaltiges Hefegebäck bleibt länger frisch als trockenes; Hefegebäck mit Eiern wird relativ schnell trocken. Hefegebäck mit höherem Fettgehalt etwa 2 Monate, Gebäck mit niedrigem Fettgehalt maximal 10 Monate im Gefriergerät lagern. ■

Roggenbrötchen

Damit Roggenteig beim Backen aufgeht, brauchen Sie mehr als Hefe. Zusätzlich muss Sauerteigextrakt untergeknetet werden.

Für 12 Brötchen
Für den Teig
1 EL geschmacksneutrales Öl
1 TL Salz, 250 g Roggenmehl Type 1800
250 g Mehl, mehr zum Arbeiten
1/2 Päckchen Sauerteigextrakt (25 g)
21 g Hefe (1/2 Würfel)
1 TL Zucker
Korianderkörner, Sesamsamen oder Roggenschrot zum Bestreuen

Vorbereitungszeit 45 Minuten plus 1 1/2 Stunden Ruhezeit
Backzeit 20–25 Minuten

1 Das Öl mit dem Salz und den beiden Mehlsorten in eine Schüssel geben. 250–300 ml lauwarmes Wasser mit Sauerteigextrakt, Hefe und Zucker verschlagen und zur Mehlmischung gießen. Alles mit den Knethaken des Handrührgeräts 5 Minuten verkneten, bis sich der Teig vom Schüsselrand löst. Den Teig zugedeckt an einem warmen Ort 30 Minuten gehen lassen.

2 Ein Blech mit Backpapier belegen. Den Teig weitere 10 Minuten kneten; zu einer 6 cm dicken Rolle formen, In 12 Scheiben schneiden und diese zu Brötchen formen. Mit 3 cm Abstand voneinander auf das Blech legen. Die Brötchen mit Wasser bestreichen, dann mit Korianderkörner, Sesamsamen und Roggenschrot bestreuen.

3 Die Brötchen zugedeckt 1 Stunde bei Raumtemperatur gehen lassen. Den Ofen auf 220 °C (Umluft 200 °C, Gas Stufe 3–4) vorheizen. Die Brötchen 20–25 Minuten backen.

So gelingt Quark-Öl-Teig

Beispiel: Obst-Streusel-Kuchen

Für 1 Backblech (12–16 Stücke)
350 g Magerquark
400 g Mehl, mehr zum Arbeiten
1 Päckchen und 2 TL Backpulver
1 Prise Salz
5–6 EL Zucker
1 Päckchen Vanillezucker oder 1 TL abgeriebene Zitronenschale
1 Ei
2 EL Öl
4–5 EL Milch
Butter für das Blech nach Bedarf

VORBEREITUNGSZEIT 15 MINUTEN
BACKZEIT SIEHE KASTEN UNTEN

- Dieser Teig muss sofort nach der Zubereitung gebacken werden, da das darin enthaltene Backpulver sonst seine Treibkraft verliert. Deshalb den Belag oder die Füllung stets vorbereiten, bevor man mit der Teigherstellung beginnt.
- Für Streusel 200 g Mehl, 100 g Zucker, 100 g weiche Butter und 1 Messerspitze Zimt mit den Händen zu einem krümeligen Teig verkneten. Falls nötig noch etwas Mehl zugeben.

Im Backofen

Flache und kleine Gebäckstücke
Backofentemperatur: 180 °C (Umluft 160 °C, Gas Stufe 3–4); mittlere Schiene; Backzeit: 15–20 Minuten

Hohe Kuchen
Backofentemperatur: 200 °C (Umluft 180 °C, Gas Stufe 3–4); zweitunterste Schiene; Backzeit: 25–30 Minuten

1 Den Quark in einem Sieb abtropfen lassen. Vom trockenen Quark 200 g abwiegen und durch ein Sieb streichen. Das Blech mit Backpapier belegen oder mit Butter bestreichen.

2 Mehl, Backpulver, Salz, Zucker, Vanillezucker oder Zitronenschale in einer Schüssel vermischen. Quark, Ei, Öl und Milch zufügen und alles zu einem krümeligen Teig verkneten.

3 Die Arbeitsfläche dünn mit Mehl bestreuen. Den Teig darauf geben, mit den Händen zu einem Kloß verkneten. Dabei nur wenig Mehl einarbeiten, sonst wird der Kuchen trocken.

4 Den Teig sofort auf der bemehlten Arbeitsfläche oder auf dem Backblech ausrollen. Für Brötchen und Gebäck den Teig zur Rolle formen, in Stücke teilen und ausformen.

5 Den nach dem jeweiligen Rezept vorbereiteten Belag auf dem Teig verteilen. Obstschnitze dachziegelartig dicht hintereinander in Reihen darauf legen, Beeren darauf streuen.

6 Streusel oder anderen Belag gleichmäßig über dem Obst verteilen. Den Kuchen im vorgeheizten Ofen backen. Fertigen Kuchen oder Gebäck auf einem Kuchengitter auskühlen lassen.

Die schönsten Varianten

Käsebrötchen
100 g Gruyère, 50 g Parmesan und 100 g Cheddar fein reiben. Mit 1 TL grob geschrotetem schwarzem Pfeffer unter den Teig kneten. Teig zu einer Rolle formen. In 10 Stücke teilen und diese zu Brötchen formen. Mit Milch bestreichen, mit Sesam- und Mohnsamen bestreuen, dann backen.

Kräuter-Zopfbrot
Den Teig mit Sonnenblumenöl zubereiten. 70 g Sonnenblumenkerne und je 2 EL gehackten Kerbel, Dill und Schnittlauch sowie 2 EL gehackte Petersilie darunter kneten. Den Teig in 3 Stücke teilen, diese zu Rollen formen und zu einem Zopf flechten. Den Zopf mit Schlagsahne bestreichen und backen.

So gelingt Mürbeteig

Beispiel: Obsttörtchen

Für 8 Tartelettförmchen
250 g Mehl
1 Prise Salz
2–4 EL feiner Zucker oder Puderzucker
125 g Butter
1 Ei oder 2 Eigelb
1 Päckchen Vanillezucker oder 1 TL abgeriebene Zitronenschale
2–3 EL Flüssigkeit (Weißwein oder Wasser)

Vorbereitungszeit 15 Minuten plus mindestens 30 Minuten Kühlzeit
Backzeit siehe Kasten rechts

- Für Mürbeteig alle Zutaten abwiegen bzw. abmessen und bereitstellen. Fett und Flüssigkeit sollen kühl sein.
- Bevor der Teig mit den Händen geknetet wird, diese unter fließendem Wasser kühlen, dann abtrocknen. Die Masse rasch zusammendrücken. Die einzelnen Bestandteile des Teigs dürfen noch erkennbar sein.
- Zum Blindbacken den Teigboden mit Backpapier bedecken und getrocknete Hülsenfrüchte einfüllen. In den vorgeheizten Backofen schieben und 12–15 Minuten backen. Herausnehmen. Hülsenfrüchte und Backpapier vom Teigboden entfernen. Den Tortenboden in der Form auf einem Kuchengitter auskühlen lassen.
- 300 ml Milch, 200 g Sahne, 50 g Zucker, 1 Päckchen Vanillepuddingpulver zu einem Pudding kochen. 4 Kiwis in Scheiben schneiden. 250 g Erdbeeren putzen. Torteletts mit Vanillecreme bestreichen, dann mit Obst belegen.

Im Backofen

Flaches Gebäck

Backofentemperatur: 180 °C (Umluft 160 °C, Gas Stufe 2–3); mittlere Schiene; Backzeit 7–20 Minuten

Hohes Gebäck

Backofentemperatur: 180 °C (Umluft 160 °C, Gas Stufe 2–3); zweitunterste Schiene; Backzeit: 35–40 Minuten

1 Für den Mürbeteig das Mehl, Salz, Zucker, Butter, Ei oder Eigelbe und Vanillezucker oder Zitronenschale in die Rührschüssel geben. Die Flüssigkeit hinzufügen.

2 Mit den Knethaken des Rührgeräts erst auf niedriger, dann auf hoher Stufe in 1 Minute alle Zutaten zu einer feinkrümeligen Masse vermengen. Mit den Händen weiterkneten.

3 Den Teig zur Kugel formen oder in Kugeln teilen. Diese etwas flach drücken, mit Folie bedecken und für mindestens 30 Minuten – besser über Nacht – in den Kühlschrank legen.

4 Den Teig 3–5 mm dick ausrollen, mit einer langen Palette oder einem breiten Messer von der Arbeitsfläche lösen und die Form oder die Förmchen damit auskleiden.

5 Den Teig in den Formen vor dem Backen einige Male mit einer Gabel einstechen. 30 Minuten kühl stellen, damit das Gebäck mürber wird und nicht schrumpft.

6 Soll beim Backen der Rand hoch am Formrand anliegen und der Boden flach bleiben wie bei Torteletts oder Tortenböden, den Teig im vorgeheizten Ofen blindbacken (siehe S. 20).

Die schönsten Varianten

Salziger Mürbeteig
300 g Mehl , 1 TL Salz, 200 g Butter, 1 Ei und 4–5 EL Wasser mit 4 EL geriebenem Parmesan oder 1–3 TL getrockneten Kräutern und Paprikapulver und Pfeffer verkneten.

Mürbeteig mit Nüssen
100 g Haselnüsse in der trockenen Pfanne rösten. Abkühlen lassen und die dünnen Häutchen abreiben. Die Nüsse fein mahlen. 100 g Mehl durch die gemahlenen Nüsse ersetzen und anstelle von Wein oder Wasser 2–3 EL Nusslikör zum Teig geben.

PRAKTISCHE BACKTIPPS

Zutaten

- Zucker: Am besten feinen Zucker verwenden, weil er sich gut im Teig verteilt, ansonsten wird das fertige Gebäck hart. Mürbeteig, der ausschließlich mit Puderzucker zubereitet wird, hat einen geringeren Biss.
- Butter: Wird der Teig mit dem Handrührgerät geknetet, soll das Fett kühl, aber nicht hart sein. Wird nur von Hand geknetet, muss es etwas kälter und härter sein.
- Eier: Eiweiß macht den rohen Teig feucht und das Gebäck hart. Durch die Zugabe von Eigelb lässt sich der Teig leichter verarbeiten und das Gebäck wird schön gelb und mürbe. 1 Ei im Mürbeteig kann man ersetzen, indem stattdessen 4–6 EL sehr kalte Flüssigkeit zugefügt werden.
- Flüssigkeit: Die Flüssigkeitsmenge richtet sich stets nach der Mehlsorte sowie der Fettemperatur und -konsistenz. Geben Sie zu Beginn 1 EL Flüssigkeit weniger als im Rezept vorgesehen dazu, und fügen Sie dann nach Bedarf tropfenweise mehr zu.

Die Teigzutaten für den Mürbeteig in einer Schüssel mit den Fingern zerbröckeln, dann mit den Händen verkneten und zu einer Kugel formen.

Zum Auskleiden einer Tarteform den ausgerollten Teig so in die Form legen, dass er über die Ränder hängt. Mit einer Teigrolle über den Formrand rollen und dadurch den Teig abschneiden.

- Backpulver: ½–1 TL Backpulver macht fettarme Mürbeteige mürber, beeinträchtigt aber den feinen Geschmack des Mürbegebäcks.

Kneten

- Die Teigzutaten in in eine Schüssel geben. Rasch mit 2 Messern zerschneiden, mit einer großen Gabel zerdrücken oder mit den Fingerspritzen zerbröseln und zusammenkneten.
- Oder: Die Teigzutaten auf der Arbeitsfläche mit einem möglichst langen Messer hacken, dabei gleichzeitig das Mehl immer wieder zur Mitte schieben. Alles mit kühlen Händen rasch zusammendrücken.
- Wenn der Teig zu lange geknetet wird, schmilzt das Fett; der Teig bekommt ein glänzend-öliges Aussehen, bröckelt und klebt. Weitere Mehlzugaben machen ihn hart und mehlig. Um einen solchen Teig zu retten, kühlt man ihn am besten über Nacht und knetet am nächsten Tag rasch 1–2 EL eiskaltes Wasser tropfenweise unter.

Plätzchen backen

- Wer Plätzchen in der Konsistenz sandiger mag, kann ein Drittel des Mehls durch Speisestärke ersetzen.
- Plätzchen sind schnell gemacht, wenn man Mürbeteig zur Rolle formt, diese in gehackten Nüssen oder Hagelzucker wälzt und dann in knapp 5 mm dicke Scheiben schneidet.
- Plätzchen bleiben beim Ausstechen nicht an den Ausstechförmchen kleben, wenn man die Förmchen mit den scharfen Ausstechseiten immer wieder in Mehl taucht.
- Ausgestochene Plätzchen werden mürbe und behalten besser ihre Form, wenn sie auf gekühlte Backbleche gelegt und nach Möglichkeit kühl gestellt werden, bis das im Teig enthaltene Fett erkaltet ist.

Reste verwerten

- Teigreste: Aus Mürbeteigresten können Sie Plätzchen, Torteletts oder Schiffchen backen. Diese in einer fest schließenden Dose gut 1 Woche aufbewahren und später füllen. Empfeh-

Für Pies oder gedeckte Mürbeteigkuchen kann die obere Kante wie im Bild gezeigt hübsch verziert werden.

lenswert ist es auch, sich einen Vorrat im Gefriergerät anzulegen, denn die dünnen Mürbeteigböden sind schnell aufgetaut und nach Bedarf gefüllt. Ideal zur Bewirtung von unerwartetem Besuch.

- Gebäckreste: Zerbröckeltes oder angetrocknetes Mürbeteiggebäck ist eine willkommene Zutat für Obstaufläufe, Süßspeisen oder Krümelböden von Dessertkuchen.

Aufbewahren und einfrieren

- Roher Teig: In Gefrierbeutel oder in Folie verpackt, hält sich der Teig 5–7 Tage im Kühlschrank. Damit er sich später leicht ausrollen lässt, den Teig 30–60 Minuten vor der Verarbeitung Raumtemperatur annehmen lassen. Weil sich Mürbeteig gut einfrieren lässt, lohnt es sich, gleich die doppelte oder dreifache Teigmenge zuzubereiten und portionsweise einzufrieren. Der Teig hält sich im Gefriergerät ungefähr 6 Monate.
- Fertiges Gebäck: Plätzchen bald nach dem Erkalten sortenweise in fest schließende Dosen oder Gläser schichten. Mürbeteiggebäck ohne Kuvertüre, Torten- oder Zuckerguss portionsweise einfrieren. Je nach Fett-, Mandel- oder Nussgehalt hält es sich 2–6 Monate im Gefriergerät. ■

Marzipanplätzchen

Sehr gut schmecken diese Marzipantaler auch mit dunkler Kuvertüre statt Guss. Dafür das Gebäck abkühlen lassen und die flüssige Kuvertüre in dünnen Linien auf die Plätzchen träufeln.

Für 70 Stück
200 g Butter
150 g Marzipanrohmasse
50 g Zucker, 1 Prise Salz
2–3 Tropfen Bittermandelöl
1 Ei
100 g Mandelblättchen
200 g Mehl
200 g Puderzucker
1 Eiweiß
1–2 EL Amaretto
Belegkirschen und Pistazienkerne zum Verzieren

Vorbereitungszeit 30 Minuten
plus 2 Stunden Kühlzeit
Backzeit 20–30 Minuten

1 Butter und Marzipanrohmasse glatt miteinander verkneten. Zucker, Salz, Bittermandelöl, Ei und Mandelblättchen zugeben und unterrühren.

2 Das Mehl über den Teig sieben und mit den Knethaken des Handrührgeräts oder mit den Händen darunter kneten. Den Teig zu 2 Rollen mit je etwa 4 cm Ø formen, in Folie wickeln und 2 Stunden kühlen.

3 Den Backofen auf 180 °C (Umluft 160 °C, Gas Stufe 2–3) vorheizen, 2 Backbleche mit Backpapier belegen. Die Teigrollen in 7 mm dicke Scheiben schneiden, auf die Bleche legen und pro Blech 10–15 Minuten backen. Aus Puderzucker, Eiweiß und Amaretto einen Guss rühren und die heißen Plätzchen damit bestreichen. Mit Kirschen und Pistazien verzieren.

So gelingt Biskuitteig

Beispiel: Joghurtsahnetorte

Für 1 Springform (26 cm Ø)
Für den Teig
4 Eier
120 g feiner Zucker
1 Päckchen Vanillezucker oder 1 TL abgeriebene Zitronenschale
1 Prise Salz
120 g Mehl, 1 TL Backpulver
Für die Füllung
500 g Joghurt, 250 g Magerquark
Saft und abgeriebene Schale von 1 Zitrone, 150 g Zucker
8 Blatt eingeweichte und aufgelöste weiße Gelatine
200 g steif geschlagene Sahne

VORBEREITUNGSZEIT 30 MINUTEN
BACKZEIT SIEHE KASTEN RECHTS

- Entscheidend für einen Biskuitteig ist das Verrühren der Zutaten: Diese zunächst bei mittlerer Laufgeschwindigkeit 1 Minute, dann bei hoher weitere 1–2 Minuten schaumig schlagen. Der Zucker darf nicht mehr knirschen, die Masse soll sehr hell, fast weiß sein.
- Den Teig in der Form glatt streichen, die Form einige Male auf die Arbeitsfläche stoßen. Für Torten den Teig zum Rand hin etwas hochstreichen.
- Die Backofentür während der ersten Hälfte der Backzeit nicht öffnen.
- Die oberste Tortenschicht in Tortenstücke schneiden, dann auf der Füllung wieder zusammensetzen.
- Für eine Torte empfiehlt es sich, den Biskuit im Voraus zu backen und ihn erst am nächsten Tag aufzuschneiden und zu füllen.
- Für die Füllung Joghurt, Quark, Zitronensaft, -schale und Zucker mischen. Gelatine unterrühren. Sahne unter die gelierende Creme ziehen. Torte füllen.

Im Backofen

Rollen, flache Kuchen, Plätzchen
Backofentemperatur: 200 °C (Umluft 180 °C, Gas Stufe 3–4); mittlere Schiene; Backzeit: 10–15 Minuten

Hohe Torten
Backofentemperatur: 200 °C (Umluft 180 °C, Gas Stufe 3–4); mittlere Schiene; Backzeit: 18–35 Minuten

1 Den Boden der Form anfeuchten und mit Backpapier belegen. Den Ofen vorheizen; Zutaten abwiegen bzw. abmessen. Das Gewicht von Zucker und Mehl ist in der Regel gleich.

2 Die Eier mit Zucker, Vanillezucker, Zitronenschale und Salz mit den Schneebesen des elektrischen Handrührgeräts zu einer hellen, fast weißen Creme verrühren.

3 Mehl und Backpulver mischen, auf die Schaummasse sieben und vorsichtig unterheben, damit die Luft nicht entweicht. Teig höchstens vier Fünftel hoch in die Form füllen, backen.

4 Gebäck aus dem Ofen nehmen. Nach 5 Minuten mit einem Messer vom Rand der Form lösen. Auf eine mit Backpapier belegte Fläche stürzen; Kuchen beschweren, auskühlen lassen.

5 Vom erkalteten Gebäck den Formboden abnehmen, das Backpapier abziehen. Der Kuchen ist weich und elastisch; dafür haben das Schwitzwasser und der Zucker im Teig gesorgt.

6 Mit einem großen Messer den Biskuitboden je nach Rezept 1–3mal waagrecht durchschneiden. Füllen, dabei je nach Konsistenz der Füllung einen Tortenring verwenden.

Die schönsten Varianten

Wiener Biskuit
Zum Schluss 50 g geschmolzene zimmerwarme Butter unter die Biskuitmasse heben.

Münchner Biskuit
Zum Schluss 75 g steif geschlagene Sahne unter die Biskuitmasse heben.

Eigelb- oder Goldbiskuit
Anstelle der 4 Eier 8 Eigelb und 3–4 EL Wasser nehmen.

Eiweiß- oder Silberbiskuit
Die 4 Eier durch 8 Eiweiß ersetzen.

Schokoladenbiskuit
Bei der Zubereitung des Grundteigs in Schritt 2 entweder zusätzlich 100 g geschmolzene dunkle Schokolade zugeben und mit verrühren. Oder 40 g Kakaopulver mit Mehl und Backpulver mischen und in Schritt 3 unterheben.

PRAKTISCHE BACKTIPPS

Zutaten

- Eier: Wenn Sie die Biskuitmasse von Hand schlagen, müssen Sie die Eier trennen. Die Eiweiße steif schlagen und zum Schluss mit einem Schneebesen unter die Masse ziehen.
- Mehl: Immer direkt auf die Biskuitmasse sieben. Mit Vollkornmehl gebackene Biskuitteige werden nicht so locker. Pro 30 g Vollkornmehl stets 1 EL Wasser zufügen.
- Backpulver: Wenn es das Rezept nicht ausdrücklich vorschreibt und Sie den Teig wie im Grundrezept beschrieben sehr schnell zubereiten, nicht zu lange rühren und gleich in den Ofen schieben, ist Backpluver nicht unbedingt nötig.

Formen vorbereiten

Nur den Boden der Form mit Wasser befeuchten und mit Backpapier belegen. Den Rand weder belegen noch fetten, weil sich der Teig sonst zusammenziehen würde.

Ein hoher Biskuittortenboden lässt sich leicht waagrecht teilen: Rundum 1 cm tief einritzen, dann einen reißfesten Zwirnsfaden in die Furche legen und den Faden langsam über Kreuz zusammenziehen.

Backen

- Den Teig immer in den vorgeheizten Backofen schieben, damit die Backzeit kurz ist und der Teig nicht austrocknet. Die Masse muss sofort gebacken werden, damit die darin eingeschlossene Luft nicht entweicht.
- Backen Sie Biskuit möglichst nicht bei Umluft, da der Luftstrom die Masse austrocknet. Auf keinen Fall 2 Bleche zugleich einschieben, denn dadurch verlängert sich die Backzeit, und das Gebäck wird trocken.

Garprobe

Bei hohen Kuchen ein Hölzchen in die Oberfläche stechen und wieder herausziehen: es muss frei von Teigresten sein. Fertig gebackener Biskuit hat eine lockere und gleichmäßig poröse Struktur, ist goldgelb gebräunt und nicht trocken. Wenn man leicht mit dem Finger auf die Oberfläche drückt, knistert es leise; es darf keine Delle zurückbleiben.

Auskühlen lassen

- Biskuitkuchen für Schnitten auf dem Blech erkalten lassen.
- Für Biskuitrollen die fertige Masse auf die mit Backpapier belegte Arbeitsfläche stürzen. Weder das Blech noch das Backpapier, mit dem das Blech begelegt war, entfernen; so bleibt der Teig feucht und elastisch.

Von der vollständig ausgekühlten Masse das obere Backpapier ablösen und gegebenenfalls harte Ränder abschneiden. Biskuitplatte nach dem jeweiligen Rezept füllen. Um den Kuchen aufzurollen, das untere Backpapier anheben.

- Für Torten die fertige Masse ebenfalls auf Backpapier stürzen; den

Damit beim Füllen von Torten nichts herausläuft, am besten einen Tortenring um den Biskuitoden setzen.

Formboden nicht abnehmen. Diesen beispielsweise mit einer gefüllten Tasse beschweren, damit der Kuchen flach bleibt.

Reste verwerten

- Rohe Masse: Reste in Portionsförmchen aus Papier oder in Muffinblechen backen.
- Kuchenreste: Für Obstaufläufe oder, zerkrümelt und mit Butter verknetet, für Dessertkuchen mit Krümelboden verwenden.

Um beim Bestreichen von Torten den heruntertropfenden Guss aufzufangen, am besten Alufolie unter das Kuchengitter legen.

Aufbewahren und einfrieren

- Rohe Masse: Sie kann nicht aufbewahrt werden und ist nicht gefriergeeignet, weil sie rasch zusammenfällt.
- Ungefüllte Biskuitböden: Sie halten sich in einer verschlossenen Blechdose oder unter der darüber gestülpten Backform je nach Witterung 3–4 Tage an einem kühlen Platz. Sachgemäß verpackt, können sie im Gefriergerät bis zu 6 Monate gelagert werden.
- Gefüllte Kuchen: Rollen oder Torten mit Konfitüre, Obstbelag, Puddingcreme-, Buttercreme- oder Sahnefüllung weichen auf und verderben schnell; sie sollten bald verzehrt werden. Reste zugedeckt im Kühlschrank aufbewahren.
- Creme-, Mandel-, Nuss- oder Sahnegebäck nicht länger als 4 Monate im Gefriergerät aufbewahren.
- Ganze Biskuitrollen oder Torten auf einer festen Unterlage ohne Verpackung vorgefrieren und dann endgültig verpacken. Noch gefroren, lässt sich das gefüllte Gebäck mit einem Elektro- oder Sägemesser besonders gut schneiden.
- Stücke von fertigen Rollen oder Torten auf einem Tablett vorgefrieren und dann in gut verschließbare Gefrierbeutel verpacken. ■

Nussbiskuit mit Apfel

Das Nussaroma kommt besonders gut zur Geltung, wenn die Nüsse vor dem Mahlen in einer trockenen Pfanne geröstet werden. Statt der Walnüsse können Haselnüsse genommen werden.

1 Den Boden der Form befeuchten, mit Backpapier belegen oder einfetten. Backofen auf 200 °C (Umluft 180 °C, Gas Stufe 3–4) vorheizen.

2 Die Biskuitmasse wie auf S. 25 beschrieben zubereiten. Dabei ½ EL Wasser zugeben, die Nüsse mit Mehl und Backpulver mischen. Masse in die Form geben, glatt streichen.

3 Äpfel vierteln, schälen, entkernen, auf den runden Seiten einritzen. Dicht an dicht auf den Biskuit setzen. Die Nusshälften in die Zwischenräume legen. Den Kuchen im Ofen backen.

4 Konfitüre durch ein Sieb streichen, mit Likör verrühren, erwärmen. Den heißen Kuchen damit bestreichen und mit Puderzucker bestauben.

1 Springform (26 cm Ø) (12 Stücke)
Für die Biskuitmasse
2 Eier
60 g Zucker, 1 Päckchen Vanillezucker
1 Prise Salz, 60 g Mehl
1/2 TL Backpulver
125 g gemahlene Walnüsse
Backpapier oder Butter bzw. Margarine zum Einfetten
Für den Belag und die Garnitur
500 g mürbe Äpfel, z. B. Jonathan
16–20 halbierte Walnüsse
2–3 EL Aprikosenkonfitüre oder Orangenmarmelade
1 EL Aprikosen- oder Orangenlikör
Puderzucker zum Bestauben

VORBEREITUNGSZEIT 20 MINUTEN
BACKZEIT 20–30 MINUTEN

So gelingt Baisermasse

Beispiel: Baiser mit Sahnefüllung

Für 12 große/35 kleine Baisers
4 Eiweiß
1 Prise Salz
1 TL Ascorbinsäure oder Gelierpulver oder 1 EL Zitronensaft
120 g feiner Zucker
120 g Puderzucker
1 EL Speisestärke
sehr feiner Zucker zum Bestreuen, nach Belieben
Backpapier

Vorbereitungszeit 20 Minuten
Trockenzeit siehe Kasten rechts

- Nur kühlschrankkalte Eiweiße verwenden. Möglichst auch die Schüssel vorkühlen. Selbst kleinste Fettspuren in der Schüssel oder Eigelbspuren im Eiweiß verhindern, dass das Eiweiß steif wird. Deshalb beim Trennen von Eiern das Eigelb nicht beschädigen.
- Beim Aufspritzen der Masse auf das Blech sollten keine langen Spitzen entstehen, da diese beim Trocknen schnell braun werden.
- Die fertigen Baisers auf ein Kuchengitter setzen; sie lassen sich leicht vom Backpapier abnehmen, sind innen trocken und dürfen nicht gebräunt sein.
- Für Sahnebaisers das Gebäck 1 Stunde früher aus dem Ofen nehmen und unten leicht eindrücken. Im Ofen nachtrocknen lassen. Dann nach Belieben aromatisierte Sahne in eine Baiserschale spritzen und eine zweite darauf setzen (siehe oben).

Im Backofen

Langsame Trockenmethode
Backofentemperatur: 200 °C (Umluft 180 °C, Gas Stufe 3–4); mittlere Schiene; Backzeit: 2–3 Minuten, dann den Ofen ausschalten; Trockenzeit: 8–12 Stunden

Schnelle Trockenmethode
Backofentemperatur: 100–120 °C (Umluft 80–100 °C, Gas Stufe 1); mittlere Schiene; Backzeit: 2–3 Stunden

1 Zutaten abwiegen bzw. abmessen. Eiweiße und Salz mit den Quirlen des Rührgeräts oder der Küchenmaschine erst bei geringer, dann bei höherer Laufgeschwindigkeit steif schlagen.

2 Ascorbinsäure, Gelierpulver oder Zitronensaft und den Zucker zugeben. Schaummasse so lange weiterschlagen, bis sie stark glänzt und der Zucker nicht mehr knirscht.

3 Puderzucker und Speisestärke mischen, auf die Schaummasse sieben. Mit einem Teigspatel unterheben. Nicht rühren, damit die in der Masse eingeschlossene Luft nicht entweicht.

4 Für Baiserschalen die Baisermasse in einen Spritzbeutel füllen. Den Beutel dabei senkrecht halten und die Masse portionsweise auf das mit Backpapier belegte Blech spritzen.

5 Das Blech in den vorgeheizten Ofen schieben. Backofentür sofort schließen. Nach 2–3 Minuten den Ofen ausschalten, 8 Stunden lang nicht mehr öffnen.

6 Für Sahnebaisers den Boden der noch leicht feuchten Teile vorsichtig mit dem Daumen etwas eindrücken, um Platz für die Sahnefüllung zu schaffen.

Die schönsten Varianten

Formen und Farben
Die Baisermasse lässt sich leicht in verschiedene Formen spritzen: in Rosetten, Kränze, Sterne oder als Wellenlinien auf einen Obstkuchen. Außerdem kann man die Masse beliebig einfärben: Mit 1–2 Tropfen Lebensmittelfarbe erhält sie beispielsweise einen rosa, grüne oder hellblauen Farbton. Eine appetitlich braune Farbe bekommt die Schaummasse, wenn man 1–2 EL Instantkaffee oder Kakaopulver in 1 EL Wasser auflöst und unter die Eischneemasse hebt.

Mini-Baisers
Nach dem Grundrezept lassen sich auch 40–50 kleine Baisers herstellen. Dafür nur Tupfen auf das vorbereitete Blech spritzen und nur 1–2 Stunden langsam trocknen lassen.

So gelingt Brandteig

Beispiel: Windbeutel

Für 12 große/20 kleine Stücke
150 g Weizenmehl Type 405 oder 550
250 ml Milch, Wasser oder Weißwein
1–2 Prisen Salz
65 g Butter oder 4 EL Öl (z. B. Maiskeim-, Oliven-, Raps- oder Sonnenblumenöl)
4–5 Eier

VORBEREITUNGSZEIT 25 MINUTEN
BACKZEIT SIEHE KASTEN UNTEN

- Das Backblech mit Backpapier belegen oder fetten und dünn mit Mehl bestauben.
- Die Backofentür während der Backzeit (1) nicht öffnen, damit das Gebäck nicht zusammenfällt. Dann die Temperatur reduzieren und das Gebäck bei niedriger Temperatur (2) fertig backen. Vom Blech nehmen und auf einem Kuchengitter auskühlen lassen.
- Die abgekühlten Windbeutel mit einer Küchenschere waagrecht durchschneiden und mit Sahne füllen.

Im Backofen

Große Gebäckstücke
Backofentemperatur (1): 220 °C (Umluft 200 °C, Gas Stufe 3–4); mittlere Schiene; Backzeit: 20 Minuten, dann Backofentemperatur (2): 180 °C (Umluft 160 °C, Gas Stufe 2–3); Backzeit: 5–10 Minuten

Kleine Gebäckstücke
Backofentemperatur (1): 220 °C (Umluft 200 °C, Gas Stufe 3–4); mittlere Schiene; Backzeit: 8–10 Minuten, dann Backofentemperatur (2): 180 °C (Umluft 160 °C, Gas Stufe 2–3); Backzeit: 2–5 Minuten

1 Mehl auf ein Stück Backpapier sieben. Flüssigkeit mit Salz und Butter oder Öl in einem dickwandigen Topf bei geschlossenem Deckel zum Kochen bringen.

2 Sobald die Flüssigkeit aufkocht, Topf vom Herd ziehen. Das Mehl auf einmal hineinschütten, kräftig rühren, bis ein dicker Brei, dann ein Kloß entsteht, dabei wieder erwärmen.

3 Sobald sich ein weißer Film auf dem Topfboden bildet (nach etwa 2 Minuten), den Topf vom Herd nehmen. Den Teig in eine Schüssel geben und lauwarm abkühlen lassen.

4 Zuerst 1 Ei mit den Knethaken des Handrührgeräts unter den lauwarmen Teig rühren. Dann 3 weitere Eier nacheinander zugeben und gründlich unter den Teig kneten.

5 Sobald der Teig stark glänzt und in Spitzen von den Knethaken fällt, aber nicht breit auseinander fließt, ist er perfekt. In diesem Fall das letzte (fünfte) Ei nicht mehr zugeben.

6 Mit 2 Löffeln Teighäufchen mit genügend Abstand voneinander auf das Blech setzen. Für große Windbeutel nimmt man Esslöffel, für kleine Teelöffel.

Die schönsten Varianten

Schneller Brandteig
Die Zutaten reichen für 4–6 Windbeutel: In einem Glas mit 100 ml Inhalt einmal Wasser und dann Mehl abmessen. Außerdem benötigen Sie 1–2 EL Öl, 1 Prise Salz und 2 Eier. Den Teig wie links beschrieben zubereiten.

Einfache Sahnefüllung
400 g gut gekühlte Schlagsahne mit 2–3 EL Zucker, 1 Messerspitze gemahlener Vanille und 1 Päckchen Sahnefestiger steif schlagen. Die Windbeutel damit füllen und sofort servieren.

Pikante Lachs-Krabben-Füllung
50 g Räucherlachs (in feinen Streifen, 100 g Nordseekrabben, 1 EL Zitronensaft, je 1 EL fein gehackter Dill und Schnittlauchröllchen, 150 g Doppelrahmfrischkäse, 100 g Joghurt und 100 g Schlagsahne verrühren. Alles mit Salz und Cayennepfeffer abschmecken. Windbeutel damit füllen und sofort servieren.

So gelingt Strudelteig

Beispiel: Strudel mit Obstfüllung

Für 1 großen/2 kleine Strudel
350 g Weizenmehl Type 405 oder 550, mehr zum Arbeiten
1 großes Ei
4 EL Öl (Sonnenblumen-, Maiskeim-, oder Rapsöl)
1/4 TL Salz
1 EL Essig oder Zitronensaft
150 g flüssige Butter zum Bestreichen und für die Form
125–200 ml Milch oder 125–200 g Schlagsahne zum Begießen

VORBEREITUNGSZEIT 50 MINUTEN
BACKZEIT SIEHE KASTEN RECHTS

- Damit der Teig beim Ruhen weich und elastisch bleibt, eine Keramik- oder Glasschüssel mit kochend heißem Wasser füllen und anwärmen. Nach dem ersten Kneten des Teigs das Wasser ausgießen und die heiße Schüssel über die Teigkugel(n) stülpen. Den Teig an einem warmen Ort 30 Minuten ruhen lassen.
- Damit der hauchdünne Teig beim Ausziehen nicht reißt, vor dem Bearbeiten Fingerringe und Armbanduhr abnehmen.
- Den hauchdünn ausgezogenen Teig von den dicken Rändern befreien und rechteckig zurecht schneiden. Die Teigplatte mit zerlassener Butter bestreichen und die Füllung hälftig darauf verteilen.
- Den Strudel wie im Rezept angegeben backen. Dabei jeweils nach 10 und 20 Minuten erneut mit Butter bestreichen und mit Milch oder Sahne begießen. Fertig gebackene Strudel 5 Minuten in der Form auskühlen lassen.

Im Backofen

1–3 Strudelrollen in der Form
Backofentemperatur: 220 °C (Umluft 200 °C, Gas Stufe 4–5); mittlere Schiene; Backzeit: 35–40 Minuten
Strudeltäschchen
Backofentemperatur: 180 °C (Umluft 160 °C, Gas Stufe 2–3); mittlere Schiene; Backzeit: 15–20 Minuten

1 Alle Teigzutaten und knapp 125 ml lauwarmes Wasser in eine Rührschüssel geben. Mit den Knethaken des Handrührgeräts oder in der Küchenmaschine 5 Minuten kneten.

2 Den angewärmten Teig nach dem Ruhen 5 Minuten kneten und auf die Arbeitsfläche schlagen. Zu 1–3 Kugeln formen. Mit 1 EL Öl bestreichen, damit die Kugel(n) nicht austrocknen.

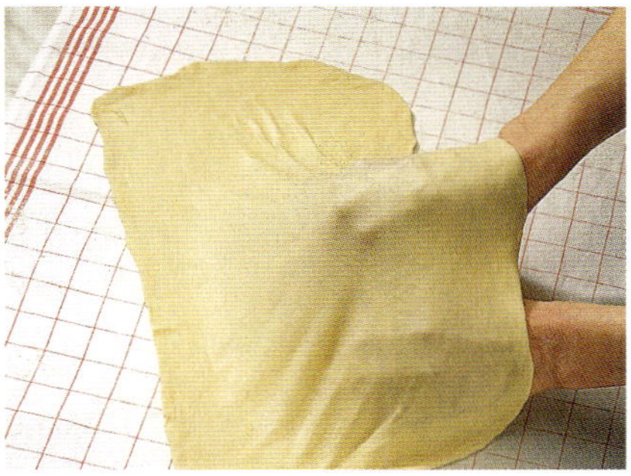

3 Ein Tuch und eine Teigrolle mit Mehl bestauben. Die Teigkugel(n) rasch zu einem Rechteck ausrollen. Dann auf dem Tuch von der Mitte aus über den Handrücken ausziehen.

4 Die Teigplatte mit Butter bestreichen. Die Füllung auf einer Teighälfte verteilen, an den Längsseiten je 1–2 cm frei lassen. Die freien Ränder dünn mit Wasser bestreichen.

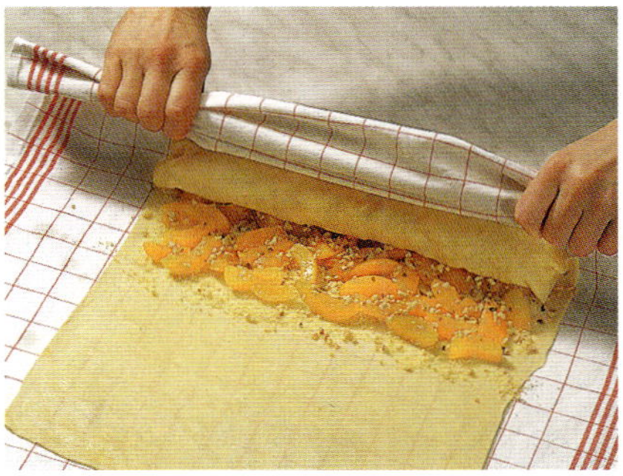

5 An der belegten Schmalseite den Tuchrand anheben und den Teig mithilfe des Tuchs locker aufrollen. Die Teigenden unter den Strudel klappen und gut andrücken.

6 Den Strudel mit der Naht nach unten in die gefettete Form setzen. Mit Butter bestreichen, mit Milch oder Sahne begießen. Die Oberfläche mit einer Messerspitze mehrmals einstechen.

Die schönsten Varianten

Aprikosenstrudel

Für die Füllung 500 g Aprikosen waschen, halbieren und entsteinen. Die Aprikosenhälften in Spalten schneiden und mit 60 g Zucker vermischen. Die Früchte auf einer Teighälfte verteilen und mit 100 g grob gehackten Haselnüssen, Mandeln oder Pistazien bestreuen.

Herzhafter Quarkstrudel

Für die Füllung 200 g durchwachsenen geräucherten Speck ohne Schwarte klein würfeln. 2 Zwiebeln abziehen und würfeln. 20 g Butter in einer Pfanne erhitzen, die Zwiebeln darin anbraten, vom Herd nehmen und abkühlen lassen. 1 kg zarten hellgrünen Wirsing putzen, waschen, abtropfen lassen und in Stücke schneiden. Mit 750 g Schichtkäse, Zwiebeln, Speck und 150 g geriebenem Gouda vermischen. Mit Salz, schwarzem Pfeffer und geriebener Muskatnuss würzen und den Strudel damit füllen.

So gelingt Lebkuchenteig

Beispiel: Weihnachtsgebäck

Für 1 Backblech (120 Plätzchen)
500 g Weizenmehl Type 405 oder 550
100–150 g klein gehackte oder gemahlene Mandeln oder Nüsse, nach Belieben
1/4 TL Salz
1/2 TL gemahlener Kardamom
1/2 TL gemahlene Nelke
1 TL gemahlener Zimt
1 TL Hirschhornsalz
250 g Honig
125–250 g brauner oder weißer Zucker
Butter für das Blech

VORBEREITUNGSZEIT 50 MINUTEN
PLUS 2 STUNDEN RUHEZEIT
BACKZEIT SIEHE KASTEN RECHTS

- Das typische Lebkuchenaroma entsteht nicht nur durch den Honig, sondern auch durch die Gewürze. Statt der angebenen Einzelgewürze kann fertig gemischtes Honigkuchen- oder Lebkuchengewürz verwendet werden.
- Als Treibmittel wird Hirschhornsalz verwendet. In überlieferten Rezepten wird häufig noch Pottasche zugefügt. Während Hirschhornsalz trocken mit Mehl vermischt wird, muss Pottasche in etwas Wasser aufgelöst und dann zum Teig gegeben werden.
- Das Gebäck sofort vom Backblech nehmen. Wegen des hohen Zuckeranteils dunkelt Lebkuchen auf dem heißen Blech schnell nach und erhält dadurch einen bitteren Geschmack.
- Als Garnitur kann man vor dem Backen kandierte Früchte und/oder Mandelhälften in die mit Wasser oder Milch bestrichenen Plätzchen drücken. Lackartig glänzt Honigkuchen, wenn man ihn kurz vor Ende der Backzeit mit einer Wasser-Speisestärke-Mischung bestreicht. Dafür 100 ml Wasser mit 1 TL Speisestärke aufkochen.

Im Backofen

Flaches Lebkuchengebäck

Backofentemperatur: 160–180 °C (Umluft 140–160 °C, Gas Stufe 1–2/ 2–3); mittlere Schiene; Backzeit: 15–25 Minuten

1 Das Blech anfeuchten und mit Backpapier belegen oder fetten. Das Mehl mit Mandeln oder Nüssen, Salz, Gewürzen und Hirschhornsalz in eine Schüssel geben.

2 Honig und Zucker unter Rühren erhitzen, bis der Honig flüssig ist und der Zucker geschmolzen ist. Vom Herd nehmen. Honigmischung abkühlen lassen, zur Mehlmischung geben.

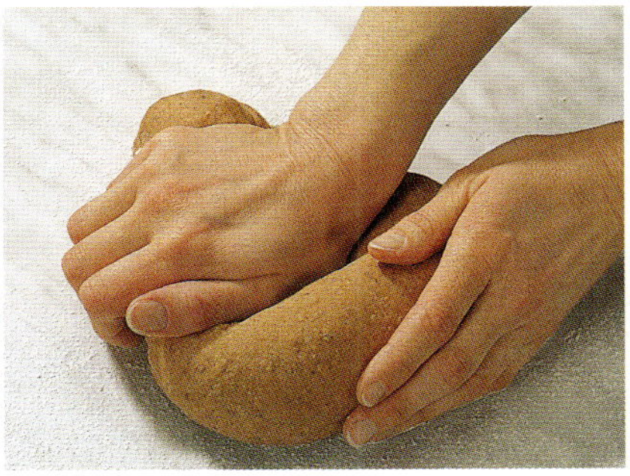

3 Alles mit den Knethaken des Rührgeräts oder der Küchenmaschine vermengen. Dann den Teig auf der Arbeitsfläche mit den Handballen kräftig durchkneten. Portionieren.

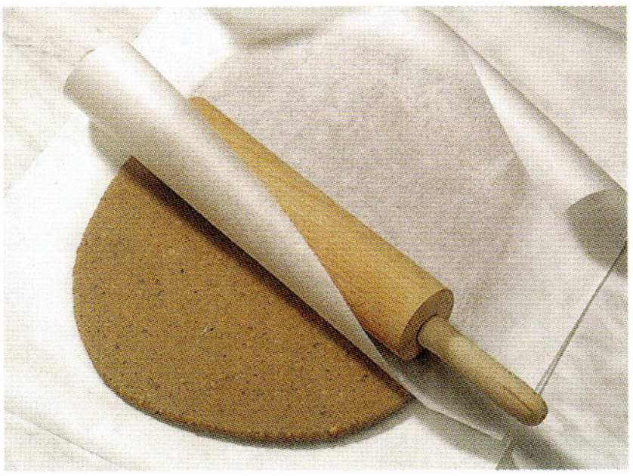

4 Den Teig zwischen 2 Lagen Backpapier auf der leicht bemehlten Arbeitsfläche mit einer bemehlten Teigrolle portionsweise ausrollen. Die Plätzchen in beliebigen Formen ausstechen.

5 Die Plätzchen mit etwas Abstand voneinander auf die Bleche legen. Vor dem Backen möglichst 2 Stunden stehen lassen, damit sich der Zucker gleichmäßig mit dem Mehl verbindet.

6 Gebäck mit Wasser bestreichen. Plätzchen nicht zu dunkel backen, sonst schmecken sie leicht bitter. Das Gebäck auf einem Kuchengitter auskühlen lassen. Nach Belieben garnieren.

Die schönsten Varianten

Ingwer-Honigkuchen
Eine angenehm scharf-frische Note erhält Honigkuchengebäck, wenn man 1 TL fein gehackte frische Ingwerwurzel mit den Gewürzen zum Teig gibt.

Printen
Dem Teig fein zerkleinerten Kandis zugeben und den Honig durch Zuckerrübensirup ersetzen. Außerdem etwas Kakaopulver und abgeriebene Orangenschale mit den Gewürzen zum Teig geben.

Braune Kuchen
250 g Butter, 200 g braunen Zucker und 125 g Honig erhitzen, bis sich der Zucker aufgelöst hat. Abkühlen lassen. 75 g gehackte Mandeln, 100 g gewürfeltes Zitronat und Gewürze (siehe Grundrezept) unterrühren. 1 TL Pottasche in 1 EL Wasser auflösen und zufügen. 500 g Mehl zugeben und alles verkneten. Zu Rollen mit 3 cm Ø formen, diese in Folie wickeln und 6 Stunden kühl stellen. Die Rollen in 0,5 cm dicke Scheiben schneiden. Den Backofen auf 200 °C (Umluft 180 °C, Gas Stufe 3–4) vorheizen. Braune Kuchen 10–12 Minuten backen, sofort vom Blech lösen.

Kuchen mit Früchten und Beeren

appetitlich

Einfacher Kirschkuchen

Diesen Kuchen können Sie außerhalb der Kirschsaison auch mit eingemachten Sauerkirschen backen. Vorher die Kirschen auf jeden Fall gut abtropfen lassen!

Für 1 Springform (26 cm Ø)
750 g Sauerkirschen
1 Zitrone
1 Vanilleschote
125 g weiche Butter
125 g brauner Zucker, 1 Prise Salz
3 große Eier
200 g Weizenmehl Type 1050
1 Messerspitze Backpulver
Fett für die Form
Puderzucker zum Bestreuen

Vorbereitungszeit etwa 40 Minuten
Backzeit etwa 50 Minuten

1 Die Kirschen waschen. Die Stiele abzupfen und die Früchte entkernen. Die Zitrone waschen, trockenreiben und halbieren. Eine Hälfte abreiben, beide Hälften auspressen.

2 Die Vanilleschote längs aufschlitzen und das Mark herauskratzen. Den Backofen auf 180 °C (Umluft 160 °C, Gas Stufe 2–3) vorheizen.

3 Butter, Zucker, Vanillemark, Salz, Zitronenschale und -saft in einer Schüssel schaumig schlagen. Die Eier nacheinander unterrühren. Mehl und Backpulver mischen, auf die Masse sieben und unterrühren.

4 Die Form ausfetten. Den Teig darin glatt streichen und die Kirschen darauf verteilen. Den Kuchen im Ofen etwa 50 Minuten backen. Herausnehmen. Etwa 10 Minuten in der Form ruhen lassen. Dann den Kuchen aus der Form lösen und auf einem Kuchengitter auskühlen lassen. Mit Puderzucker bestreuen.

Kirschkuchen mit Rahmguss

Auf geschlagene Sahne können Sie bei diesem Kuchen getrost verzichten! Er ist so saftig, dass niemand danach verlangen wird, und die Sahne ist bereits mitgebacken.

Für 1 Springform (24 cm Ø)
Für den Teig
1 Zitrone
200 g Mehl, 50 g Zucker
2 Eigelb
1 1/2 EL Rum
100 g Butter
Fett für die Form
Trockenerbsen zum Blindbacken
Für den Belag
750 g Sauerkirschen
50 g Zucker, 2 Eier
100 g Schlagsahne oder Crème double

VORBEREITUNGSZEIT 40 MINUTEN
BACKZEIT 15 MINUTEN PLUS 25 MINUTEN

1 Die Zitrone waschen und trockenreiben. Die Schale abreiben. Das Mehl in eine Schüssel sieben, eine Mulde hineindrücken. Zucker, Eigelbe, Rum, $1/2$ TL Zitronenschale sowie 1–2 EL kaltes Wasser in die Mulde geben und mit dem Mehl verrühren. Die Butter in Stückchen zufügen und alles zu einem glatten Teig verkneten. Etwa 30 Minuten kalt stellen.

2 Den Backofen auf 180 °C (Umluft 160 °C, Gas Stufe 2–3) vorheizen. Die Form ausfetten. Mit dem Teig auskleiden, dabei einen 2,5 cm hohen Rand formen. Den Teigboden mit Backpapier belegen, mit Erbsen beschweren und etwa 15 Minuten backen.

3 Für den Belag die Kirschen waschen, entstielen und entsteinen. Mit wenig Wasser und 1 EL Zucker etwa 4 Minuten in einem Topf dünsten. Die Kirschen abtropfen lassen und auf den vorgebackenen Boden legen.

4 Die Eier trennen. Die Eigelbe mit dem restlichen Zucker und der Sahne oder Crème double verrühren. Die Eiweiße steif schlagen, unter die Eigelbmasse heben und gleichmäßig auf den Kirschen verteilen. Den Kuchen etwa 25 Minuten backen.

Schoko-Kirsch-Tarte

Diese Schokoladentarte können Sie vor dem Servieren mit einer Schicht aus steif geschlagener Sahne bestreichen.
In kleine Stücke geschnitten, ist sie ein raffiniertes Dessert.

Für 1 Springform (24 cm Ø)
350 g dunkle Süßkirschen
50 g Mehl
5 EL Kakaopulver
100 g Zucker
5 Eiweiß, 1 Prise Salz
1 TL gemahlene Vanille
1 EL Puderzucker
Zum Servieren
150 Sahnequark
1 EL Kirschen aus dem Glas
1–2 EL Kirschwasser

VORBEREITUNGSZEIT 15 MINUTEN
BACKZEIT 20–25 MINUTEN

1 Die Kirschen waschen und abtropfen lassen. Entsteinen und halbieren. Den Backofen auf 180 °C (Umluft 160 °C, Gas Stufe 2–3) vorheizen. Den Boden der Springform mit Backpapier belegen.

2 Das Mehl mit dem Kakaopulver in eine Schüssel sieben, die Hälfte des Zuckers darüber geben.

3 In einer zweiten, gründlich gesäuberten Schüssel die Eiweiße mit dem Salz zu festem Schnee schlagen. Dann nach und nach den restlichen Zucker und die gemahlene Vanille unter den Eischnee schlagen. Den Eischnee so lange schlagen, bis er glänzt und Spitzen bildet.

4 Die Mehlmischung auf den Eischnee geben und mit einem großen Schneebesen vorsichtig unterheben, damit der Eischnee nicht zu sehr zusammenfällt. Den Teig in die Form füllen, glatt streichen und die Kirschen auf der Oberfläche verteilen.

5 Den Kuchen 20–25 Minuten im vorgeheizten Ofen backen, bis beim Hineinstechen kein Teig mehr am Stäbchen haften bleibt. Den Kuchen aus dem Ofen nehmen und kurz in der Form ruhen lassen. Dann aus der Form nehmen und auf einem Kuchengitter abkühlen lassen. Den Kuchen vor dem Servieren mit Puderzucker bestreuen. Den Quark mit den Kirschen und dem Kirschwasser vermischen und zu dem Schokoladenkuchen servieren.

Mandel-Kirsch-Tarte

Der Schokoladenteig lässt sich rasch in einen Mandelteig verwandeln, indem das Kakaopulver durch fein gemahlene Mandeln ersetzt und der Teig zusätzlich mit 1 Tropfen Bittermandelaroma gewürzt wird.

Der gute Tipp

Außerhalb der Kirschsaison können Sie statt der frischen Kirschen auch Früchte aus dem Glas nehmen. Diese vorher gut abtropfen lassen.

Schnelle Kirschstreuseltorte

Wenn sich überraschend Kaffeegäste ansagen, bedeutet dieses Rezept Rettung in letzter Minute: Die Kirschstreuseltorte ist rasch gemacht und schmeckt Groß und Klein.

Für 1 Springform (26 cm Ø)
Für den Teig
200 g Butter, 200 g Zucker
1 Päckchen Vanillezucker
1 Ei, 1 Prise Salz
500 g Mehl
1 Päckchen Backpulver
Fett für die Form
Für die Füllung
500 g Sauerkirschen (frisch oder aus dem Glas)
100 g Mandelblättchen

VORBEREITUNGSZEIT 25 MINUTEN
BACKZEIT 25 MINUTEN

1 Teigzutaten in einer Schüssel mit den Knethaken des Handrührgeräts verrühren, bis sich Streusel bilden. Die Form fetten, den Ofen auf 220 °C (Umluft 200 °C , Gas Stufe 4–5) vorheizen.

2 Ein Drittel der Streusel auf dem Boden der Form verteilen, aus dem zweiten Drittel einen Rand formen.

3 Frische Kirschen waschen. Stiele abzupfen und die Früchte entsteinen. Kirschen aus dem Glas in ein Sieb schütten und gut abtropfen lassen.

4 Kirschen auf dem Teig verteilen, restliche Streusel und Mandeln darüber streuen. 25 Minuten backen.

Der gute Tipp

Die Streuseltorte schmeckt auch hervorragend mit Pflaumenmus oder mit Preiselbeerkompott gefüllt. Ebenso eignen sich eingemachte Aprikosen, Pfirsiche oder Apfelkompott.
Eine besondere Note erhält der Streuselteig, wenn Sie 100 g Mehl durch 100 g gemahlene Haselnüsse ersetzen und ihn noch mit 1 Prise Zimt würzen.

Kirschstrudel mit Mandeln

Wie einfach und schnell kann doch ein köstlicher Strudel gemacht sein – man nehme lediglich etwas fertigen Filloteig, buttere und belege ihn.

Für 1 Strudel (ca. 40 cm lang)
Für die Füllung
30 g frische Brotkrumen
60 g gemahlene Mandeln
50 g brauner Zucker
abgeriebene Schale von 1 Orange
700 g Kirschen
Für den Teig
3 Lagen Filloteig
30 g geschmolzene Butter
2 EL Mandelblättchen
1 EL Puderzucker

Vorbereitungszeit 30–40 Minuten
Backzeit 20 Minuten

1 Den Backofen auf 200 °C (Umluft 180 °C, Gas Stufe 3–4) vorheizen, das Backblech mit Backpapier belegen. Für die Füllung Brotkrumen, Mandeln, Zucker und Orangenschale in einer großen Schüssel mischen. Die Kirschen waschen, entstielen und entsteinen, zur Füllung geben und untermischen.

2 Auf einem Geschirrtuch 1 Lage Filloteig ausbreiten und dünn mit Butter bestreichen. Erst eine zweite, dann die dritte Lage Filloteig darauf legen und beide ebenfalls dünn mit Butter bestreichen.

3 Die Mandel-Kirsch-Füllung gleichmäßig auf den vorbereiteten Filloteig streichen. Dabei rundum einen Rand von etwa 2,5 cm frei lassen. Die schmalen Seiten über die Füllung schlagen, damit nichts ausläuft.

4 Den Strudel mithilfe des Geschirrtuchs von der breiten Seite her aufrollen und mit der Nahtseite nach unten auf das Backblech legen. Den Strudel mit der restlichen Butter bestreichen und mit den Mandelblättchen bestreuen.

5 Den Strudel etwa 20 Minuten backen, bis Teig und Mandelblättchen goldbraun sind. Warm oder kalt mit Puderzucker bestreuen und servieren. Nach Wunsch halbsteif geschlagene Sahne oder cremig gerührten griechischen Joghurt dazu reichen.

Johannisbeertarte mit Marzipan

Diese Tarte wird mit allen drei Johannisbeersorten zubereitet: roten, schwarzen und weißen. Die Sorten schmecken zwar unterschiedlich, ergänzen einander jedoch in ihrem jeweiligen Säuregehalt ausgezeichnet.

Für 1 Tarteform (30 cm Ø)
Für den Teig
225 g Mehl, mehr zum Arbeiten
150 g Butter
50 g Zucker
Fett für die Form
Für den Belag
etwa 700 g gemischte Johannisbeeren (rot, schwarz und weiß)
300 g Marzipanrohmasse
3 Eier
225 g Butter
8 Blatt weiße Gelatine
2 Saftorangen
4 EL Puderzucker

VORBEREITUNGSZEIT 40 MINUTEN
BACKZEIT 15 MINUTEN PLUS 30 MINUTEN PLUS 1 STUNDE KÜHLZEIT

1 Mehl, Butter und Zucker in eine Schüssel geben. Mit den Knethaken des Handrührgeräts oder der Küchenmaschine verkneten.

2 Die Hände bemehlen und den Teig kneten, bis er glatt ist und etwas glänzt. Zur Kugel formen, fest in Klarsichtfolie wickeln und etwa 30 Minuten in den Kühlschrank legen.

3 Den Backofen auf 200 °C (Umluft 180 °C, Gas Stufe 3–4) vorheizen. Die Tarteform ausfetten. Den Teig aus dem Kühlschrank nehmen und nochmals durchkneten. Die Arbeitsfläche dünn mit Mehl bestreuen und den Teig darauf zu einem Kreis, der 2 cm größer als die Form ist, ausrollen.

4 Den Teig in die Form legen, dabei einen etwa 2 cm hohen Rand formen. Den Teigboden mit einer Gabel mehrmals einstechen. Auf der zweiten Schiene von unten im vorgeheizten Ofen 15 Minuten vorbacken.

5 Für den Belag die Johannisbeeren waschen und mit einer Gabel von den Rispen streifen. Marzipanrohmasse, Eier und Butter mit den Schneebesen des Handrührgeräts oder in der Küchenmaschine cremig verrühren. Die Marzipancreme auf den vorgebackenen Tarteboden streichen.

6 Backofentemperatur auf 170 °C (Umluft 150 °C, Gas Stufe 2) herunterschalten. Die Tarte etwa 30 Minuten backen, bis sie goldbraun ist. Abkühlen lassen.

7 In der Zwischenzeit die Gelatine in kaltem Wasser einweichen. Ausdrücken und in etwas heißem Wasser auflösen. Die Orangen auspressen und 150 ml Saft abmessen.

8 Die aufgelöste Gelatine, den Orangensaft und den Puderzucker in einer Schüssel verrühren. Die Johannisbeeren untermischen. Etwa 30 Minuten in den Kühlschrank stellen, bis die Mischung zu gelieren beginnt.

9 Die Beerenmischung auf dem abgekühlten Tarteboden verteilen. Nochmals kalt stellen, bis der Belag vollständig erstarrt ist.

Der gute Tipp

Dazu passt Eiskaffee. Dafür einen starken Kaffee kochen. Nach Belieben süßen, sofort auf Eiswürfel gießen und erkalten lassen. Den Kaffee in hohe Gläser füllen. In jedes Glas eine Kugel Vanilleeis geben und mit steif geschlagener Sahne verzieren.

Johannisbeer-Quark-Kuchen

Eine pfiffige Variante des beliebten Käsekuchens: Johannisbeeren werden unter eine Grieß-Quark-Creme gemischt und gebacken. Auf den Teigboden wird dabei verzichtet.

Für 1 Springform (26 cm Ø)
375 ml Milch, 1 Prise Salz
100 g Grieß, 3 Eier
750 g gemischte Johannisbeeren (rot und schwarz)
1 Zitrone
50 g weiche Butter
125 g brauner Zucker
1 TL gemahlene Vanille
300 g Magerquark
50 g Weizenvollkornmehl
1 TL Backpulver
Fett für die Form

Vorbereitungszeit 45 Minuten
Backzeit 50–60 Minuten

1 Die Milch mit dem Salz in einem Topf aufkochen. Den Grieß zugeben und aufkochen. Den Topf von der Kochstelle nehmen. Den Grießbrei unter häufigem Rühren 10 Minuten quellen und abkühlen lassen.

2 Die Eier trennen. Die Johannisbeeren waschen und von den Rispen streifen. Die Zitrone waschen, trockenreiben und halbieren. Von einer Hälfte die Schale abreiben, dann beide Hälften auspressen.

3 Für den Teig Butter, Zucker, Vanille, Zitronenschale und -saft schaumig rühren. Die Eigelbe nacheinander unterrühren. Den Grießbrei und den Quark esslöffelweise untermischen.

4 Die Form ausfetten. Den Backofen auf 180 °C (Umluft 160 °C, Gas Stufe 2–3) vorheizen. Die Johannisbeeren auf den Teig geben. Eiweiß steif schlagen und auf die Beeren häufen. Mehl und Backpulver mischen, darüber sieben und alles vorsichtig mischen.

5 Den Teig in die Form füllen und glatt streichen. Im Ofen 50–60 Minuten backen. Herausnehmen. Den Kuchen etwa 10 Minuten in der Form ruhen lassen. Aus der Form lösen, auf einem Kuchengitter abkühlen lassen.

Heidelbeerkuchen mit Grießguss

Ein luftiger Grießbrei umhüllt die saftigen blauen Beeren – wer kann da schon widerstehen? Gebettet ist das Ganze auf einen knusprigen Mürbeteigboden.

Für 1 Springform (24–26 cm Ø)
Für den Teig
250 g Mehl, mehr zum Arbeiten
1 TL Backpulver
1 Prise Salz
125 g Butter in Stückchen
3–4 EL Zucker
1 Päckchen Vanillezucker
1 Ei
Butter für die Form
Trockenerbsen zum Blindbacken
Für den Belag
500 ml Milch, 125 g Grieß
3–4 EL Zucker, 2 Eier
1 TL abgeriebene Zitronenschale
2 EL Weinbrand oder Rum
2 EL Sultaninen
500 g Heidelbeeren

VORBEREITUNGSZEIT 1 STUNDE
BACKZEIT 10–12 MINUTEN PLUS 15–20 MINUTEN

1 Für den Mürbeteig Mehl, Backpulver, Salz, Butter, Zucker, Vanillezucker und Ei verkneten. Zur Kugel formen und 30 Minuten kalt stellen.

2 Den Boden der Form fetten. Den Teig auf der bemehlten Arbeitsfläche rund ausrollen. Die Form damit auskleiden, dabei einen 2 cm hohen Rand formen. Tortenboden mehrmals einstechen, etwa 20 Minuten kühlen.

3 Den Backofen auf 180 °C (Umluft 160 °C, Gas Stufe 2–3) vorheizen. Teig mit Backpapier und Hülsenfrüchten bedecken, 10–12 Minuten backen. Hülsenfrüchte und Papier entfernen.

4 Für den Belag die Milch aufkochen. Grieß und Zucker einrieseln lassen, 3 Minuten köcheln lassen. Die Eier trennen. Die Eigelbe rasch unter den Grießbrei rühren und diesen mit Zitronenschale und Weinbrand oder Rum abschmecken. Die Sultaninen hinzufügen und quellen lassen. Die Eiweiße steif schlagen und unterheben.

5 Die Beeren waschen, verlesen, gut abtropfen lassen und vorsichtig in den Grießbrei rühren. Die Masse auf den Tortenboden geben und glatt streichen. Den Kuchen 15–20 Minuten im vorgeheizten Ofen backen.

Der gute Tipp

Servieren Sie den ausgekühlten Kuchen am besten mit steif geschlagener Sahne. Wer möchte, kann die Schlagsahne mit ein paar Tropfen Heidelbeersaft dezent färben.

Biskuitrolle mit Himbeeren

Das erfrischende Innenleben dieser kleinen, lockeren Rolle besteht aus einem Fruchtmus aus Himbeeren und Passionsfrüchten. Wer keine frischen Beeren zur Hand hat, nimmt stattdessen einfach Konfitüre.

Für 1 Rolle (ca. 25 cm lang)
Für die Füllung
350 g Himbeeren
25 g Puderzucker
4 Passionsfrüchte
Für den Teig
3 große Eier
120 g Zucker, 1 Prise Salz
120 g Mehl
Butter für die Form
Für die Garnitur
Himbeeren
Minzeblättchen

Vorbereitungszeit 15–20 Minuten
Backzeit 10–12 Minuten

1 Die Hälfte der Himbeeren für die Füllung beiseite stellen. Die übrigen Himbeeren mit dem Puderzucker in eine Schüssel geben und mit einer Gabel zerdrücken. Die Passionsfrüchte halbieren und das Fruchtfleisch mit einem Löffel herauslösen. Zu den Himbeeren geben und untermischen.

2 Den Backofen auf 200 °C (Umluft 180 °C, Gas Stufe 3–4) vorheizen, das Backblech mit Backpapier belegen.

3 Für den Teig die Eier, den Zucker und das Salz in einer großen Schüssel auf dem heißen Wasserbad zu einer hellen Creme aufschlagen.

4 Die Hälfte des Mehls darüber sieben und vorsichtig mit einem großen Schneebesen unterheben. Das restliche Mehl ebenfalls darüber sieben und unterheben. Zum Schluss 1 EL lauwarmes Wasser untermischen.

5 Den Teig in einer Größe von etwa 25 × 35 cm gleichmäßig auf das Backblech streichen. In 10–12 Minuten im heißen Ofen goldgelb backen, bis der Teig gut aufgegangen und gar ist. Die Biskuitplatte sofort auf ein großes Stück Backpapier stürzen, das Backpapier vom Boden abziehen.

6 Die knusprigen Teigkanten rundum abschneiden. Den Biskuit etwa 2,5 cm tief vom kürzeren Rand entfernt leicht einschneiden, so lässt er sich besser aufrollen.

7 Die Himbeermischung auf der heißen Biskuitplatte verteilen, dabei einen Rand von 1 cm frei lassen. Die übrigen Himbeeren darüber streuen. Biskuit vorsichtig von der kurzen Seite her aufrollen und mit der Nahtseite nach unten auf eine Platte setzen.

8 Die Biskuitrolle warm oder kalt in Scheiben schneiden, mit Himbeeren und Minzeblättchen garnieren und servieren. Nach Belieben heiße Vanillesauce dazu reichen.

Vollkorn-Biskuitrolle

Dafür die Hälfte des Mehls durch Weizenvollkornmehl ersetzen. Eventuell etwas mehr Wasser zugeben, weil Vollkornmehl mehr Flüssigkeit aufnimmt als weißes Mehl.

Apfel-Erdbeer-Nussrolle

Statt des Mehls eine Mischung aus 50 g fein gemahlenen Haselnüssen und 60 g Mehl verwenden. Für die Füllung 500 g säuerliche Äpfel schälen, entkernen und klein würfeln. Mit 1 EL Orangensaft zugedeckt 10 Minuten dünsten. Dann den Deckel vom Topf nehmen und die Äpfel weitere 5 Minuten unter ständigem Rühren kochen. So lange kochen, bis ein nicht zu dünnflüssiges Kompott entstanden ist. 30 g Zucker und 150 g in dünne Scheiben geschnittene Erdbeeren unterrühren und die Mischung auf dem heißen Biskuit verteilen. Aufrollen, mit Erdbeeren garnieren und servieren.

Käsekuchen mit Heidelbeeren

Ein etwas anderer Käsekuchen als der, den wohl jeder von uns kennt: Eine Masse aus körnigem Frischkäse und Schichtkäse, gemischt mit Heidelbeeren, wird auf einem schnell gemachten Krümelboden gebacken.

Für 1 Springform (22 cm Ø)
60 g Butter
120 g Butterkekse oder Zwieback
2 EL kernige Haferflocken
3 Eier
200 g körniger Frischkäse
250 g Schichtkäse
4 TL Speisestärke
abgeriebene Schale von 1 Zitrone
1 Prise Salz
120 g Puderzucker
150 g Heidelbeeren
Für die Garnitur
50 g Heidelbeeren
Minzeblättchen
1 EL Puderzucker

Vorbereitungszeit 25 Minuten plus 30 Minuten Abkühlzeit
Backzeit 1 1/2 Stunden

1 Den Backofen auf 180 °C (Umluft 160 °C, Gas Stufe 2–3) vorheizen. Den Boden der Springform mit Backpapier auslegen. Die Butter bei sehr schwacher Hitze zerlassen.

2 Die Kekse im Mixer zerkleinern. Wahlweise in einen Gefrierbeutel füllen, diesen verschließen und die Kekse mit einer Teigrolle zerkrümeln.

3 Die Kekskrümel, die Haferflocken und die geschmolzene Butter mischen, auf dem Boden der Springform verteilen und leicht andrücken. Die Form beiseite stellen.

4 2 Eier trennen. Den körnigen Frischkäse im Mixer fein zerkleinern. Mit dem Schichtkäse, dem ganzen Ei, den Eigelben, der Speisestärke und der Zitronenschale in eine Schüssel geben. Alles gut vermischen.

5 Die Eiweiße mit dem Salz zu festem Schnee aufschlagen. Nach und nach den Puderzucker darüber sieben und die Eiweiße so lange weiterschlagen, bis die Masse Spitzen bildet und glänzt. Die Hälfte des Eischnees unter die Käsemischung ziehen, dann die Heidelbeeren und den restlichen Eischnee unterheben.

6 Die Mischung in die vorbereitete Form füllen und 30 Minuten im vorgeheizten Ofen backen. Den Kuchen mit Backpapier oder Alufolie bedecken, die Ofentemperatur auf 160 °C (Umluft 140 °C, Gas Stufe 1–2) senken und den Kuchen noch etwa 1 Stunde backen, bis er in der Mitte gestockt (also gar) ist. Im ausgeschalteten Ofen 30 Minuten abkühlen lassen, dabei die Backofentür einen Spalt breit offen stehen lassen.

7 Anschließend den Kuchen auf einem Kuchengitter abkühlen lassen und bis zum Servieren im Kühlschrank aufbewahren. Zum Servieren den Käsekuchen vorsichtig aus der Form lösen und das Backpapier abziehen.

8 Den Kuchen auf einer Servierplatte anrichten. Mit den Heidelbeeren und den Minzeblättchen verzieren und mit Puderzucker bestauben.

Käsekuchen mit roten Früchten

Den Käsekuchen wie im Rezept beschrieben backen, jedoch ohne Heidelbeeren. Für die Fruchtmasse 60 g Zucker mit 120 ml Wasser aufkochen, bis sich der Zucker aufgelöst hat. Etwa 170 g entsteinte Kirschen zugeben und in 3 Minuten weich dünsten. Die Kirschen mit einem Schaumlöffel herausnehmen. 1 EL Speisestärke in 1 EL Kirsch- oder Orangenlikör verrühren, zur Flüssigkeit in den Topf geben und alles 2 Minuten offen kochen, bis die Flüssigkeit angedickt und klar ist. 5 Minuten abkühlen lassen, dann die Kirschen, 120 g Himbeeren und 120 g in dünne Scheiben geschnittene kleine Erdbeeren untermischen. Abkühlen lassen, auf dem Käsekuchen verteilen.

Erdbeer-Kiwi-Käsekuchen

Ideal für das Kuchenschlemmen in kleiner Runde sind Mini-Kuchen, die in entsprechenden Formen gebacken werden. Dieser Kuchen lässt sich in 8 Stückchen schneiden – reicht also gut für 4 Personen.

Für 1 Springform (22 cm Ø)
120 g harte Amaretti
3 Eier
500 g Schichtkäse
120 g Zucker
1 Päckchen Vanillezucker
abgeriebene Schale von 1 Orange
100 g Schlagsahne
30 g Mehl
1 Prise Salz
Butter für die Form
Für den Belag
300 g Erdbeeren
2 Kiwis
1 EL Puderzucker

VORBEREITUNGSZEIT 30 MINUTEN
BACKZEIT 1 1/4 STUNDEN

1 Den Backofen auf 160 °C (Umluft 140 °C, Gas Stufe 1–2) vorheizen. Den Rand der Form fetten und ihren Boden mit Backpapier belegen.

2 Die Amaretti im Mixer zerkrümeln. Wahlweise in einen Gefrierbeutel füllen, diesen verschließen und die Kekse mit einer Teigrolle zerkrümeln. Die Krümel gleichmäßig auf dem Boden der Springform verteilen. Die Form beiseite stellen.

3 Die Eier trennen. Die Eigelbe mit Schichtkäse, Zucker, Vanillezucker, Orangenschale und Sahne cremig verrühren. Das Mehl darüber sieben und unterrühren.

4 Die Eiweiße mit dem Salz zu festem Schnee schlagen und mit einem großen Schneebesen vorsichtig unter die Käsemasse ziehen. Die Käsecreme in die Form füllen, dabei die Krümelschicht nicht beschädigen. Die Oberfläche glatt streichen.

5 Den Käsekuchen 1 Stunde backen, bis er aufgegangen und die Oberfläche goldbraun ist. Den Ofen ausschalten, den Kuchen 15 Minuten in der Resthitze nachgaren lassen.

6 Aus dem Ofen nehmen und auf einem Kuchengitter abkühlen lassen. Anschließend nach Belieben über Nacht kalt stellen.

7 Die Erdbeeren waschen, putzen und längs in Scheiben schneiden. Die Kiwis schälen und quer in Scheiben schneiden.

8 Erst vor dem Servieren den Käsekuchen vorsichtig aus der Form lösen. Auf eine Servierplatte setzen und in Stücke schneiden. Zum Servieren die Früchte dekorativ auf der Oberfläche anrichten und mit Puderzucker bestauben.

Käsekuchen mit Himbeeren

150 g zerkrümelte englische Ingwerkekse auf dem Boden der Springform verteilen. Für die Käsecreme anstelle des Schichtkäses Ricotta, braunen statt weißen Zucker und Zitronenschale anstelle von Orangenschale verwenden. Nach dem Backen und Abkühlen den Kuchen mit 350 g frischen Himbeeren belegen und mit Puderzucker bestauben.

Der gute Tipp

Anstelle der Orangenschale können Sie auch die fein abgeriebene Schale von 2 Limetten verwenden.
Die Amaretti lassen sich durch Mürbeteigkekse oder Löffelbiskuits ersetzen.

Erdbeer-Ricotta-Tarte

Die meiste Arbeit besteht bei dieser Tarte im Backen des Teigbodens – und das geht eigentlich recht schnell. Zum Fertigstellen muss nur die Ricottacreme auf den Tarteboden gestrichen und anschließend mit Beeren belegt werden.

Für 1 Tarteform (22 cm Ø)
Für den Teig
120 g Mehl, mehr zum Arbeiten
2 EL Zucker
1 Prise Salz
60 g Butter, mehr für die Form
2 Eigelb
Trockenerbsen zum Blindbacken
Für die Füllung
200 g Ricotta
100 g Speisequark (20 % Fett i. Tr.)
2 EL flüssiger Honig
abgeriebene Schale von 1 Orange
250 g aromatische Erdbeeren
60 g Heidelbeeren
4 EL rotes Johannisbeergelee

Vorbereitungszeit 30 Minuten
plus 2–3 Stunden Kühlzeit
Backzeit 15–20 Minuten

1 Das Mehl auf die Arbeitsfläche sieben, Zucker und Salz darüber streuen und eine Mulde in die Mitte drücken. Die Butter in Stückchen und die Eigelbe in die Mulde geben. Alles von der Mitte aus rasch zu einem glatten Teig verkneten. In Folie wickeln und 1 Stunde kalt stellen.

2 Die Form dünn fetten. Den Teig auf der leicht bemehlten Arbeitsfläche dünn ausrollen und die Form damit auskleiden. Mit Folie bedecken und 30 Minuten kalt stellen.

3 Den Backofen auf 190 °C (Umluft 170 °C, Gas Stufe 3) vorheizen. Den Teig mit Backpapier bedecken, die Trockenerbsen darauf füllen. Den Teig 10–15 Minuten blindbacken, bis er leicht gebräunt ist.

4 Hülsenfrüchte und Backpapier entfernen und den Teig weitere 5 Minuten backen. Auf einem Kuchengitter abkühlen lassen, vorsichtig aus der Form lösen und auf eine Platte setzen.

5 Für die Füllung den Ricotta mit dem Quark, dem Honig und der Orangenschale glatt rühren. Die Ricottacreme auf dem gebackenen Boden verteilen und glatt streichen.

6 Die Erdbeeren und die Heidelbeeren waschen und putzen. Die Erdbeeren in Viertel schneiden. Die Früchte dekorativ auf der Ricottacreme anrichten. Das Johannisbeergelee in einem kleinen Topf leicht erhitzen. Mit einem Backpinsel großzügig auf die Beeren streichen. Die Tarte vor dem Servieren 1–2 Stunden kühlen und durchziehen lassen.

Himbeer-Pfirsich-Ricotta-Tarte

Die Käsecreme mit 1–2 TL Rosenwasser und 1 EL Puderzucker anstelle von Honig zubereiten. Erdbeeren und Heidelbeeren durch 125 g frische Himbeeren und 3 reife Pfirsiche (letztere in Spalten geschnitten) ersetzen. Mit erhitzter, durch ein feines Sieb gestrichener Aprikosenkonfitüre statt mit Johannisbeergelee bestreichen.

Mango-Passionsfrucht-Tarte

Die Ricottacreme mit 2 vollreifen, durch ein Sieb passierten Passionsfrüchten aromatisieren. Die Beeren durch 1 in dünne Streifen geschnittene Mango ersetzen, die mit Aprikosenkonfitüre bestrichen wird.

Beerentorte mit Vanillecreme

Den Tortenboden kann man schon am Tag zuvor backen, die Vanillecreme sollte jedoch erst kurz vor dem Servieren darauf gestrichen und mit den Beeren bestreut werden.

Für 1 Tortenbodenform (28 cm Ø)
Für den Teig
1 Zitrone
100 g weiche Butter
50 g brauner Zucker
1 Prise Salz
2 EL Milch
100 g Quark
100 g Weizenvollkornmehl
1/2 TL Backpulver
Für den Belag
4 Blatt weiße Gelatine
gut 250 ml Milch
50 g Zucker
1–2 TL gemahlene Vanille
150 g Schlagsahne
600 g gemischte Beeren
einige Eiswürfel
Fett für die Form

VORBEREITUNGSZEIT 1 1/2 STUNDEN
BACKZEIT 40 MINUTEN

1 Die Zitrone waschen und trockenreiben, die Schale rundherum abreiben. Butter, Zucker und Salz schaumig rühren. 2 EL Milch, die Hälfte der abgeriebenen Zitronenschale und esslöffelweise den Quark unter die Buttercreme mischen.

2 Mehl und Backpulver mischen. Unter die Masse rühren, bis sie cremig ist. Den Backofen auf 180 °C (Umluft 160 °C, Gas Stufe 2–3) vorheizen. Die Form fetten. Den Teig hineingeben und glatt streichen. Im vorgeheizten Ofen 40 Minuten backen.

3 Die Stäbchenprobe machen. Den Tortenboden aus dem Ofen nehmen. 10 Minuten in der Form ruhen lassen. Aus der Form lösen und auf einem Kuchengitter auskühlen lassen.

4 Für die Vanillecreme die Gelatine in kaltem Wasser einweichen. Die Milch mit dem Zucker, der Vanille und der restlichen Zitronenschale in einen Topf geben und aufkochen. Den Topf vom Herd ziehen.

5 Die eingeweichten Gelatineblätter gut ausdrücken und in der heißen Vanillemilch auflösen. Eine Schüssel mit kaltem Wasser und Eiswürfeln füllen. Den Topf mit der Vanillemilch in das Eiswasser stellen und diese unter häufigem Rühren abkühlen lassen, bis sie zu gelieren beginnt.

6 Die Sahne steif schlagen. Die Beeren waschen, verlesen und abtropfen lassen. Die geschlagene Sahne unter die Creme mischen und die Masse auf den Tortenboden streichen. Die Beeren darauf verteilen.

Der gute Tipp

Die Torte lässt sich rasch zubereiten, wenn Sie den Tortenboden bereits einen Tag zuvor backen oder einen fertig gekauften verwenden. Sehr schnell ist die Vanillecreme aus dick gekochtem Vanillepudding und 150 g steif geschlagener Sahne gerührt. Verzieren Sie nach Belieben die Torte noch mit Sahnerosetten.

Rhabarbertorte mit Baiser

Im Frühling sollten Sie sich unbedingt einmal diese Torte gönnen. Am besten schmeckt dafür junger Rhabarber. Rosa Rhabarber setzt hübsche Farbakzente.

Für 1 Springform (24 cm Ø)
Für den Teig
1 kleine Zitrone, 3 Eier
125 g Butter, 125 g Zucker
50 g Speisestärke, 150 g Mehl
1 TL Backpulver
1/2 TL Zimtpulver
1 Prise Nelkenpulver, 1 Prise Salz
Für den Belag
500 g Rhabarber, 120 g Zucker
1 TL Zitronensaft, 50 g Honig
3 EL Aprikosenkonfitüre
20 g geröstete Mandelblättchen

VORBEREITUNGSZEIT 25 MINUTEN
BACKZEIT 40 MINUTEN PLUS 15 MINUTEN

1 Die Zitrone waschen und trockenreiben, die Schale abreiben, den Saft auspressen. 2 Eier trennen. Die Eiweiße für den Belag beiseite stellen. Das ganze Ei, Eigelbe, Zitronenschale und restliche Teigzutaten verrühren.

2 Die Springform fetten. Den Backofen auf 200 °C (Umluft 180 °C, Gas Stufe 2–3) vorheizen. Den Teig in die Form geben und glatt streichen.

3 Rhabarber schälen, waschen und in 3 cm lange Stücke schneiden. Auf dem Teig verteilen und mit 100 g Zucker bestreuen. Die Torte etwa 40 Minuten im heißen Ofen backen.

4 Inzwischen die Eiweiße mit dem Zitronensaft sehr steif schlagen. Dabei den restlichen Zucker und den Honig zufügen. Die Torte aus dem Backofen nehmen und die Baisermasse zuerst als Gitter, dann in Form von Rosetten darauf spritzen.

5 Die Torte wieder in den Backofen stellen und weitere 15 Minuten backen, bis sie oben eine goldgelbe Farbe angenommen hat. Die Rhabarbertorte aus dem Ofen nehmen und kurz in der Form ruhen lassen, dann herauslösen und auf einem Kuchengitter vollständig abkühlen lassen.

6 Den Rand der Torte mit der Aprikosenkonfitüre bestreichen und mit den gerösteten Mandelblättchen ummanteln.

Rhabarberkuchen mit Schmandguss

Wer keinen Schmand bekommt, kann stattdessen saure Sahne verwenden. Besonders gut schmeckt der Guss, wenn Sie ihn noch mit 1 guten Messerspitze gemahlenem Ingwer und 1 Päckchen Vanillezucker würzen.

Für 1 Backblech
Für den Teig
200 g Magerquark
8 EL Öl
8 EL Milch
1 Ei
100 g Zucker
1 Päckchen Vanillezucker
1 Prise Salz
400 g Mehl
1 Päckchen und 2 TL Backpulver
Fett für das Backblech
Für den Belag
1 Päckchen Vanillepuddingpulver
500 ml Milch
50 g Zucker
1 Ei
1 1/2 kg Rhabarber
Für den Guss
500 g Schmand
3 Eier
150 g Zucker
Hagelzucker zum Bestreuen

Vorbereitungszeit 40 Minuten
Backzeit 30 Minuten

1 Für den Teig den Quark, das Öl, die Milch, das Ei, den Zucker, den Vanillezucker und das Salz in eine Schüssel geben. Die Zutaten nicht zu kräftig verrühren.

2 Mehl und Backpulver in einer anderen Schüssel mischen und zwei Drittel davon unter die Quarkmasse rühren. Die restliche Mehl-Backpulver-Mischung zufügen. Alles zu einem glatten Teig kneten. Ein Backblech fetten. Den Teig darauf legen und ausrollen

3 Für den Belag das Puddingpulver mit 3 EL Milch anrühren. Die restliche Milch und den Zucker in einen Topf mit dickem Boden geben und aufkochen lassen.

4 Das angerührte Puddingpulver zugießen und unter ständigem Rühren aufkochen lassen. Den Topf sofort von der Kochstelle ziehen.
Das Ei schaumig schlagen und unter den noch heißen Pudding rühren.
Die Creme abkühlen lassen.

5 Den Backofen auf 200 °C (Umluft 180 °C, Gas Stufe 3–4) vorheizen. Den Rhabarber waschen und die Stangen falls nötig abziehen. Die Stangen in etwa 4 cm lange Stücke schneiden. Für den Guss den Schmand und die Eier verrühren.

6 Den Vanillepudding auf den Teig geben und verstreichen. Die Rhabarberstücke darauf verteilen und den Schmandguss darüber gießen.

7 Den Kuchen im vorgeheizten Ofen etwa 30 Minuten backen. Herausnehmen und abkühlen lassen. Vor dem Servieren dick mit Hagelzucker bestreuen und in Stücke schneiden.

Der gute Tipp

Wenn Sie jungen Rhabarber verwenden, der im April und Mai angeboten wird, können Sie auf das Abziehen der Stangen verzichten. Spät geernteter Rhabarber sollte hingegen abgezogen werden, weil die äußeren Teile der Stangen reich an Oxalsäure sind. Diese verursacht nicht nur einen sauren Geschmack, sondern kann langfristig auch der Gesundheit schaden.

Apfel-Heidelbeer-Pie

Am besten schmeckt die Pie im Herbst, wenn es säuerliche, mürbe Äpfel gibt. Ersetzen Sie die Apfel-Heidelbeer-Füllung ruhig auch einmal durch feines Quittenkompott.

Für 1 Pie (ca. 24 cm Ø)
Für den Teig
75 g Mehl
75 g Weizenvollkornmehl
1 TL Lebkuchen- oder Spekulatiusgewürz
1 Prise Salz
75 g kalte Butter in Stückchen
30 g Puderzucker
1 Eigelb
Für die Füllung
500 g säuerliche Äpfel (z.B. Boskoop)
100 g Heidelbeeren
50 g brauner Zucker
1 TL Zimtpulver
1 Prise geriebene Muskatnuss
1 Eiweiß
Vanilleeis oder halbsteif geschlagene Sahne zum Servieren, nach Belieben

VORBEREITUNGSZEIT 50 MINUTEN
BACKZEIT 30–35 MINUTEN

1 Für den Teig die beiden Mehle, Lebkuchen- oder Spekulatiusgewürz und Salz in eine große Schüssel geben. Die Butter mit den Händen unter die Mehlmischung arbeiten, die Zutaten dabei zwischen den Händen reiben, so dass feine Krümel entstehen. Den Puderzucker darunter mischen.

2 Das Eigelb mit 1 EL kaltem Wasser verrühren, zum Teig geben und darunter arbeiten, bis der Teig weich ist. Nach Bedarf noch einige Tropfen Wasser zugeben. Den Teig zur Kugel formen, in Klarsichtfolie wickeln und mindestens 30 Minuten kalt stellen.

3 Den Backofen auf 190 °C (Umluft 170 °C, Gas Stufe 3) vorheizen. Die Äpfel schälen, von den Kerngehäusen befreien und in schmale Spalten schneiden. Die Äpfel mit den Heidelbeeren mischen. Zucker, Zimt und Muskat vermischen. 1 EL abnehmen und beiseite stellen. Die restliche Zuckermischung unter die Fruchtmischung heben.

4 Den Teig auf einem backblechgroßen Stück Backpapier zu einem dünnen Kreis mit 30 cm Ø ausrollen. Den Teig mit Eiweiß einpinseln und mit dem Backpapier auf das Backblech heben.

5 Die Fruchtmischung in die Mitte des Teigs schichten, rundum einen Rand von etwa 10 cm frei lassen. Den freien Teigrand über die Fruchtmischung schlagen. Die äußere Seite des Teigrands mit dem restlichen Eiweiß bestreichen und mit der übrigen Zimt-Zucker-Mischung bestreuen.

6 Die Pie 30–35 Minuten backen, bis der Teig goldbraun ist und die Äpfel weich sind. Warm und nach Belieben mit Vanilleeis oder halbsteif geschlagener Sahne servieren.

Apfel-Brombeer-Pie

Die Heidelbeeren durch Brombeeren ersetzen und die Früchte mit Zucker und 1 TL Spekulatiusgewürz mischen. Die Früchte in eine kleine Tarteform (22 cm Ø) füllen. Den Formrand mit Wasser einpinseln. Den Teig auf der leicht bemehlten Arbeitsfläche in Formgröße ausrollen und auf die Form legen. Den Rand gut fest drücken und rundum mit Daumen und Zeigefinger ein Wellenmuster formen. Den Teigdeckel mit Eiweiß bestreichen und mit 1 TL Kristallzucker und 1 Messerspitze Spekulatiusgewürz bestreuen. Im auf 190 °C (Umluft 170 °C, Gas Stufe 3) vorgeheizten Ofen 30–35 Minuten goldbraun backen.

Der gute Tipp

Wer den Teig kerniger mag, kann ihn auf einer dünnen Schicht zarter Haferflocken ausrollen und mit der Haferflockenseite nach unten auf das Backpapier legen.

Apfelkuchen mit Gitter

Das Gittermuster ist ein Klassiker für gefüllte Mürbeteigkuchen. Es macht sich nicht nur auf Obst wie Äpfeln, Kirschen oder Zwetschgen gut, sondern ebenso auf Mohnmasse oder Konfitüre.

Für 1 Springform (26 cm Ø)
Für den Teig
250 g Mehl, 1/2 TL Backpulver
1/2 TL Salz, 150 g Butter
2 EL Honig, 2 Eigelb
Butter für die Form
Trockenerbsen zum Blindbacken
Für den Belag
6 Äpfel, 1 TL Zitronensaft
100 g Schlagsahne, 2 Eier
3 Eigelb, 2 TL Vanillezucker
2 EL Zucker, 75 g gemahlene Mandeln
1 Eiweiß

Vorbereitungszeit 45 Minuten
Backzeit 10 Minuten plus 20 Minuten

1 Für den Teig alle Zutaten (bis auf die Erbsen) mit 2 EL Wasser mischen verkneten. 30 Minuten kalt stellen. Den Boden der Form fetten.

2 Den Teig ausrollen. Etwa ein Fünftel davon beiseite legen. Mit dem restlichen Teig den Boden der Form auskleiden, dabei einen 3 cm hohen Rand formen. Den Teigboden mit der Gabel mehrfach einstechen. 20 Minuten kalt stellen.

3 Den Backofen auf 180 °C (Umluft 160 °C, Gas Stufe 2–3) vorheizen. Den Teigboden mit Backpapier bedecken, darauf die Trockenerbsen zum Beschweren geben. Den Teigboden 10 Minuten blindbacken.

4 Die Äpfel schälen, von den Kerngehäusen befreien, in Scheiben schneiden. Mit Zitronensaft beträufeln.

5 Von der Sahne 1 EL abnehmen, beiseite stellen. Restliche Sahne, Eier, 2 Eigelb, Vanillezucker und Zucker vermischen. Mandeln zugeben.

6 Den Teig mit dem Eiweiß bepinseln, die Äpfel darauf verteilen und die Sahnemischung darüber gießen.

7 Beiseite gelegten Teig in fingerbreite Streifen schneiden und gitterförmig auf den Kuchen legen. Restliches Eigelb und restliche Sahne verrühren. Das Gitter damit einpinseln. Den Kuchen bei 200 °C (Umluft 180 °C, Gas Stufe 3–4) etwa 20 Minuten backen.

Apfelkuchen vom Blech

Lassen Sie sich den Hefekuchen mit Äpfeln so frisch wie möglich schmecken – also am besten noch am Backtag! Schleckermäuler gönnen sich dazu noch einen Klacks Sahne.

Für 1 Backblech
Für den Teig
120 g Zucker, 250 ml Milch
20 g Hefe, 500 g Mehl
1 Ei, 60 g Butter, 1 Prise Salz
Für den Belag
abgeriebene Schale und Saft von 1 Zitrone
1 kg säuerliche Äpfel, 3 Zwiebacke
100 g Sultaninen oder Trockenobst
1 TL Zimtpulver, 50 g gehackte Haselnüsse

VORBEREITUNGSZEIT 70 MINUTEN
BACKZEIT ETWA 55 MINUTEN

1 Für den Vorteig 1 TL Zucker und 3 EL lauwarme Milch verrühren. Die Hefe darin auflösen. Mehl in eine Schüssel geben und eine Vertiefung hineindrücken. Hefemischung hineingießen, mit etwas Mehl bestreuen. Bei Raumtemperatur etwa 20 Minuten gehen lassen, bis sich Risse bilden.

2 Die restliche Milch, das Ei, die Butter, 65 g Zucker und das Salz darunter mischen. Den Teig kneten, bis er Blasen wirft. Die Zitronenschale und die Hälfte des Safts zum Teig geben. Den Teig zugedeckt 40 Minuten gehen lassen.

3 Das Backblech fetten und den Teig darauf ausrollen. Den Backofen auf 190 °C (Umluft 170 °C, Gas Stufe 3) vorheizen. Die Äpfel schälen, von den Kerngehäusen befreien und in Spalten schneiden. Auf den Teig legen. Mit der Hälfte des restlichen Zuckers bestreuen.

4 Den Zwieback zerkrümeln und anrösten. Mit den Sultaninen oder zerkleinertem Trockenobst auf dem Teig verteilen. Teig nochmals 20 Minuten gehen lassen. Zimt, restlichen Zucker und gehackte Nüsse mischen, darüber streuen. Kuchen etwa 55 Minuten im vorgeheizten Ofen backen.

Umgedrehte Apfeltarte

Die Apfeltarte wird lauwarm und mit aromatisiertem Joghurt statt mit Schlagsahne serviert. Ideal für alle, die ihre Pfunde im Auge behalten, aber nicht auf Kuchen verzichten möchten.

Für 1 Tarteform (22 cm Ø)
Für den Teig
120 g Mehl, mehr zum Arbeiten
1 EL Zucker
1 Prise Salz
60 g kalte Butter, in Stückchen
Für die Füllung
600 g Äpfel, Cox Orange oder Boskoop
50 g brauner Zucker
1 EL Zitronensaft
30 g Sultaninen
1/2 TL Lebkuchen- oder Spekulatiusgewürz
1 TL abgeriebene Zitronenschale
Zum Servieren
250 g griechischer Joghurt
1 EL flüssiger Honig
1 TL abgeriebene Zitronenschale

VORBEREITUNGSZEIT 45 MINUTEN
BACKZEIT 20 MINUTEN

1 Für den Teig das Mehl in eine Schüssel sieben, Zucker und Salz darüber streuen. Die Butter mit den Händen unter die Mehlmischung kneten, die Zutaten dabei so zwischen den Händen reiben, dass feine Krümel entstehen. 1 ½–2 EL kaltes Wasser zugeben, alles zu einem geschmeidigen Teig verkneten. Diesen zu einer Kugel formen und in Klarsichtfolie wickeln. Mindestens 30 Minuten in den Kühlschrank stellen.

2 In der Zwischenzeit die Äpfel schälen und von den Kerngehäusen befreien. In dicke Spalten schneiden. Zucker und Zitronensaft in einer Pfanne erhitzen, bis sich der Zucker aufgelöst hat. Die Apfelspalten in die Pfanne geben und zugedeckt bei schwacher Hitze in 8–10 Minuten nicht zu weich dünsten. Dabei gelegentlich rühren, damit nichts ansetzt.

3 Den Backofen auf 200 °C (Umluft 180 °C, Gast Stufe 3–4) vorheizen. Die Äpfel mit einem Schaumlöffel aus dem Sud heben, dabei gut abtropfen lassen. Sud in der Pfanne lassen.

4 Die Apfelstücke dachziegelartig in die Form legen. Die Sultaninen in den Sud geben, Gewürz und Zitronenschale zufügen und alles 2–3 Minuten schmoren. Sultaninenmischung samt Flüssigkeit über die Äpfel geben. Zum Abkühlen beiseite stellen.

5 Den Teig auf einer leicht bemehlten Arbeitsfläche dünn zu einem 25 cm großen Kreis ausrollen, dann auf die Äpfel in der Form legen; den Teigrand dabei zwischen Formrand und Äpfel schieben. Die Tarte in etwa 20 Minuten goldbraun backen.

6 Die Tarte herausnehmen und 5–10 Minuten in der Form abkühlen lassen. Dann den Teigrand mit einem spitzen Messer lösen, die Tarte auf eine Platte stürzen. Joghurt, Honig und Zitronenschale cremig rühren. Zur lauwarmen Tarte reichen.

Birnen-Walnuss-Tarte

Dafür feste Birnen anstelle der Äpfel verwenden. Mit den Sultaninen noch 30 g gehackte Walnüsse im Birnensud ziehen lassen. Die Gewürzmischung weglassen.

Der gute Tipp

Um Zeit zu sparen, können Sie Teig und Füllung schon einen Tag im Voraus zubereiten. Die Füllung in die Form geben und mit Klarsichtfolie bedecken. Den Teig zu einer Kugel formen und in Klarsichtfolie wickeln. Beides im Kühlschrank aufbewahren. Die Füllung dann nur noch kurz vor dem Servieren mit dem Teigdeckel bedecken und die Tarte backen.

Wiener Apfelstrudel

Unter einem Mantel aus hauchdünnem Strudelteig bleiben Früchte wie Äpfel, Sauerkirschen oder Aprikosen saftig und aromatisch – ein Leckerbissen aus der österreichischen Küche, den man am besten warm und mit Vanillesauce serviert.

Für 1 oder 2 Strudel
Für den Teig
250 g Mehl, mehr zum Arbeiten
1 EL Öl
1 Ei, 1 Prise Salz
1 EL Butter
Fett für das Blech
Für die Füllung
125 g Butter, 4 EL Semmelbrösel
75 g Rosinen
etwa 2 kg säuerliche Äpfel
75 g gehackte Mandeln
1 TL Zimtpulver, 100 g Zucker
2 EL Puderzucker

VORBEREITUNGSZEIT 1 1/2 STUNDEN
BACKZEIT 30–40 MINUTEN

1 Für den Teig das Mehl auf die Arbeitsfläche sieben. In die Mitte eine Vertiefung drücken. Das Öl, das Ei, das Salz und 125 ml lauwarmes Wasser in die Vertiefung geben. Mit einem Messer vom Rand aus mit dem Mehl vermischen. Ebenso kann man die Zutaten mit den Schneebesen des Handrührgeräts verrühren.

2 Mit den Händen gut 10 Minuten weiterkneten, bis ein glatter Teig entstanden ist. Den Teig zu einer Kugel formen, eine erwärmte Schüssel darüber stülpen und den Teig 45 Minuten ruhen lassen. Zwischendurch die Schüssel mit einem feuchten warmen Tuch immer wieder erwärmen.

3 Für die Füllung 100 g Butter in einer Pfanne zerlassen, Semmelbrösel darin rösten. Rosinen mit lauwarmem Wasser bedecken und 15 Minuten einweichen, dann abtropfen lassen. Die Äpfel schälen, von den Kerngehäusen befreien, in dünne Spalten schneiden. Rosinen, Apfelspalten, Mandeln, Zimt und Zucker mit den Semmelbröseln mischen.

4 Ein sauberes Küchentuch ausbreiten und dick mit Mehl bestäuben. Die Teigkugel darauf legen und sehr dünn ausrollen.

5 1 EL Butter zerlassen und darauf pinseln. Die Hände mit Mehl bestauben und so unter den Teig schieben, dass man ihn von allen Seiten gut auseinander ziehen kann. Die Teigplatte muss so dünn sein, dass man das Muster des Küchentuchs darunter deutlich erkennen kann.

6 Die Füllung auf der Teigplatte glatt streichen, dabei die Seiten und den unteren Rand freilassen. Das Tuch an der Schmalseite anheben und den Strudel mithilfe des Tuches vorsichtig aufrollen. Den unteren Rand gut fest- und die Seiten zusammendrücken.

7 Den Backofen auf 200 °C (Umluft 180 °C, Gas Stufe 3–4) vorheizen. Das Backblech fetten und den Strudel vorsichtig darauf legen. Die restliche Butter zerlassen und den Strudel damit bepinseln. Den Strudel 30–40 Minuten backen. Noch warm mit Puderzucker bestreuen.

Topfenstrudel mit Kirschen

Den Teig wie im Rezept beschrieben zubereiten. Für die Füllung 500 g Sauerkirschen waschen und entsteinen. Die Kirschen mit je 100 g gemahlenen Haselnüssen und Semmelbröseln mischen. 2 Eigelb, 500 g Magerquark, 200 g Crème fraîche, 75 g Zucker, 2 EL Vanillezucker, 1 TL Zitronenschale und 1 Prise Salz verrühren. 2 Eiweiß steif schlagen und mit der Kirsch-Nuss-Masse löffelweise vorsichtig unter die Quarkmasse ziehen. Den Teig in zwei gleich große Stücke schneiden, ausrollen, mit der Füllung bestreichen und aufrollen. Eine lange ofenfeste Form fetten und beide Strudel hineinlegen. 250 ml Milch mit 50 g Butter erhitzen, dann 50 g Honig und 1 Ei unterrühren und die Eiermilch um die Strudel gießen. Wie angegeben backen.

Der gute Tipp

Für besondere Anlässe können Sie die Füllung variieren: einfach mit Calvados abschmecken und statt der gehackten Mandeln Mandelstifte verwenden. Die Mandelstifte erhalten ein besonderes Aroma, wenn Sie diese in einer Pfanne leicht anrösten.

Gedeckter Apfel-Weintrauben-Kuchen

Der Pfiff bei diesem Kuchen ist nicht nur der mit Zitronenglasur bestrichene Teigdeckel, sondern vor allem die Mischung, die sich darunter verbirgt: In Weißwein gedünstete Äpfel und Weintrauben.

Für 1 Springform (28 cm Ø)
Für den Teig
500 g Mehl, 1 Prise Backpulver
140 g Zucker, 2 Eier
1 Prise Salz, 250 g Butter
Mehl zum Arbeiten, Fett für die Form
Für die Füllung und die Glasur
1 kg Äpfel, 150 g Weintrauben
150 ml Weißwein, 1 EL Zucker
1 Prise Zimtpulver, 1 Eigelb
2 EL Zitronensaft
70 g Puderzucker

VORBEREITUNGSZEIT 40 MINUTEN
BACKZEIT 10 MINUTEN PLUS 25 MINUTEN

1 Mehl und Backpulver in einer Schüssel mischen. Eine Vertiefung in die Mitte drücken, Zucker, Eier und Salz hineingeben. Verrühren. Die Butter zugeben, alles zu einem glatten Teig verkneten. Zur Kugel formen und etwa 20 Minuten kalt stellen.

2 Inzwischen die Äpfel schälen und halbieren, die Kerngehäuse herausschneiden. Weintrauben abzupfen und waschen. Apfelhälften, Weintrauben, Weißwein, Zucker und Zimt in einem Topf vorsichtig mischen und die Früchte bei mittlerer Hitze 5 Minuten dämpfen. Einige Minuten abkühlen lassen.

3 Den Backofen auf 200 °C (Umluft 180 °C, Gas Stufe 3–4) vorheizen. Etwas mehr als die Hälfte des Teigs auf der bemehlten Arbeitsfläche ausrollen. Die Form fetten. Den ausgerollten Teig hineinlegen, dabei einen 2,5 cm hohen Rand formen. Mehrmals mit einer Gabel einstechen. 10 Minuten backen.

4 Apfel-Trauben-Mischung auf dem Teigboden verteilen. Restlichen Teig ausrollen, auf die Füllung legen. Mit Eigelb bepinseln. Kuchen 25 Minuten backen. Abkühlen lassen. Zitronensaft und Puderzucker verrühren. Kuchen mit der Glasur bestreichen.

Schokorolle mit Aprikosen

Wer der Biskuitrolle eine besondere Note geben will, ersetzt das Kakaopulver im Teig durch 1/2 Tafel fein geriebene Zartbitterschokolade.

Für 1 Biskuitrolle
Für den Teig
3 Eier, 90 g Zucker, 1 Prise Salz
45 g Mehl, 1/2 TL Backpulver
2 EL Kakaopulver
Für die Füllung und für die Garnitur
100 g Crème double
350 g Sahnequark, 2–3 EL Zucker
1 Päckchen Instant-Gelatine
1 EL Aprikosenschnaps
300 g Aprikosen (frisch oder Dosenware)
Puderzucker zum Bestauben

VORBEREITUNGSZEIT 30 MINUTEN
BACKZEIT 12–14 MINUTEN

1 Den Backofen auf 200 °C (Umluft 180 °C, Gas Stufe 2–3) vorheizen. Ein Backblech mit Backpapier belegen. Aus den Zutaten eine Biskuitmasse zubereiten (siehe S. 23) und auf das Blech streichen. 12–14 Minuten backen, dann zugedeckt auskühlen lassen. Auf ein mit Puderzucker bestaubtes Küchentuch stürzen. Das Blech abnehmen und das Backpapier abziehen.

2 Crème double, Quark, Zucker, Gelatine und Schnaps verrühren. Auf der Biskuitplatte verteilen, dabei den hinteren Rand 4 cm frei lassen. Frische Aprikosen mit kochend heißem Wasser überbrühen, häuten, halbieren und entsteinen. Früchte aus der Dose abtropfen lassen. Die Aprikosen in Stückchen schneiden und diese auf der Quarkcreme verteilen.

3 Den Biskuit mithilfe des Küchentuchs von der Breitseite her aufrollen. Die Rolle auf einem mit Alufolie belegten kleinen Tablett 20 Minuten ins Gefriergerät stellen. Vor dem Servieren mit Puderzucker bestauben.

Der gute Tipp

Statt frische Aprikosen zu verwenden, 200 g getrocknete über Nacht einweichen. Mit 100 ml Orangensaft 10 Minuten garen. Pürieren und zuckern.

Aprikosen-Müsli-Tarte

Wenn Sie eine Tarte- oder Tortenbodenform mit herausnehmbarem Boden besitzen, sollten Sie sie für diese Tarte verwenden. So lässt sich der Kuchen besonders leicht herausnehmen. Ansonsten die Tarte in der Form servieren.

Für 1 Tarteform (22 cm Ø)
Für den Teig
120 g Mehl, mehr zum Arbeiten
25 g Puderzucker, 1 Prise Salz
abgeriebene Schale von 1 Orange
60 g kalte Butter in Stückchen
1 Eigelb, 1 EL Orangensaft
Butter für die Form
Trockenerbsen zum Blindbacken
Für die Füllung
500 g vollreife Aprikosen
4 EL Orangensaft
je 1/4 TL Zimt- und Korianderpulver
2 EL flüssiger Honig
50 g kernige Haferflocken
je 1 EL Sultaninen, gehackte Haselnüsse und Sonnenblumenkerne
1 TL Sesamsamen

VORBEREITUNGSZEIT 35–40 MINUTEN
PLUS 30 MINUTEN KÜHLZEIT
BACKZEIT 30 MINUTEN

1 Für den Teig das Mehl in eine Schüssel sieben. Puderzucker, Salz und Orangenschale darüber geben. Die Butter mit den Händen unter die Mehlmischung kneten, die Zutaten dabei so zwischen den Händen reiben, dass feine Krümel entstehen.

2 Eigelb und Orangensaft zugeben und alles zu einem geschmeidigen Teig verkneten. Teig zu einer Kugel formen, in Klarsichtfolie wickeln und mindestens 30 Minuten kalt stellen.

3 In der Zwischenzeit für die Füllung die Aprikosen waschen, halbieren und entsteinen, dann vierteln. Mit 3 EL Orangensaft, Zimt und Koriander in eine Schmorpfanne oder einen Topf geben und zugedeckt unter gelegentlichem Rühren in 20–25 Minuten dick einkochen. Die Aprikosen abkühlen lassen, dann 1 EL Honig unterrühren.

4 Den Backofen auf 190 °C (Umluft 170 °C, Gas Stufe 3) vorheizen, die Tarteform dünn ausfetten. Den Teig auf der leicht bemehlten Arbeitsfläche dünn ausrollen und die Form damit auskleiden. Den Teigboden mit einer Gabel mehrmals einstechen, mit Backpapier und Trockenerbsen belegen und 10 Minuten blindbacken.

5 Backpapier und Hülsenfrüchte entfernen und den Teigboden weitere 5 Minuten backen. Aus dem Backofen nehmen und auf einem Kuchengitter abkühlen lassen.

6 Die Ofentemperatur auf 180 °C (Umluft 160 °C, Gas Stufe 2–3) senken. Haferflocken, Sultaninen, Nüsse, Sonnenblumenkerne und Sesamsamen mischen. 1 EL Orangensaft mit 1 EL Honig verrühren, zur Müslimischung geben und alles vermischen.

7 Die abgekühlten Aprikosen auf dem Teigboden verteilen. Müslimischung darüber streuen und leicht eindrücken. Die Tarte 12–15 Minuten backen, bis die Oberfläche goldbraun und knusprig ist. Möglichst warm servieren.

Pflaumen-Müsli-Tarte

Den Teig mit Zitronenschale und -saft anstelle von Orangenschale und -saft aromatisieren. Für die Füllung halbierte, entsteinte Pflaumen oder Zwetschgen anstelle der Aprikosen verwenden. Diese in 4 EL Apfelsaft mit ½ TL gemahlenem Sternanis dünsten. Abkühlen lassen, 1 EL Honig unterrühren. Für die Müslikruste 50 g kernige Haferflocken, 1 kleinen, geriebenen Apfel und je 1 EL getrocknete Cranberries und Mandelblättchen mischen. Wie im Rezept angegeben backen.

Der gute Tipp

Sind keine frischen Aprikosen zu bekommen, können Sie auch 2 kleine Dosen schwach gesüßte Aprikosen für diese Tarte verwenden (insgesamt ca. 800 g Abtropfgewicht). Die Aprikosen gut abtropfen lassen, dann hacken. Mit 1 EL der Einlegflüssigkeit und 1 TL Honig in 5 Minuten inkochen.

Birnenkuchen

Zur Zeit der Birnenernte sollten Sie wenigstens einmal einen saftigen Birnenkuchen backen. Wichtig ist, dass die Früchte reif, aber nicht zu weich sind, damit sie sich gut in Spalten schneiden lassen.

Für 1 Springform (26 cm Ø)
Für den Teig
100 g weiche Butter
200 g Mehl, mehr zum Arbeiten
40 g Zucker, 1 Prise Salz
1 Eigelb
2 EL Rum oder Apfelsaft
Für den Belag
2 Äpfel, 6 reife Birnen
1 Zitrone
5 EL Birnendicksaft
je 1 Messerspitze Zimt- und Nelkenpulver
25 g gehackte Pistazien
Fett für die Form

VORBEREITUNGSZEIT 35 MINUTEN
BACKZEIT 20 MINUTEN PLUS 15 MINUTEN

1 Für den Teig Butter, Mehl, Zucker, Salz, Eigelb und Rum oder Apfelsaft in eine Schüssel geben und kurz verrühren. Dann mit den Knethaken des Handrührgeräts oder in der Küchenmaschine verkneten.

2 Die Hände bemehlen und den Teig kneten, bis er glänzt. Den Teig zu einer Kugel formen, in Klarsichtfolie wickeln und 30 Minuten in den Kühlschrank legen.

3 In der Zwischenzeit die Äpfel und 2 Birnen schälen, vierteln, von den Kerngehäusen befreien und in Stücke schneiden.

4 Die Zitrone auspressen. Apfel- und Birnenstücke mit Birnendicksaft, Zimt, Nelken und Zitronensaft in einen Topf geben.

5 Den Topf schließen und alles bei schwacher Hitze köcheln, bis die Früchte weich sind. Dann offen 15 Minuten einkochen. Den Topf von der Kochstelle nehmen und das zu Mus gekochte Obst abkühlen lassen.

6 Den Backofen auf 200 °C (Umluft 180 °C, Gas Stufe 3–4) vorheizen. Die Springform fetten. Den Teig rund in Größe des Formbodens ausrollen und in die Form legen, dabei einen Rand formen. Das Fruchtmus auf dem Teig verteilen. Im vorgeheizten Ofen etwa 20 Minuten vorbacken.

7 Inzwischen die übrigen Birnen schälen, vierteln, von den Kerngehäusen befreien und in Spalten schneiden. Die Spalten auf den vorgebackenen Kuchen legen. Pistazien darüber streuen. Den Kuchen weitere 15 Minuten backen. Abkühlen lassen.

Birnenkuchen mit Sahneguss

Dafür 300 g aufgetauten TK-Blätterteig auf der bemehlten Arbeitsfläche messerrückendick ausrollen. Eine Springform mit 26 cm Ø fetten. Den Teig hineinlegen, dabei einen kleinen Rand formen. Den Teigboden mehrmals mit einer Gabel einstechen. Den Backofen auf 200 °C (Umluft 180 °C, Gas Stufe 3–4) vorheizen. 5 reife Birnen schälen, längs halbieren und von den Kerngehäusen befreien. Die Fruchthälften oben fächerförmig einschneiden. Mit den Schnittflächen nach unten auf den Teigboden setzen. Im vorgeheizten Ofen 20 Minuten vorbacken. Inzwischen 1 Ei, 3 EL Ahornsirup und 3 EL saure Sahne verrühren. Den Kuchen aus dem Ofen nehmen und die Ei-Sahne zwischen die Birnen gießen. Nach Belieben 1 EL Sonnenblumenkerne darüber streuen und den Kuchen weitere 20 Minuten backen.

Der gute Tipp

Zu Birnenkuchen passt Eisschokolade. Dafür pro Portion 2 EL dickflüssige Schokoladensauce aus der Flasche in ein hohes Glas geben und das Glas schwenken. Das Glas zu zwei Drittel mit kalter Milch füllen. 1 Kugel Vanilleeis und 1 Klacks steif geschlagene Sahne darauf setzen und mit Kakaopulver bestauben.

Umgedrehter Birnenkuchen

Der kleine Kuchen beeindruckt nicht nur Kaffeegäste, sondern bietet sich auch als Dessert nach einem leichten Hauptgang oder als Alternative zu einer Mehlspeise an.

Für 1 Springform (20 cm Ø)
3 reife Birnen
150 g Brombeeren
150 g Zucker
1 TL Zitronensaft
120 g weiche Butter
2 TL abgeriebene Orangenschale
1 Prise Salz
2 Eier
180 g Mehl
1 TL Backpulver
1–2 EL Milch
Butter für die Form

VORBEREITUNGSZEIT 30 MINUTEN
BACKZEIT 50–60 MINUTEN

1 Den Backofen auf 180 °C (Umluft 160 °C, Gas Stufe 2–3) vorheizen. den Formrand fetten, den Boden der Form mit Backpapier belegen.

2 Birnen schälen, halbieren und von den Kerngehäusen befreien. Brombeeren waschen, falls nötig putzen.

3 In einer Pfanne mit schwerem Boden 50 g Zucker mit Zitronensaft bei schwacher Hitze goldbraun karamellisieren lassen. In die Form gießen.

4 Die Birnen mit den Schnittflächen nach unten auf die Karamellschicht setzen. Die Brombeeren in die Lücken verteilen.

5 Die Butter mit restlichem Zucker, Orangenschale und Salz in einer Schüssel zu einer hellen Creme schlagen. Eier nacheinander zugeben.

6 Das Mehl mit dem Backpulver darüber sieben und unterrühren. Dabei Milch zugeben, bis der Teig schwer reißend vom Löffel fällt.

7 Den Teig auf die Früchte in der Form füllen und glatt streichen. Im vorgeheizten Ofen 50–60 Minuten backen. Falls die Oberfläche zu dunkel wird, mit Alufolie bedecken.

8 Den Birnenkuchen aus dem Ofen nehmen und 10 Minuten in der Form abkühlen lassen. Dann vorsichtig auf eine Servierplatte stürzen und möglichst warm servieren. Dazu halbsteif geschlagene Sahne oder leicht gesüßten Sahnequark servieren.

Ingwer-Pflaumen-Kuchen

Anstelle der Birnen und Brombeeren 6 halbierte und entsteinte große Pflaumen mit den Schnittflächen nach unten auf die Karamellschicht setzen. Für den Teig die Orangenschale durch ½ TL gemahlenen Ingwer ersetzen und zusätzlich noch 3–4 in Sirup eingelegte, fein gehackte Ingwerstücke unter den Teig mischen.

Der gute Tipp

Wenn es besonders schnell gehen soll, können auch Birnenhälften aus der Dose verwendet und der selbst gemachte Karamell durch Ahornsirup oder Agavendicksaft ersetzt werden. Statt mit Birnen und Brombeeren können Sie den Kuchen auch mit Ananasringen aus der Dose und Heidelbeeren zubereiten.

Feigentorte mit Orangenjoghurt

Bereits im Altertum waren Feigen im gesamten Mittelmeerraum verbreitet und zählten zu den wichtigsten Nahrungsmitteln. Dank ihrer Süße sind die Früchte für Desserts und Kuchen wie gschaffen, harmonieren aber wunderbar mit Pikantem wie Salami und Schinken.

Für 1 Springform (22 cm Ø)
Für den Teig
2 Eier
90 g Zucker
90 g Mehl
1 Eiweiß
Für den Belag
1 Orange
8 frische, reife Feigen
250 g Joghurt
1 EL Puderzucker
3 EL Orangenlikör
Fett für die Form

VORBEREITUNGSZEIT 40 MINUTEN
PLUS 1 STUNDE KÜHLZEIT
BACKZEIT 25 MINUTEN

1 Die Eier trennen. Die Eigelbe und 1 TL warmes Wasser 3 Minuten mit den Schneebesen des Handrührgeräts oder in der Küchenmaschine schlagen. Dabei den Zucker zugeben und so lange schlagen, bis die Masse fast weiß und cremig ist.

2 Den Backofen auf 180 °C (Umluft 160 °C, Gas Stufe 2–3) vorheizen. Das Mehl auf die Eicreme häufen und vorsichtig untermischen. Die Eiweiße steif schlagen. Den Eischnee ebenfalls auf den Teig häufen und unterheben.

3 Die Springform fetten, den Teig hineinfüllen und glatt streichen. Im vorgeheizten Ofen etwa 25 Minuten backen, bis der Kuchen goldgelb ist. Den Kuchen aus der Form nehmen und auf einem Kuchengitter abkühlen lassen.

4 In der Zwischenzeit für den Belag die Orange waschen und trockenreiben. Die Schale abreiben und den Saft auspressen. Die Feigen waschen und achteln. Falls die Schale der Feigen bitter ist, die Früchte schälen.

5 Den Joghurt mit dem Puderzucker und der abgeriebenen Orangenschale verrühren. Orangensaft und Orangenlikör mischen.

6 Den Tortenboden auf eine Platte legen. Die Orangensaftmischung darüber träufeln, dann den mit Orangenschale aromatisierten Joghurt darauf streichen.

7 Die Feigenachtel auf dem Joghurt verteilen. Die Torte mit Klarsichtfolie bedecken und für 1 Stunde in den Kühlschrank stellen. Herausnehmen und möglichst bald servieren.

Der gute Tipp

Zu dem Feigenkuchen passt eine heiße Schokolade mit Minze. Dafür 1 knappen EL Minzeblätter in eine Kanne geben. 250 ml Wasser aufkochen und über die Blätter gießen. 10 Minuten ziehen lassen. Inzwischen 375 ml Milch erhitzen. 100 g Zartbitterschokolade in Stückchen brechen und in die heiße Milch geben. So lange rühren, bis sich die Schokolade aufgelöst hat. Den Tee abgießen und zur Schokoladenmilch geben. Alles nochmals erhitzen und nach Belieben mit Zucker süßen. Mit ein paar Minzeblättchen verzieren.

Quittentorte

Wenn im Herbst die gelben Früchte Saison haben, sollten Sie es sich nicht entgehen lassen, einmal diese Torte zu backen.

Für 1 Springform (26 cm Ø)
Für den Teig
1 Zitrone
150 g Weizenvollkornmehl
60 g Zucker, 1 Prise Salz
75 g weiche Butter
Für den Belag
500 g Quitten, 1 Orange
125 ml Apfelsaft, 30 g Zucker
100 g Mandelstifte
2 Eier, 150 g Crème fraîche
1 EL Honig, 1 TL Zimtpulver

VORBEREITUNGSZEIT 45 MINUTEN
BACKZEIT 15 MINUTEN PLUS 30 MINUTEN

1 Die Zitrone waschen und trockenreiben, die Hälfte der Schale abreiben. Schale, Mehl, Zucker, Salz, 1–2 EL Wasser und Butter mischen. Zu einem glatten Teig kneten, nach Bedarf noch Wasser zufügen. Die Form mit dem Teig auskleiden, dabei einen 3 cm hohen Rand formen. Kalt stellen.

2 Quitten vierteln, schälen, waschen, von den Kerngehäusen befreien, in 1 cm dicke Spalten schneiden. Orange waschen, trockenreiben, etwas Schale abschneiden, eine Hälfte auspressen. Saft und Schale, Apfelsaft und Zucker aufkochen. Quitten darin zugedeckt bei schwacher Hitze 5 Minuten dünsten. Abgießen, abtropfen lassen. Sud auffangen, abkühlen lassen. Orangenschale entfernen. Ofen auf 200 °C (Umluft 180 °C, Gas Stufe 3–4) vorheizen.

3 Teigboden mit Mandeln bestreuen. 15 Minuten vorbacken. Quitten auf den Teigboden legen. Sud mit Eiern und Crème fraîche verquirlen. Darüber gießen. Quittentorte bei 180 °C (Umluft 160 °C, Gas Stufe 2–3) in 30 Minuten fertig backen.

4 Honig mit Zimt verrühren, Torte damit bestreichen und noch etwa 10 Minuten im Ofen ruhen lassen. Den Rand der Springform entfernen. Torte auf dem Formboden auskühlen lassen.

Große Orangentorte

Der Boden für diese leckere Riesentorte wird auf dem Backblech gebacken – genau die richtige Größe für ein Fest mit vielen Leuten.

Für 1 Backblech
Für den Teig
250 g Mehl, 50 g Zucker
125 g Butter, 1 TL Backpulver, 1 Ei
Für den Belag
3 große Orangen
2 Eigelb, 100 g Zucker
500 g Saftorangen
8 Blatt weiße Gelatine
200 g Schlagsahne
einige Minzeblätter, Fett für das Blech

VORBEREITUNGSZEIT 15 MINUTEN
BACKZEIT 30 MINUTEN

1 Teigzutaten zu einem Teig verkneten. Zu einem Kreis mit etwa 35 cm Ø ausrollen. Die Teigplatte auf ein gefettetes Backblech legen, mit einer Gabel mehrmals einstechen und etwa 15 Minuten backen. Noch warm auf eine Tortenplatte legen.

2 Die 3 Orangen über einer Schüssel filetieren, um den dabei austretenden Saft aufzufangen. Die Eigelbe mit dem Zucker zu einer hellen Creme rühren. Zwei Drittel der Filets auf der Torte verteilen. Saftorangen auspressen. 500 ml Saft abmessen. Die Gelatine in kaltem Wasser einweichen.

3 Vom Orangensaft 2 EL abnehmen und aufkochen. Die Gelatine ausdrücken und darin auflösen. Die aufgelöste Gelatine unter den restlichen Saft mischen, dann alles unter Rühren zur Eigelbcreme gießen. Kühl stellen, bis die Flüssigkeit zu gelieren beginnt. Inzwischen die Sahne steif schlagen. Unter den leicht gelierten Saft heben.

4 Um den Tortenboden einen 5 cm hohen Backpapierstreifen legen. Die Füllung auf die Torte streichen und im Kühlschrank erstarren lassen. Die Torte mit Orangenfilets und Minzeblättchen verzieren.

Portugiesischer Orangenkuchen

Dieses Rezept haben die Araber im 15. Jahrhundert nach Porutgal gebracht.
Man nennt das Gebäck deshalb auch Orangenkuchen auf alte Art:
Bolo de laranja à moda antiga.

Für 1 Springform (24 cm Ø)
Für den Teig
4 Eier
125 g Zucker
1 Päckchen Vanillezucker
2 TL abgeriebene Orangenschale
100 g Mehl
Fett für die Form
Für den Belag
500 ml Milch
1 Päckchen Vanillepuddingpulver
100 g weiche Butter
150 g Schlagsahne
2 EL gemahlene Haselnusskerne
2–3 Orangen

VORBEREITUNGSZEIT 40 MINUTEN
BACKZEIT 20 MINUTEN

1 Den Backofen auf 220 °C (Umluft 200 °C, Gas Stufe 4–5) vorheizen. Die Eier trennen. Die Eigelbe mit dem Zucker, dem Vanillezucker und der Orangenschale sowie 4 EL lauwarmem Wasser schaumig schlagen.

2 Das Mehl zufügen und unterrühren. Die Eiweiße steif schlagen und unter den Teig ziehen. Die Springform ausfetten. Den Teig einfüllen und glatt streichen. Den Teig im vorgeheizten Ofen etwa 20 Minuten backen. Herausnehmen und erkalten lassen.

3 Aus Milch und Vanillepuddingpulver nach Packungsanleitung einen Pudding kochen. Auf Raumtemperatur abkühlen lassen.

4 Die Butter mit den Schneebesen des Handrührgeräts oder in der Küchenmaschine schaumig schlagen. Pudding zugeben und unterrühren. Falls nötig 2 EL Wasser zufügen. Die Sahne steif schlagen und unter die Vanillebuttercreme heben. Dann die Nüsse untermischen.

5 Den Tortenboden quer in zwei Böden schneiden. Die Hälfte der Buttercreme auf dem unteren Boden verstreichen. Den zweiten Boden darauf legen. Mit der restlichen Buttercreme den Kuchen oben und seitlich bestreichen.

6 Die Orangen waschen und trockenreiben. Mit einem Zestenreißer feine Streifen von der Schale abziehen. Die Früchte schälen und filetieren. Die Orangentorte mit den Streifen und den Filets verzieren.

Der gute Tipp

Zu der Torte passt ein aromatisierter Kaffee. Dafür 500 ml Kaffee kochen. Warm halten. Pro Portion 1 Stück Orangenschale mit 3 TL Cream Sherry und 1 kleines Stück Zimtstange in den Kaffee geben. Den Kaffee in hohe Becher gießen, auf jeden Becher eine kleine Zuckerzange mit 2 Stück Würfelzucker legen. Den Zucker mit Rum beträufeln und anzünden.

Ananaskuchen

Ersetzen Sie im Teig die abgeriebene Orangenschale durch Zitronenschale. Den Tortenboden wie im Rezept beschrieben mit der Creme bestreichen. Den Inhalt von 1 kleinen Dose Ananas in Scheiben in einem Sieb abtropfen lassen. 2 Ananasscheiben beiseite legen. Die restlichen Ananasscheiben auf der Creme verteilen und den zweiten Tortenboden darauf legen. Den Kuchen oben und seitlich mit der restlichen Creme bestreichen. Die beiseite gelegten Ananasscheiben in Stücke schneiden und den Kuchen damit verzieren. Mit 2 EL Kokoschips bestreuen.

Beschwipster Orangenkuchen

Wer den Kuchen luftdicht verpackt und 1–2 Tage durchziehen lässt, der wird mit dem vollen Zitrusaroma belohnt!

Für 1 Springform (24 cm Ø)
Für den Teig
3 Eier, 200 g weiche Butter
200 g Zucker, 1 Eigelb
2 TL abgeriebene Orangenschale
200 g Mehl, 3 TL Backpulver, 1 Prise Salz
Butter für die Form
Für den Guss
100 ml frisch gepresster Orangensaft
75 ml Orangenlikör
125 g Zucker
1 TL abgeriebene Orangenschale

VORBEREITUNGSZEIT 20 MINUTEN
BACKZEIT 35–40 MINUTEN

1 Den Boden der Springform fetten oder mit Backpapier belegen. Den Backofen auf 180 °C (Umluft 160 °C, Gas Stufe 2–3) vorheizen.

2 Für den Rührteig die Eier trennen, die Eiweiße steif schlagen und kühl stellen. Butter, Zucker, Eigelbe und Orangenschale etwa 4–5 Minuten mit den Schneebesen des Handrührgeräts in einer Schüssel oder in der Küchenmaschine schaumig schlagen.

3 Mehl, Backpulver und Salz mischen und esslöffelweise unter den Teig rühren. Den Eischnee mit einem Spatel unter den Teig heben.

4 Den Teig in die Springform geben, dabei die Oberfläche mit der Teigkarte glatt streichen, und im Ofen goldgelb backen. Herausnehmen.

5 Für den Guss die Zutaten verrühren. Den heißen Kuchen mehrmals mit einer Gabel einstechen, mit Guss beträufeln. Kuchen abkühlen lassen, anschließend aus der Form lösen.

Beschwipster Zitronenkuchen

Für einen beschwipsten Zitronenkuchen den Guss statt aus Orangensaft, -likör und -schale mit Zitronensaft, -likör und -schale zubereiten.

Bananentarte mit Zitronencreme

Lemoncurd, die britische Zitronenbutter, können Sie durch eine Mischung aus 4 EL Zitronenpudding und 1 EL Zitronengelee ersetzen.

Für 1 Tarteform (22–24 cm Ø)
Für den Teig
120 g Mehl, mehr zum Arbeiten
25 g Puderzucker, 1 Prise Salz
abgeriebene Schale von 1 Zitrone
60 g kalte Butter, 1 Eigelb
Trockenerbsen zum Blindbacken
Butter für die Form
Für den Belag
4 EL Erdbeerkonfitüre
3 feste Bananen, 5 EL Lemoncurd
250 g Magerquark, 2 Eier
Erdbeeren zum Garnieren

Vorbereitungszeit 45–50 Minuten
Backzeit 30–35 Minuten

1 Das Mehl in eine Schüssel sieben, Puderzucker, Salz und Zitronenschale darüber geben. Butter in Stückchen unter die Mehlmischung kneten, bis Streusel entstehen. Mit dem Eigelb zu einem geschmeidigen Teig verkneten. Den Teig zur Kugel formen, in Klarsichtfolie wickeln und mindestens 30 Minuten kalt stellen.

2 Den Backofen auf 200 °C (Umluft 180 °C, Gas Stufe 3–4) vorheizen, Die Form fetten. Den Teig auf leicht der bemehlten Arbeitsfläche dünn ausrollen, die Form damit auskleiden. Den Teigboden mehrmals einstechen, dann mit Backpapier und Trockenerbsen belegen. 10 Minuten blindbacken. Backpapier und Erbsen entfernen, den Teig weitere 5 Minuten backen. Aus dem Ofen nehmen.

3 Die Ofentemperatur auf 180 °C (Umluft 160 °C, Gas Stufe 2–3) senken. Die Konfitüre auf den Teigboden streichen. Die Bananen schälen, in Scheiben schneiden und auf den Teigboden legen. Lemoncurd mit einem Viertel des Quarks verrühren. Restlichen Quark und Eier unterrühren. Alles auf den Bananen verteilen.

4 Tarte 30–35 Minuten backen. In der Form auf einem Kuchengitter abkühlen lassen. Dann vorsichtig herausnehmen, auf eine Servierplatte setzen und mit Erdbeeren garnieren.

Mexikanischer Bananenkuchen

Dieser Kuchen gart langsam im heißen Wasserbad im Backofen. Das Besondere: Er besteht aus einem aromatischen Bananen-Süßkartoffel-Püree und wird in seiner Heimat zum Dessert serviert.

Für 1 Springform (20 cm Ø)
500 g Süßkartoffeln
500 g Bananen
500 ml Milch
1 Vanilleschote
3 Eier
100 g Zucker
1 Päckchen Vanillezucker
150 g weiche Butter
3 EL Rum
450 g Himbeerkonfitüre

VORBEREITUNGSZEIT 40 MINUTEN
BACKZEIT 1 STUNDE

1 Die Süßkartoffeln schälen und waschen. Die Bananen schälen und in Stücke schneiden.

2 Die Kartoffeln und die Bananen in einen großen Topf geben und mit der Milch bedecken. Falls die Milch dafür nicht ausreicht, etwas Wasser zufügen. Alles zum Kochen bringen. Kartoffeln und Bananen bei schwacher Hitze etwa 20 Minuten garen.

3 Kartoffel- und Bananenstücke in einem Sieb abtropfen lassen. Im Mixer oder mit dem Mixstab pürieren und beiseite stellen. Den Backofen auf 200 °C (Umluft 180 °C, Gas Stufe 3–4) vorheizen.

4 Die Vanilleschote längs aufschlitzen und mit einem spitzen Messer das Mark herausschaben. Eier, Zucker und Vanillezucker mit den Schneebesen des Handrührgeräts oder in der Küchenmaschine schaumig schlagen.

5 130 g Butter, den Rum, das Vanillemark und das Bananen-Kartoffel-Püree zugeben. Unterrühren, bis ein glatter Teig entstanden ist.

6 Die Springform mit der restlichen Butter ausfetten. In eine ofenfeste Form stellen, die größer, aber kaum höher als die Springform ist. Gut ein Drittel hoch lauwarmes Wasser in die Form gießen. Auf den Rost im Backofen stellen und den Kuchen im vorgeheizten Ofen 40 Minuten backen.

7 Den Kuchen aus dem Backofen nehmen und in der Form erkalten lassen. Anschließend auf eine Servierplatte stürzen. Die Konfitüre bei schwacher Hitze in einem Topf erwärmen. Den Kuchen damit bestreichen und sofort servieren.

Der gute Tipp

Achten Sie darauf, dass die Springform, die Sie zum Backen dieses Kuchens verwenden, komplett dicht ist. Falls Sie keine dichte Springform besitzen, füllen Sie das Püree einfach in eine Souffléform mit entsprechendem Durchmesser.

Ananaskuchen mit Johannisbeergelee

Reife Ananas erkennt man daran, dass sich die inneren Blätter des Schopfes leicht lösen lassen und die Frucht einen intensiven Duft verströmt.

Für 1 Springform (26 cm Ø)
Für den Teig
1 Zitrone
250 g Mehl, mehr zum Arbeiten
1 Prise Salz
3 EL Zucker
125 g Butter
1 Ei
Fett für die Form
Für den Belag
1 Eigelb
1 Vanilleschote
2 Eier
75 g Zucker
125 g Schlagsahne
1 frische Ananas
4 EL rotes Johannisbeergelee
1 Päckchen weißer Tortenguss
250 ml Apfelsaft
30 g gehackte Mandeln

Vorbereitungszeit 1 Stunde
Backzeit 25 Minuten

1 Für den Mürbeteig die Zitrone waschen und trockenreiben. 1 TL Schale abreiben. Mehl, Salz, Zucker, Butter, Ei, Zitronenschale und 2–3 EL Wasser in eine Schüssel geben und alles verrühren.

2 Dann mit den Knethaken des elektrischen Handrührgeräts oder in der Küchenmaschine verkneten. Die Hände bemehlen und den Teig noch einige Minuten kneten, bis er glänzt. In Klarsichtfolie wickeln und für mindestens 30 Minuten kühlen.

3 Den Backofen auf 200 °C (Umluft 180 °C, Gas Stufe 3–4) vorheizen. Die Springform fetten. Den Teig rund ausrollen und in die Form legen, dabei einen Rand von etwa 2 cm formen.

4 Für den Belag den Teigboden mit dem Eigelb bepinseln. Die Vanilleschote längs aufschlitzen und das Mark herausschaben. Die Eier, 45 g Zucker, das Vanillemark und die Schlagsahne in einer Schüssel verrühren. Die Mischung auf dem Teigboden verstreichen. Den Kuchen im vorgeheizten Ofen 25 Minuten backen.

5 Inzwischen die Ananas schälen, in Scheiben schneiden und mit einem runden Ausstechförmchen jeweils die holzige Mitte herausstechen. Den Kuchen aus dem Ofen nehmen und abkühlen lassen. Mit den Ananasscheiben belegen.

6 Mit einem Teelöffel in die Mitte jeder Ananasscheibe etwas Johannisbeergelee füllen.

7 Den Tortenguss mit dem Apfelsaft und dem restlichen Zucker nach Packungsanweisung zubereiten. Den Ananaskuchen damit überziehen und am Rand sofort mit den gehackten Mandeln bestreuen.

Der gute Tipp

Sie können den Kuchen auch mit Ananasringen aus der Dose belegen. In diesem Fall bietet es sich an, den Tortenguss aus dem abgetropften Ananassaft und Gelatine selbst zuzubereiten. Dafür 250 ml Ananassaft abmessen. 50 ml in einem Töpfchen erhitzen und 4 Blatt eingeweichte, ausgedrückte Gelatine darin auflösen. Die heiße Gelierflüssigkeit rasch unter den restlichen Ananassaft mischen. Sobald die Flüssigkeit zu gelieren beginnt, den Ananaskuchen mit diesem Guss überziehen.

Zwetschgen-Quark-Strudel

Strudelteig lässt sich besonders gut kneten und ausziehen, wenn Sie dafür doppelgriffiges Mehl verwenden.

Für 2 Strudel
250 g doppelgriffiges Mehl, 1 Prise Salz
3 EL Öl, 1 Eigelb
Für die Füllung
600 g Zwetschgen, 100 g gemahlene Haselnüsse, 100 g Semmelbrösel
1 Zitrone, 2 Eier
500 g Magerquark, 200 g Crème fraîche
75 g brauner Zucker, 2 EL Vanillezucker
1 Prise Salz
50 g Butter, 250 ml Milch
50 g Honig, 1 Ei
Mehl zum Arbeiten

VORBEREITUNGSZEIT 1 STUNDE
BACKZEIT 50 MINUTEN

1 Mehl, Salz, 125 ml lauwarmes Wasser, Öl und Eigelb zu einem elastischen Teig verkneten. Einen Topf mit heißem Wasser ausspülen. Teig zu einer Kugel formen, in Pergamentpapier wickeln, in den Topf legen und zugedeckt ruhen lassen.

2 Für die Füllung die Zwetschgen waschen, vierteln und entsteinen. Mit Nüssen und Semmelbröseln mischen. Zitrone waschen, trockenreiben, die Hälfte der Schale abreiben.

3 Eier trennen. Eigelbe mit Quark, Crème fraîche, Zucker, Vanillezucker, Zitronenschale und Salz verrühren. Die Eiweiße steif schlagen und unter die Eigelbmasse ziehen.

4 Eine ofenfeste Form mit der Hälfte der Butter fetten. Den Teig in zwei Stücke schneiden. Diese ausrollen und sehr dünn ausziehen. Die Teigplatten mit der Quarkcreme bestreichen und mit den Zwetschgen belegen. Dabei rundum einen schmalen Rand frei lassen. Backofen auf 200 °C (Umluft 180 °C, Gas Stufe 3–4) vorheizen.

5 Die Strudel aufrollen und in die Form legen. Restliche Butter mit der Milch erhitzen. Mit Honig und Ei verrühren und rings um die Strudel gießen. Im Ofen 50 Minuten backen. Während der Backzeit die Strudel zwei- oder dreimal mit der Flüssigkeit in der Form begießen.

Zwetschgendatschi

Warten Sie, bis die Zwetschgen wirklich reif sind, erst dann sind sie besonders saftig.

Für 1 tiefes Backblech
Für den Teig
4–5 EL Öl
1/2 TL Salz
350 g Mehl
150–180 ml Milch
1 Würfel Hefe (42 g)
3–4 EL Zucker
1 Päckchen Vanillezucker
1 Ei, nach Belieben
Butter für das Blech
Für den Belag
5–6 EL Semmelbrösel zum Bestreuen
1,5 kg Zwetschgen
50 g Mandelsplitter
2–3 EL Zucker und 1/2 TL Zimtpulver zum Bestreuen

VORBEREITUNGSZEIT 1 1/2 STUNDEN
BACKZEIT 25–35 MINUTEN

1 Für den Hefeteig Öl, Salz und Mehl in eine Schüssel geben. Die Milch mit Hefe, Zucker, Vanillezucker und nach Belieben mit 1 Ei verschlagen und dazugießen.

2 Die Zutaten mit den Knethaken des Handrührgeräts oder in der Küchenmaschine in 4–5 Minuten zu einem geschmeidigen Hefeteig verrühren. Diesen anschließend kurz mit den Händen durchkneten, zur Kugel formen und zugedeckt etwa 30 Minuten bei Raumtemperatur gehen lassen. Den Backofen auf 220 °C (Umluft 200 °C, Gas Stufe 4–5) vorheizen.

3 Das Backblech fetten oder mit Backpapier belegen. Falls kein tiefes Blech verwendet wird, den Papierrand so hochknicken, dass der sich bildende Obstsaft während des Backens nicht herunterlaufen kann. Den Teig auf dem Blech ausrollen und mehrmals mit einer Gabel einstechen. Semmelbrösel darauf geben und den Teig 15 Minuten gehen lassen.

4 Inzwischen die Zwetschgen waschen, abtropfen lassen, längs aufschneiden und entsteinen. Die Früchte noch einmal längs einschneiden, dann sehr dicht dachziegelartig auf den Teig legen und mit den Mandelsplittern bestreuen. Den Teig nochmals kurz gehen lassen.

5 Den Zwetschgendatschi im vorgeheizten Ofen 25–35 Minuten backen. Aus dem Ofen nehmen und sofort mit Zucker und Zimt bestreuen.

Der gute Tipp

Sie können die Mandelsplitter auch weglassen und den Zwetschgendatschi mit Streuseln, die mit Zimt gewürzt sind, bestreuen.

Gestürzter Mangokuchen

Wer keine quadratische Kuchen- oder Auflaufform besitzt, nimmt zum Backen einfach eine Springform oder eine runde Form aus Silikon mit einem Durchmesser von 20 cm.

Für 1 eckige Form (18 × 18 cm)
Für den Teig
1 reife Mango
170 g Zucker, 1 Prise Salz
2 Eier
125 g Joghurt
120 ml Sonnenblumenöl
abgeriebene Schale von 1 Zitrone
170 g Mehl
1 TL Backpulver
30 g Kokosraspel
2 EL Puderzucker
Butter für die Form
Zum Servieren
200 g steif geschlagene Sahne oder 250 ml Vanilleeiscreme

VORBEREITUNGSZEIT 20 MINUTEN
BACKZEIT 50 MINUTEN

1 Den Backofen auf 180 °C (Umluft 160 °C, Gas Stufe 2–3) vorheizen. Backform mit ausfetten. Den Boden der Form mit Backpapier auslegen.

2 Mango mit einem Sparschäler schälen, das Fruchtfleisch in dünnen Scheiben vom flachen Kern schneiden. Dachziegelartig in die Form legen.

3 Zucker, Salz, Eier, Joghurt und Öl in einer großen Schüssel mit den Schneebesen des Handrührgeräts cremig verrühren. In einer Schüssel das Mehl mit dem Backpulver und den Kokosraspeln mischen und unter den Teig ziehen.

4 Den Teig auf die Mangoscheiben in der Form geben und glatt streichen. Den Kuchen etwa 50 Minuten im vorgeheizten Ofen backen. Nach ungefähr 30 Minuten die Oberfläche mit Alufolie bedecken, damit sie nicht zu dunkel wird.

5 Den Mangokuchen aus dem Ofen nehmen und 15 Minuten in der Form abkühlen lassen. Inzwischen den Backofengrill vorheizen. Den Kuchen auf ein Backblech stürzen, das Backpapier vorsichtig abziehen.

6 Die Oberfläche des Kuchens dick mit Puderzucker bestreuen und den Kuchen für 3–4 Minuten unter den heißen Backofengrill stellen, bis der Zucker geschmolzen und hell karamellisiert ist.

7 Den Mangokuchen zum Servieren auf eine Platte setzen und lauwarm mit geschlagener Sahne oder je 1 Kugel Vanilleeis servieren.

Gestürzter Schokoladenkuchen

2 reife, feste Birnen schälen, halbieren, von den Kerngehäusen befreien und in dünne Scheiben schneiden. Anstelle der Mango auf dem Boden der Form verteilen. Mit dem Mehl 3 EL Kakaopulver, 30 g gehackte Walnüsse und falls nötig noch 1–2 EL Milch unter den Teig rühren. Die Kokosraspel weglassen. Den Kuchen wie im Hauptrezept angegeben backen.

Pfirsich-Mandel-Kuchen

Dafür 120 g weiche Butter, 120 g braunen Zucker, 1 Prise Salz, 45 g Weizenvollkornmehl, 45 g Mehl, 1 TL Backpulver, 30 g gemahlene Mandeln, 2 Eier und 1 EL Milch zu einem Rührteig verarbeiten. Den Teig in eine gefettete, mit Semmelbröseln ausgestreute Springform (24 cm Ø) füllen. 3 aromatische, feste Pfirsiche waschen, halbieren und entsteinen. Die Pfirsichhälften mit den Schnittflächen nach unten auf die Arbeitsfläche legen. Mehrmals fächerartig einschneiden, dabei nicht durchschneiden. Mit den Schnittflächen nach unten in den Teig drücken und den Kuchen wie angegeben im Ofen backen.

Biskuitrolle mit Sommerfrüchten

Die gefüllte Biskuitrolle sollte immer frisch serviert werden. Allerdings kann der Teig auch vorgebacken werden: einfach aufrollen, in Folie wickeln und einen Tag im Kühlschrank aufbewahren oder einfrieren.

Für 1 Rolle (ca. 30 cm lang)
Für den Teig
3 große Eier
120 g Zucker
1 Prise Salz
120 g Mehl
Butter für das Blech
Für die Füllung
150 g Schlagsahne
1/2 TL gemahlene Vanille
75 g Speisequark
125 g kleine Erdbeeren
1 reifer Pfirsich oder 1 reife Nektarine
2 EL Puderzucker

VORBEREITUNGSZEIT 30 MINUTEN
BACKZEIT 10–12 MINUTEN

1 Den Backofen auf 200 °C (Umluft 180 °C, Gas Stufe 3–4) vorheizen, ein Backblech fetten und mit Backpapier belegen.

2 Für den Teig die Eier, den Zucker und das Salz in einer Schüssel auf dem heißen Wasserbad hellschaumig schlagen. Die Hälfte des Mehls darüber sieben und vorsichtig mit einem Schneebesen unterheben. Das restliche Mehl ebenfalls darüber sieben und unterheben, zum Schluss 1 EL lauwarmes Wasser untermischen.

3 Den Teig in einer Größe von etwa 25 × 30 cm gleichmäßig auf das Backblech streichen. In 10–12 Minuten im heißen Ofen goldgelb backen, bis der Teig gut aufgegangen und gar ist. Den fertigen Teig auf ein großes Stück Backpapier stürzen, das Backpapier vom Boden vorsichtig abziehen.

4 Die knusprigen Kanten der Teigplatte rundum abschneiden und den Biskuit 2,5 cm vom kürzeren Rand entfernt leicht einschneiden, so lässt er sich besser aufrollen.

5 Die Biskuitplatte vom kurzen Ende her mit dem Backpapier locker aufrollen. Mit der Nahtseite nach unten auf einem Kuchengitter abkühlen lassen. Die Erdbeeren waschen, putzen und in Viertel schneiden. Nektarine oder Pfirsich waschen, halbieren, entsteinen und in Stückchen schneiden.

6 Biskuitplatte auseinander rollen, das Backpapier entfernen. Sahne mit der Vanille steif schlagen. Quark cremig rühren und die Sahne darunter ziehen. Die Creme auf dem Biskuit verteilen, dabei rundum 1 cm Rand frei lassen. Die Fruchtstücke darauf streuen, dabei einige zum Garnieren beiseite legen, und den Biskuit von der langen Seite her aufrollen. Mit der Nahtseite nach unten auf eine Platte setzen. Mit Puderzucker bestreuen und mit Früchten garnieren.

Schokorolle mit Himbeeren

3 EL Mehl durch 3 EL Kakaopulver ersetzen und 170 g frische Himbeeren anstelle von Erdbeeren und Pfirsich nehmen. Die fertige Biskuitrolle zum Schluss dick mit Kakaopulver rund Puderzucker dick bestreuen.

Kaffee-Biskuitkuchen

Das Wasser im Teig durch 1 EL Espresso ersetzen. Den Teig in einer Springform (20–22 cm Ø) bei 190 °C (Umluft 170 °C, Gas Stufe 3) im vorgeheizten Ofen 30–35 Minuten backen. Aus der Form nehmen und abkühlen lassen. Quer in der Mitte durchschneiden und mit Aprikosenkonfitüre füllen.

Ricottatarte mit Zitrusfrüchten

Ein kleiner belebender Kuchen, bei dem der Boden aus einer mit Sultaninen angereicherten, gebackenen Ricottamasse besteht. Wer keinen Ricotta bekommt, kann stattdessen auch Schichtkäse nehmen.

Für 1 Springform (20 cm Ø)
50 g Sultaninen
3 EL Weinbrand
60 g Hartweizengrieß
350 g Ricotta
3 große Eigelb
80 g Zucker, 1 Prise Salz
3 EL Zitronensaft
1/2 TL gemahlene Vanille
abgeriebene Schale von 1 Zitrone
Butter für die Form
Für den Belag
2 Orangen
2 Satsumas oder Clementinen
1 Zitrone
4 EL Zitronengelee

VORBEREITUNGSZEIT 35 MINUTEN
PLUS 2 STUNDEN KÜHLZEIT
BACKZEIT 35–40 MINUTEN

1 Sultaninen in eine kleine Schüssel geben, mit dem Weinbrand bedecken und 30 Minuten einweichen.

2 Den Backofen auf 180 °C (Umluft 160 °C, Gas Stufe 2–3) vorheizen, die Springform fetten und mit 1 EL Weizengrieß ausstreuen.

3 Den Ricotta durch ein feines Sieb in eine Rührschüssel streichen. Die Eigelbe, den Zucker, das Salz, den Zitronensaft, die gemahlene Vanille und den restlichen Grieß dazugeben. Alles cremig verrühren. Die Zitronenschale und die Sultaninen mitsamt der Flüssigkeit zur Ricottacreme geben und unterrühren.

4 Die Ricottamasse in die Springform füllen und glatt streichen. Im vorgeheizten Ofen in 35–40 Minuten goldbraun backen. Dann im ausgeschalteten Ofen mindestens 2 Stunden abkühlen lassen, die Ofentür dabei einen Spalt breit geöffnet lassen.

5 Für den Belag die Zitrusfrüchte so dick schälen, dass die weiße Haut mitentfernt wird. Die Filets aus den Häutchen lösen. Das Zitronengelee bei schwacher Hitze in einem kleinen Topf schmelzen lassen.

6 Die abgekühlte Tarte aus der Form lösen und auf eine Servierplatte setzen. Dünn mit einem Teil des Zitronengelees bestreichen. Die Zitrusfruchtfilets darauf anrichten und mit dem restlichen Gelee glasieren. Die Ricottatarte vor dem Servieren etwas durchziehen lassen.

Der gute Tipp

Der Belag kann nach Lust und Laune verändert werden: Gut schmeckt die Ricottacreme auch, wenn anstelle der Sultaninen fein gehackte getrocknete Aprikosen oder getrocknete Sauerkirschen verwendet werden. Und statt mit Zitrusfrüchten lässt sich die Tarte auch mit halbierten Erdbeeren, Heidelbeeren und Himbeeren garnieren. In diesem Fall die Sultaninen weglassen und das Zitronengelee durch Himbeergelee ersetzen.

Klassische
Kuchen
und
Torten

Eindrucksvoll

und beliebt

Schwarzwälder Kirschtorte

Wer nur wenig Zeit für die Zubereitung des köstlichen Kirschklassikers hat, kann die Torte auch ohne Backen herstellen. Dafür einfach einen fertig gekauften Schokoladenbiskuit, am besten vom Bäcker, mit den angegebenen Zutaten füllen und verzieren.

Für 1 Springform (26 cm Ø)
Für den Mürbeteig
125 g Mehl
1/2 TL Backpulver
Salz
60 g Butter
2 EL Zucker
2 Eigelb
Für den Biskuitteig
7 Eier, 250 g Zucker
60 g Butter
150 g Mehl
50 g Speisestärke
50 g Kakaopulver
Für die Füllung
700 g Sauerkirschen oder 1 Glas entsteinte Sauerkirschen (etwa 800 g)
3 Blatt weiße Gelatine
1 Messerspitze Nelkenpulver
1 Zimtstange
100 g Sauerkirschkonfitüre
3–4 EL Kirschwasser
750 g Schlagsahne
1 Päckchen Vanillezucker
2 Päckchen Sahnefestiger
Für die Garnitur
Blockschokolade

Vorbereitungszeit 1 1/2 Stunden
Backzeit 30–35 Minuten
plus 10–12 Minuten

1 Die Zutaten für den Mürbeteig verkneten. Den Teig zur Kugel formen, in Klarsichtfolie wickeln und mindestens 30 Minuten kalt stellen.

2 Inzwischen für den Biskuitteig die Eier mit dem Zucker in einer Schüssel auf dem warmen Wasserbad so lange verschlagen, bis eine handwarme helle Creme entstanden ist. Die Schüssel vom Wasserbad nehmen und die Creme kalt rühren.

3 Die Butter schmelzen und abkühlen lassen. Backofen auf 190 °C (Umluft 170 °C, Gas Stufe 3) vorheizen. Die Springform mit Backpapier auslegen. Das Mehl, die Speisestärke und das Kakaopulver über die Eiermasse sieben, unterheben. Die flüssige Butter nach und nach darunter ziehen.

4 Den Teig in die Form füllen, glatt streichen und 30–35 Minuten backen. Die Form aus dem Ofen nehmen und den Biskuit darin 5 Minuten ruhen lassen, dann aus der Form lösen und abkühlen lassen. Die Backofentemperatur auf 180 °C (Umluft 160 °C, Gas Stufe 2–3) reduzieren. Den Biskuit quer in drei Böden schneiden.

5 Den Mürbeteig ausrollen. Einen Kreis mit 26 cm Ø ausschneiden und mehrmals mit einer Gabel einstechen. Den Teigboden auf ein mit Backpapier ausgelegtes Blech legen und in 10–12 Minuten goldbraun backen. Aus dem Ofen nehmen und abkühlen lassen.

6 Für die Füllung frische Kirschen waschen, Stiele und Steine entfernen. Die Kirschen in 200 ml Wasser aufkochen. Abkühlen lassen. In ein Sieb geben, den Saft auffangen. Kirschen aus dem Glas ebenfalls abtropfen lassen. Den Saft dabei auffangen. Die Gelatine mit kaltem Wasser bedeckt etwa 10 Minuten einweichen. 250 ml Kirschsaft abmessen, mit dem Nelkenpulver und der Zimtstange erhitzen. Nach einigen Minuten den Zimt entfernen. Die Gelatine ausdrücken und im heißen Saft auflösen. Abkühlen lassen.

7 Den Mürbeteigboden mit der Konfitüre bestreichen. 1 Biskuitboden darauf legen. Diesen mit etwas Kirschwasser beträufeln und mit der Hälfte des eingedickten Kirschsafts bestreichen. Die Hälfte der Kirschen darauf geben. Die Sahne mit dem Vanillezucker und dem Sahnefestiger steif schlagen. Ein Viertel der Sahne über die Kirschen streichen.

8 Darauf den zweiten Biskuitboden legen. Ebenfalls mit etwas Kirschwasser beträufeln, mit dem restlichen Kirschsaft bestreichen, mit den restlichen Kirschen belegen (einige beiseite legen). Mit dem zweiten Viertel der Sahne bedecken. Obenauf den letzten Boden legen, mit Kirschwasser beträufeln. Etwas Sahne in einen Spritzbeutel geben. Mit der restlichen Sahne die Torte dann rundherum bestreichen.

9 Die Blockschokolade über die Torte raspeln. Die Schwarzwälder Kirschtorte mit Sahnerosetten und den beiseite gelegten Kirschen verzieren. In Stücke schneiden und servieren.

Savarins mit Früchten

Damit die Savarins schön locker werden, wird der Teig mit extra viel Milch zubereitet und ist deshalb besonders flüssig.

Für 2 Ringformen (18 cm Ø)
150 g weiche Butter, 1/2 TL Salz
350 g Mehl, 125 ml Milch
30 g Hefe (3/4 Würfel)
2–3 EL Zucker, 1 Päckchen Vanillezucker
4 Eier, Butter für die Form
Für den Guss und die Füllung
150 g Zucker, 125 ml Weißwein
60 ml Rum, 4–5 EL Aprikosenkonfitüre
300 g Schlagsahne
250 g Beeren, gehackte Pistazien

VORBEREITUNGSZEIT 30 MINUTEN
PLUS 12 STUNDEN RUHEZEIT
BACKZEIT 18–22 MINUTEN

1 Einen fast flüssigen Hefeteig wie im Grundrezept auf S. 15 beschrieben zubereiten und zugedeckt an einem warmen Ort gehen lassen.

2 Die Formen sehr sorgfältig einfetten. Den Teig hineingeben und gehen lassen, bis er beinahe den Rand der Formen erreicht hat.

3 Den Backofen auf 200 °C (Umluft 180 °C, Gas Stufe 3–4) vorheizen. Die Savarins 18–22 Minuten backen. Etwa 3 Minuten nach Ende der Backzeit die Kuchen aus den Formen lösen und auf einem Kuchengitter abkühlen lassen.

4 Am nächsten Tag 250 ml Wasser mit 125 g Zucker aufkochen, den Wein und den Rum zufügen. Die Kuchen einige Male einstechen, wieder in die Formen setzen und nach und nach mit dem Guss tränken. Die Savarins 5 Minuten durchziehen lassen, dann stürzen.

5 Die Aprikosenkonfitüre passieren, erhitzen, die Savarins damit bestreichen. Die Sahne mit 25 g Zucker steif schlagen und um den Kranz spritzen. Die Beeren putzen, mit etwas Sahne in die Mitte der Savarins geben und die Pistazien darauf streuen.

Schokoladentarte ohne Boden

Die Tarte schmeckt noch interessanter, wenn Sie das Mehl durch fein gemahlene Mandeln ersetzen.

Für 1 Springform (24 cm Ø)
170 g Zartbitterschokolade, mindestens 70% Kakaoanteil
80 g Butter
4 Eier
100 g Zucker
1 Prise Salz
30 g Mehl
Butter für die Form
Für die Garnitur
Physalis
Puderzucker, nach Belieben
Kakaopulver, nach Belieben

Vorbereitungszeit 20 Minuten
Backzeit 15–20 Minuten

1 Den Backofen auf 180 °C (Umluft 160 °C, Gas Stufe 2–3) vorheizen. Die Form ausfetten und den Boden mit Backpapier belegen.

2 Die Schokolade in Stücke brechen und mit der Butter auf dem Wasserbad schmelzen. Leicht abkühlen lassen. Die Eier, den Zucker und das Salz in einer großen Schüssel mit den Schneebesen des elektrischen Handrührgeräts zu einer schaumigen Creme schlagen.

3 Die Schokoladen-Butter-Mischung dazugeben und mit einem großen Schneebesen vorsichtig unterziehen. Das Mehl darüber sieben und ebenfalls unter den Teig ziehen.

4 Den Teig in die vorbereitete Form füllen und glatt streichen. Die Tarte im vorgeheizten Ofen 15–20 Minuten backen, bis sich ihre Oberfläche fest und elastisch anfühlt. Aus dem Ofen nehmen und auf einem Kuchengitter in der Form abkühlen lassen.

5 Den erkalteten Kuchen aus der Form nehmen und das Backpapier vorsichtig abziehen. Die Schokoladentarte in schmale Stücke schneiden und jedes Stück mit einer Physalis dekorieren. Nach Belieben jeden Servierteller dünn mit Puderzucker und Kakaopulver bestauben und darauf ein Stück Tarte setzen.

Donauwellen

Für zwei runde Torten geben Sie den Teig in zwei Springformen von 28 cm Durchmesser. Bereiten Sie dann eine der beiden Torten doch einmal mit einer anderen Obstsorte zu, mit Aprikosen oder Zwetschgen beispielsweise.

Für 1 tiefes Backblech
Für den Teig
1,2 kg entsteinte frische, eingelegte oder TK-Sauerkirschen
5 Eier, 250 g weiche Butter
200 g Zucker, 1 Päckchen Vanillezucker
350 g Mehl
1 TL und 1 Päckchen Backpulver
1 Prise Salz, 2 EL Kakaopulver
2 EL Rum
Fett für das Blech
Für die Buttercreme
1 Päckchen Vanillepuddingpulver
500 ml Milch, 4 EL Zucker
200 g weiche Butter
2–3 EL Eierlikör oder Kirschwasser
Für den Guss
200 g dunkle Kuvertüre oder Zartbitterschokolade
20 g Kokosfett

Vorbereitungszeit 1 Stunde plus 12 Stunden Ruhezeit
Backzeit 40–45 Minuten

1 Das Backblech einfetten. Backofen auf 180 °C (Umluft 160 °C, Gas Stufe 2–3) vorheizen. Die frischen oder eingelegten Kirschen abtropfen lassen.

2 Für den Rührteig die Eier trennen. Die Butter, 150 g Zucker, den Vanillezucker und die Eigelbe weißschaumig aufschlagen. Das Mehl mit dem Backpulver mischen, über den Teig sieben und unterrühren. Die Eiweiße mit dem Salz steif schlagen und vorsichtig unter den Teig ziehen.

3 Die Hälfte des Teigs auf das Blech geben und glatt streichen. Unter den restlichen Teig den übrigen Zucker, das Kakaopulver und den Rum rühren. Den Schokoladenteig auf dem hellen Teig verteilen, ebenfalls glatt streichen.

4 Die Kirschen gleichmäßig über die ganze Fläche verteilen, TK-Kirschen gefroren darauf geben. Den Teig 40–50 Minuten backen. Mit einem Tuch bedecken und über Nacht auf dem Blech abkühlen lassen.

5 Für die Buttercreme das Puddingpulver mit 100 ml Milch und dem Zucker verrühren. Die restliche Milch aufkochen und die Puddingpulvermischung hineinrühren. Den Pudding 3 Minuten unter Rühren köcheln lassen. Vom Herd nehmen und auf Raumtemperatur abkühlen lassen, dabei ab und zu umrühren. Zum Schluss den Pudding durch ein Sieb streichen.

6 Die Butter mit den Schneebesen des elektrischen Handrührgeräts schaumig schlagen, bis eine weißliche, luftige Masse entsteht. Den Pudding und den Eierlikör oder das Kirschwasser, alles zimmerwarm, teelöffelweise bei höchster Stufe unter die Butter schlagen. Die Butter-Vanille-Creme auf den Kuchen streichen. Den Kuchen kalt stellen.

7 Für den Guss die Kuvertüre oder die Schokolade schmelzen, das Kokosfett hineingeben. Die Mischung lauwarm abkühlen lassen, damit beim Auftragen die Butter-Vanille-Creme nicht schmilzt. Den Schokoladenguss so breit und flach wie möglich auf den Kuchen gießen und gleichmäßig darauf verteilen.

8 Den Guss etwas fest werden lassen, dann mit einem Tortenkamm oder einer breitzinkigen Gabel ein Wellenmuster markieren. Die Donauwellen kalt stellen, bis der Guss ganz fest geworden ist. In Stücke schneiden und servieren.

Der gute Tipp

Durch zweimaliges Erwärmen beim Schmelzen bekommt die Kuvertüre oder Schokolade einen sehr appetitlichen Glanz.

Linzer Torte

Dieser Gebäck-Klassiker lässt sich gut auf Vorrat zubereiten. In Alufolie gewickelt hält sich die Torte bis zu 2 Monate.

Für 1 Springform (28 cm Ø)
Für den Teig
300 g Mehl, 300 g Butter
300 g gemahlene Haselnüsse
220 g Zucker, 1 Ei
1/2 TL Nelkenpulver, 1 TL Zimtpulver
Schale und Saft von 1/2 Zitrone
Für den Belag
1 weiße Tortenoblate
250 g Johannisbeerkonfitüre
1 Eigelb, 40 g Mandelblättchen
4 EL Puderzucker

VORBEREITUNGSZEIT 30 MINUTEN
PLUS 30 MINUTEN KÜHLZEIT
BACKZEIT 50 MINUTEN

1 Mehl und Butter vermischen. Mit den weiteren Teigzutaten verkneten. Den Teig zu einer Kugel formen, in Folie wickeln und 30 Minuten kühl stellen. Den Backofen auf 180 °C (Umluft 160 °C, Gas Stufe 2–3) vorheizen.

2 Zwei Drittel des Teigs auf dem Boden der Springform ausrollen. Die Oblate darauf legen und mit der Konfitüre bestreichen. Dabei einen Rand von 2 cm frei lassen.

3 Aus zwei Dritteln des restlichen Teigs bleistiftdicke Teigrollen formen und die Rollen gitterförmig auf die Tortenoberfläche legen. Aus dem verbliebenen Teig eine dickere Rolle formen. Diese Rolle auf dem Tortenrand rund auslegen und sorgfältig festdrücken.

4 Das Eigelb verquirlen. Das Gitter und den Rand der Torte damit bestreichen und die Oberfläche mit Mandelblättchen bestreuen.

5 Die Linzer Torte in 50 Minuten im vorgeheizten Ofen goldbraun backen. Dann aus dem Ofen nehmen, abkühlen lassen und aus der Form nehmen. Die Torte vor dem Servieren mit Puderzucker bestreuen.

Gefüllte Mohntorte

Wer keine Mohnmühle zur Verfügung hat, kann den Mohn im Blitzhacker zerkleinern – das dauert allerdings etwas – oder eine fertige Mohnbackmischung verwenden.

Für 1 Springform (28 cm Ø)
Für den Teig
1 Zitrone, 1 Ei
90 g Butter, 50 g Zucker
150 g Mehl, mehr zum Arbeiten
Fett für die Form
Für Füllung und Glasur
180 g Mohn, 1 Ei, 125 g Zucker
100 g Zartbitterschokolade
65 g Sultaninen, 30 g Zitronat
30 g gemahlene Mandeln
1 Päckchen Zitronenglasur

Vorbereitungszeit 40 Minuten
Backzeit 1 Stunde

1 Den Backofen auf 180 °C (Umluft 160 °C, Gas Stufe 2–3) vorheizen. Für den Teig die Zitrone gründlich waschen und trockenreiben. Die Schale abreiben und mit Ei, Butter, Zucker, Mehl und 1–2 TL Wasser zu einem glatten Teig verkneten. Den Teig auf der bemehlten Arbeitsfläche dünn ausrollen. Mit der Springform 3 Kreise markieren, diese ausschneiden.

2 Für die Füllung den Mohn mahlen. Mit dem Ei und dem Zucker verrühren. Die Schokolade reiben und mit den Sultaninen, dem Zitronat und den Mandeln zur Mohnmischung geben.

3 Die Springform fetten, eine Teigplatte auf den Formboden legen. Die Hälfte der Füllung darauf verteilen und die zweite Teigplatte auflegen. Die restliche Füllung darauf geben und mit der letzten Platte bedecken.

4 Die Torte etwa 1 Stunde backen. Herausnehmen und kalt werden lassen. Die Glasur im Wasserbad schmelzen lassen und die Torte damit bestreichen. Vor dem Anschneiden der Torte die Glasur fest werden lassen.

Italienischer Reiskuchen

Mit marinierten Beeren ist dieser Kuchen ein herrlich erfrischender Sommerhit. Wenn keine Kinder mitessen, können die Beeren auch noch mit ein wenig Himbeergeist oder Maraschinolikör verfeinert werden.

Für 1 Springform (21 cm Ø)
600 ml Milch
1 Streifen dünn abgeschnittene Zitronenschale
150 g Risottoreis
100 g Pinienkerne
100 g geschälte Mandeln
3 große Eier
100 g Zucker
abgeriebene Schale von 1 Zitrone
1 EL Rum
1 Prise Salz
Butter für die Form
Zum Servieren
Puderzucker
Erdbeeren, Kirschen und Himbeeren

VORBEREITUNGSZEIT 1 1/4 STUNDEN PLUS 12 STUNDEN KÜHLZEIT
BACKZEIT 40 MINUTEN

1 Die Milch mit dem Zitronenschalenstreifen aufkochen. Den Reis einrühren und die Temperatur so herunter schalten, dass die Milch gerade nicht mehr kocht. Offen unter häufigem Rühren etwa 40 Minuten kochen, bis der Reis weich und die Milch dick und cremig ist.

2 Den Milchreis in eine große Schüssel geben und abkühlen lassen. Backofen auf 180 °C (Umluft 160 °C, Gas Stufe 2–3) vorheizen. Die Springform mit Butter ausfetten und den Formboden mit Backpapier belegen.

3 Die Pinienkerne und die Mandeln im Backofen in etwa 10 Minuten hellbraun rösten. Die Mandeln grob hacken. Die Zitronenschale aus dem Milchreis entfernen. Die Eier trennen. Die Eigelbe nach und nach unter die Reismasse rühren. Zucker, abgeriebene Zitronenschale, Rum, Mandeln und Pinienkerne untermischen.

4 Die Eiweiße mit dem Salz steif schlagen. Mit einem großen Schneebesen vorsichtig unter die Reismasse ziehen. Den Teig in die Form füllen, die Oberfläche glatt streichen und den Kuchen etwa 40 Minuten backen, bis bei der Garprobe kein Teig mehr am Stäbchen haftet.

5 Den Reiskuchen in der Form abkühlen lassen, dann mit Folie bedecken und über Nacht in den Kühlschrank stellen (so kann er bis zu 48 Stunden aufbewahrt werden).

6 Zum Servieren den Reiskuchen aus der Form nehmen und das Backpapier entfernen. Den Kuchen in Stücke schneiden und leicht mit Puderzucker bestreuen. Nach Belieben marinierte Beeren dazu reichen. Dafür halbierte Erdbeeren, Kirschen (ohne Steine) und Himbeeren mit 2 EL Puderzucker vermischen und 10 Minuten ziehen lassen. Die gezuckerten Beeren zum Kuchen servieren.

Schokoladen-Reiskuchen

Den Reis mit der Zitronenschale wie beschrieben in der Milch garen. Vom Herd nehmen und die Zitronenschale entfernen. In den noch heißen Reis 60 g fein geriebene dunkle Schokolade rühren, bis die Schokolade geschmolzen ist. Anschließend abkühlen lassen und wie im Rezept beschrieben weiterarbeiten. Dabei jedoch die abgeriebene Zitronenschale durch 2 EL starken Espresso ersetzen. Den Reiskuchen mit dunklem Kakaopulver bestauben und beispielsweise mit gezuckerten oder marinierten Kirschen und Schlagsahne servieren.

Der gute Tipp

Wer keinen Risottoreis bekommt, kann Milchreis, türkischen Rundkornreis oder spanischen Paellareis für diesen saftigen Kuchen verwenden.

Quark-Sahne-Torte

Für fein abgeriebene Zitronenschale am besten ungespritzte Zitronen aus dem Bioladen verwenden. Behandelte Zitronen sehr gründlich abbürsten und heiß abspülen, bevor die Schale abgerieben wird.

Für 1 Springform (24 cm Ø)
Für den Teig
2 Eier, 100 g Zucker
1 Päckchen Vanillezucker
40 g Speisestärke, 40 g Mehl
1/2 TL Backpulver, Fett für die Form
Für die Füllung
1 Zitrone, 6 Blatt weiße Gelatine
500 g Sahnequark
200 g Zucker, 375 g Schlagsahne
Puderzucker

VORBEREITUNGSZEIT 35 MINUTEN
BACKZEIT 30 MINUTEN

1 Den Backofen auf 200 °C (Umluft 180 °C, Gas Stufe 3–4) vorheizen, Die Form ausfetten. Eier trennen. Eigelbe mit 2 EL Wasser schaumig rühren. Zucker und Vanillezucker zufügen und 5 Minuten schlagen. Speisestärke, Mehl und Backpulver darüber sieben und unterheben. Die Eiweiße steif schlagen und unter den Teig ziehen.

2 Den Teig in die Springform geben und etwa 30 Minuten backen. Aus dem Ofen nehmen, 5 Minuten in der Form ruhen lassen, dann auf ein Kuchengitter stürzen. Abkühlen lassen. Den Boden quer durchschneiden. Die untere Hälfte auf eine Platte legen. Den Springformrand mit Backpapier auskleiden und um den Boden legen.

3 Zitrone waschen, trocknen, Schale abreiben und Saft auspressen. Die Gelatine in Wasser einweichen, tropfnass bei schwacher Hitze schmelzen.

4 Quark, Zucker, Zitronenschale und -saft verrühren. Die Gelatine zugeben. Die Sahne steif schlagen und unter die Quarkcreme ziehen. Alles auf dem Tortenboden verteilen. Den zweiten Boden auflegen, die Torte kühl stellen. Formrand und Papier ablösen. Die Torte mit Puderzucker bestauben.

Zitronenkuchen

Noch saftiger wird der Kuchen, wenn man ihn direkt nach dem Backen noch in der Form mehrmals einsticht und mit einer Mischung aus 5 Esslöffeln Zitronensaft und 5 Esslöffeln Puderzucker tränkt.

Für 1 Kastenform (25 cm lang)
200 g Mehl
50 g Speisestärke
1/2 Päckchen Backpulver
1 Zitrone
125 g Zucker
2 Eier
125 g warme Butter
200 g Puderzucker
Fett und Mehl für die Form

VORBEREITUNGSZEIT 25 MINUTEN
BACKZEIT 45 MINUTEN

1 Den Backofen auf 180 °C (Umluft 160 °C, Gas Stufe 2–3) vorheizen. Die Form ausfetten und mit Mehl ausstreuen. Für den Teig das Mehl, die Speisestärke und das Backpulver in einer Schüssel mischen. Die Zitrone heiß waschen und trockenreiben, die Schale abreiben und den Saft auspressen.

2 Zucker, Eier, Butter, Zitronenschale und -saft (bis auf 2 EL für die Glasur) zur Mehlmischung geben. Die Zutaten mit den Schneebesen des elektrischen Handrührgeräts zu einem glatten Teig verrühren.

3 Den Teig in die Form füllen und glatt streichen. Etwa 45 Minuten backen, bis bei der Garprobe kein Teig mehr am Stäbchen haftet. Den Zitronenkuchen aus dem Ofen nehmen, aus der Form stürzen und auf ein Kuchengitter setzen.

4 Für die Glasur 2 EL Zitronensaft mit dem Puderzucker verrühren. Die Glasur über den noch warmen Kuchen geben. Anschließend den Kuchen vollständig erkalten lassen.

Käsekuchen mit Rosinen

Besonders lecker schmeckt der Käsekuchen, wenn man ihn statt mit Magerquark mit Schichtkäse zubereitet. Leicht angetrocknete Sultaninen in lauwarmem Wasser oder Rum einweichen, abtropfen lassen und erst dann unter die Quarkmasse rühren.

Für 1 Springform (26 cm Ø)
Für den Teig
50 g Butter
250 g Mehl, 1 Prise Salz
21 g Hefe (1/2 Würfel)
4 EL lauwarme Milch
50 g Zucker, 1 Ei
Fett und Mehl für die Form
Für den Belag
1 Zitrone
1 Ei, 750 g Magerquark
4 EL Schlagsahne
150 g saure Sahne
50 g Hartweizengrieß
200 g Zucker
100 g Sultaninen, 1 Prise Salz

VORBEREITUNGSZEIT 45 MINUTEN
PLUS 1 1/2–2 1/2 STUNDEN RUHEZEIT
BACKZEIT 40 MINUTEN

1 Für den Teig die Butter schmelzen und lauwarm abkühlen lassen. Das Mehl in eine große Schüssel geben. In die Mitte eine Vertiefung drücken und das Salz auf den Rand streuen.

2 Die Hefe mit der Milch verrühren, in die Vertiefung gießen und mit etwas Mehl bestreuen. Etwa 20 Minuten zugedeckt gehen lassen, bis die Mehldecke Risse bekommt. Dann die Butter, das Ei und den Zucker zufügen.

3 Den Teig mit den Knethaken des elektrischen Handrührgeräts kräftig kneten, bis er sich von der Schüssel löst. Den ziemlich festen Teig zugedeckt an einem warmen Ort 1–2 Stunden gehen lassen.

4 Den Backofen auf 190 °C (Umluft 170 °C, Gas Stufe 3) vorheizen. Die Springform ausfetten und ausmehlen. Den Teig ausrollen, Boden und Rand der Form damit auskleiden. Den Teig in der Form weitere 20 Minuten gehen lassen.

5 Inzwischen für den Belag die Zitrone sehr gründlich waschen, trockenreiben und die Hälfte der Schale fein abreiben. Das Ei trennen.

6 Quark, Schlagsahne, saure Sahne, Grieß, Zucker, Eigelb, Zitronenschale und Sultaninen in eine große Schüssel geben und zu einer glatten Creme verrühren. Das Eiweiß mit dem Salz steif schlagen und unter die Quarkmischung ziehen.

7 Die Quarkmasse in die Springform füllen und die Oberfläche glatt streichen. Den Kuchen etwa 40 Minuten backen, bis er oben goldgelb ist. Wird der Kuchen zu schnell braun, die Oberfläche mit Alufolie bedecken. Nach Ablauf der Backzeit den Kuchen noch 15 Minuten im Ofen ruhen lassen. Dann herausnehmen, vorsichtig aus der Form lösen und auf einem Kuchengitter auskühlen lassen.

Sauerrahmkuchen

Für die Füllung statt des Quarks saure Sahne nehmen. Hierzu 1 Tasse Grieß mit 1 Eigelb verrühren, 750 g saure Sahne und 150 g Zucker hinzufügen. 1 Eiweiß steif schlagen und unterziehen. Nach Geschmack 2 Päckchen Vanillezucker und/oder die abgeriebene Schale von ½ Orange zugeben. Wie im Hauptrezept beschrieben backen.

Hamburger Quarktorte

Einen Mürbeteig aus 250 g Mehl, 1 TL Backpulver, 1 Prise Salz, 125 g Butter, 60 g Zucker, 1 Ei und 1 Päckchen Vanillezucker zubereiten. Boden und Rand der Springform damit auskleiden und den Teigboden mehrmals mit der Gabel einstechen. 12 Minuten im 190 °C (Umluft 170 °C, Gas Stufe 3) heißen Ofen vorbacken. Aus dem Ofen nehmen und abkühlen lassen. Für den Belag 75 g Butter schmelzen und abkühlen lassen. 60 g Mehl, 150 g Zucker, 500 g Magerquark, 4 Eigelbe und die abgeriebene Schale von 1 Zitrone zufügen. Alles zu einer glatten Creme verrühren. 4 Eiweiße mit 1 Prise Salz steif schlagen und mit 50 g Sultaninen unter die Quarkmasse heben. Die Quarkfüllung auf dem Teig verteilen und glatt streichen. Wie im Hauptrezept beschrieben backen.

Der gute Tipp

Rollen Sie drei Viertel des Teigs aus, legen Sie die Springform umgekehrt darauf und schneiden Sie eine genau passende Teigplatte aus. Aus dem restlichen Teig wird ein etwa 3 cm breiter Streifen geformt, mit dem man den Rand der Form auskleidet.

Frankfurter Kranz

Dieser Rührteigkuchen mit Buttercreme schmeckt auch 2–3 Tage nach dem Zubereiten noch köstlich, wenn man ihn mit Folie bedeckt im Kühlschrank aufbewahrt.

Für 1 Kranzform (26 cm Ø)
Für den Teig
4 Eier, 200 g Butter, 150 g Zucker
1 TL abgeriebene Zitronenschale
1 EL Zitronensaft
250 g Mehl, 50 g Speisestärke
2 TL Backpulver, 1 Prise Salz
Fett und Semmelbrösel für die Form
Für die Füllung
Vanillepudding aus 1/4 l Milch, 1 EL Zucker und 1/2 Päckchen Vanillepuddingpulver
2 Eigelb, 200 g weiche Butter
200 g Puderzucker
1 Päckchen Vanillezucker
3–4 EL Himbeergelee
100 g Marzipanrohmasse
3–4 EL Eierlikör
Für die Garnitur
150 g Haselnusskrokant
16–20 rote Belegkirschen

VORBEREITUNGSZEIT 1 STUNDE
PLUS 12 STUNDEN RUHEZEIT
PLUS 3–4 STUNDEN KÜHLZEIT
BACKZEIT 35–45 MINUTEN

1 Die Kranzform ausfetten und mit Semmelbröseln ausstreuen. Den Backofen auf 180 °C (Umluft 160 °C, Gas Stufe 3) vorheizen.

2 Für den Teig die Eier trennen. Die Butter mit dem Zucker, den Eigelben, der Zitronenschale und dem Zitronensaft schaumig schlagen. Mehl mit Speisestärke und Backpulver darüber sieben und unterrühren. Die Eiweiße mit Salz steif schlagen und mit einem Schneebesen unter den Teig heben.

3 Den Teig in die Form füllen und 35–45 Minuten im vorgeheizten Ofen backen. Herausnehmen. 5 Minuten in der Form abkühlen lassen, dann auf das Kuchengitter stürzen. Über Nacht ruhen lassen.

4 Am nächsten Tag den Kuchen dreimal quer durchschneiden, den untersten Boden auf eine Platte legen. Für die Buttercreme die Eigelbe rasch unter den heißen Pudding schlagen. Abkühlen lassen und durch ein feines Sieb passieren. Die Butter mit Puderzucker und Vanillezucker schaumig schlagen. Den Pudding löffelweise unterrühren. Den untersten Boden mit einem Drittel der Buttercreme bestreichen.

5 Den nächsten Kuchenboden darauf legen und mit dem Himbeergelee bestreichen. Den dritten Boden darauf setzen und leicht andrücken.

6 Das Marzipan mit dem Eierlikör verkneten und auf den Kuchen streichen. Den letzten Boden darauf legen und leicht andrücken.

7 Etwa 5 EL Buttercreme für die Garnitur in einen Spritzbeutel mit Sterntülle geben und kühl stellen. Den Kranz mit dem Rest der Creme bestreichen und mit dem Krokant bestreuen.

8 Mit dem Spritzbeutel 16–20 Buttercremerosetten auf den Kranz spritzen und je 1 rote Belegkirsche darauf setzen. Den Frankfuter Kranz mindestens 3–4 Stunden kühlen und durchziehen lassen, dann in Stücke schneiden und servieren.

Rehrücken mit Pistazien

Wer den Schokoladenkuchen klassisch (also ohne Pistazien) mag, spickt ihn mit Mandelstiften und überzieht ihn erst dann mit der Schokoladenglasur.

Für 1 Rehrückenform (30 cm)
100 g Zartbitterschokolade
125 g weiche Butter, 100 g Zucker
je 4 Tropfen Zitronen- und Orangenöl, 1 EL Rum
4 Eier, 150 g gemahlene Mandeln
50 g Speisestärke, 1 Prise Zimtpulver
1/2 Päckchen Backpulver, 4–5 EL Milch
1 Prise Salz, 100 g Aprikosenkonfitüre
200 g Schokoladenglasur
50 g ungesalzene Pistazien
Fett und Mehl für die Form

Vorbereitungszeit 70 Minuten
Backzeit 40 Minuten

1 Die Schokolade fein reiben. Butter, Zucker, Zitrusöl und Rum in einer Schüssel schaumig rühren. Die Eier trennen. Die Eigelbe nacheinander unter die Buttermischung rühren.

2 Die Mandeln mit der Schokolade, der Speisestärke, Zimt und Backpulver mischen. Alles in die Creme rühren und so viel Milch zugeben, dass der Teig schwer reißend vom Löffel fällt.

3 Den Backofen auf 180 °C (Umluft 160 °C, Gas Stufe 2–3) vorheizen. Die Eiweiße mit Salz steif schlagen. Zwei Drittel davon unter den Teig rühren. Restlichen Eischnee unterheben.

4 Die Backform ausfetten und mit Mehl ausstreuen. Den Schokoladenteig einfüllen. Den Kuchen in den vorgeheizten Ofen schieben und etwa 40 Minuten backen. Dann herausnehmen und in der Form noch 10 Minuten ruhen lassen.

5 Den Rehrücken auf ein Kuchengitter stürzen, mit der Aprikosenkonfitüre bestreichen und erkalten lassen. Die Schokoladenglasur schmelzen und den Kuchen damit überziehen. Mit den gehackten Pistazien bestreuen, so lange die Glasur noch nicht vollständig getrocknet ist.

Teekuchen

Servieren Sie diesen Teekuchen auch mal zum Dessert: pro Portion 1 Scheibe Teekuchen auf dem Toaster rösten. Diagonal durchschneiden und mit 1 Kugel Vanilleeis und einigen Beeren anrichten.

Für 1 Kastenform (22 cm lang)
150 g schwarze Johannisbeeren
120 g Butter, mehr für die Form
100 g brauner Zucker
1 Prise Salz
je 1 Prise Zimtpulver und gemahlene Muskatblüte
2 Eier
70 g gemahlene Mandeln
250 g Weizenmehl Type 1050
1 TL Backpulver
2–3 EL Orangensaft, nach Bedarf
3 Zweige frische Minze

VORBEREITUNGSZEIT 20 MINUTEN
BACKZEIT 50–60 MINUTEN

1 Den Backofen auf 180 °C (Umluft 160 °C, Gas Stufe 2–3) vorheizen. Die Kastenform mit Butter ausfetten. Die Johannisbeeren waschen, abtropfen lassen und mithilfe einer Gabel von den Stielen zupfen.

2 Die Butter, den Zucker, das Salz und die Gewürze mit den Schneebesen des elektrischen Handrührgeräts schaumig aufschlagen. Nach und nach die Eier und die gemahlenen Mandeln zugeben. Die Mischung so lange schlagen, bis sich der Zucker vollständig aufgelöst hat.

3 Das Mehl mit dem Backpulver mischen, über die Zucker-Eier-Masse sieben und unterrühren. Nach Bedarf 2–3 EL Orangensaft zugeben: der Teig soll schwer reißend vom Löffel fallen.

4 Die Minze waschen und trockentupfen, die Blättchen von den Stielen zupfen. Die Minzeblättchen fein hacken. Mit den Johannisbeeren vorsichtig unter den Rührteig mischen, ohne dass die Johannisbeeren dabei zerdrückt werden.

5 Den Teig in die Form füllen und glatt streichen. Den Teekuchen 50–60 Minuten backen, bis bei der Garprobe kein Teig mehr am Stäbchen haftet. Dann den Kuchen aus dem Ofen nehmen und 5 Minuten in der Form abkühlen lassen. Anschließend auf ein Kuchengitter stürzen und vollständig erkalten lassen.

Teekuchen mit Cranberries

150 g frische Cranberries waschen, trockentupfen und grob hacken. Ersatzweise kann man auch TK-Cranberries nehmen. 100 g Pekannusskerne ebenfalls grob hacken. Mit 80 g getrockneten Cranberries, 1 TL Zimtpulver und 1 Prise Nelkenpulver unter den Teig mischen, die Minze weglassen. Wie im Hauptrezept beschrieben backen und abkühlen lassen. Den Kuchen mit Puderzucker bestauben und in Stücke schneiden.

Der gute Tipp

Vorsicht bei der Garprobe: Der Teig nimmt den Saft von mitgebackenen Beeren oder Fruchtstücken auf. Bei der Garprobe das Stäbchen deshalb möglichst in eine Stelle stechen, die frei von Beeren oder Obststücken ist.

Gefüllter Bienenstich

So lässt sich Bienenstich gut vorbereiten: den Hefeteig mit der Mandelkruste backen, in Stücke schneiden und jedes Stück halbieren. Stücke einfrieren und nach Bedarf auftauen und füllen.

Für 1 Backblech
Für den Teig
1 Zitrone, 500 g Mehl, 1/2 TL Salz
1 Päckchen Trockenhefe, 60 g Zucker
100 g weiche Butter, 1/4 l Milch
Fett für das Blech
Für den Belag und die Füllung
200 g Butter, 200 g Honig
300 g Mandelblättchen
3 EL Schlagsahne
2 Päckchen Vanillepuddingpulver
1 l Milch, 40 g Puderzucker

VORBEREITUNGSZEIT 45 MINUTEN
BACKZEIT 30 MINUTEN

1 Die Zitrone waschen und trockenreiben. Die Schale abreiben. Mehl, Salz, Zitronenschale, Hefe und 1 EL Zucker in einer Schüssel mischen.

2 Die Butter, die lauwarme Milch und den restlichen Zucker zufügen. Alles mit dem Handrührgerät zu einem glatten Teig verkneten. Den Teig zugedeckt 30 Minuten gehen lassen.

3 Den Backofen auf 200 °C (Umluft 180 °C, Gas Stufe 3–4) vorheizen. Das Backblech fetten. Für den Belag die Hälfte der Butter mit dem Honig, den Mandelblättchen und der Sahne unter Rühren aufkochen. Kalt stellen.

4 Den Teig durchkneten und auf dem Blech ausrollen. Mit einer Gabel mehrmals einstechen, 15 Minuten gehen lassen. Den Belag auf den Teig streichen, Kuchen 30 Minuten backen.

5 Für die Füllung das Puddingpulver mit 4 EL Milch anrühren. Die restliche Milch aufkochen, das angerührte Pulver zugeben, 2 Minuten kochen. Erkalten lassen. Restliche Butter mit dem Puderzucker schaumig rühren. Den Pudding löffelweise untermischen.

6 Den Bienenstich in 24 Stücke schneiden, jedes waagerecht halbieren und mit 2 EL Creme füllen.

Streuselkuchen aus Rührteig

Wer Streuselkuchen lieber mit Hefeteig mag, ersetzt den Rührteig einfach durch den Teig aus dem Bienenstichrezept auf der gegenüberliegenden Seite.

Für 1 Backblech
Für den Teig
2 Eier
100 g weiche Butter
125 g Zucker
250 ml lauwarme Milch
400 g Mehl
1 Päckchen Backpulver
Für die Streusel
50 g Butter
100 g Mehl
50 g Zucker

Vorbereitungszeit 30 Minuten
Backzeit 25 Minuten

1 Den Backofen auf 200 °C (Umluft 180 °C, Gas Stufe 3–4) vorheizen. Die Eier, die Butter und den Zucker in einer Schüssel verrühren. Die Milch dazugießen. Das Mehl und das Backpulver mischen, darüber sieben und unterrühren.

2 Das Backblech mit Backpapier auslegen, den Teig darauf geben und glatt streichen.

3 Für die Streusel Butter, Mehl und Zucker in einer Schüssel verkneten, bis sich Krümel bilden. Diese auf dem Teig verteilen. Den Kuchen im Ofen etwa 25 Minuten backen.

Apfel-Mandel-Streuselkuchen

Aus 200 g Mehl, 100 g gemahlenen Mandeln, 150 g Zucker, 1/4 TL Zimtpulver und 175 g Butter Streusel zubereiten, kalt stellen. Inzwischen 700 g Boskoop-Äpfel schälen, vierteln, von den Kerngehäusen befreien und in dicke Spalten schneiden. Die Apfelspalten in einen Topf geben, mit 2 EL Zucker bestreuen und in 100 ml Weißwein etwa 3 Minuten dünsten, dann abtropfen und abkühlen lassen. Die Äpfel auf dem Teig verteilen und die Streusel darüber streuen. Wie im Hauptrezept beschrieben backen.

Engadiner Nusstorte

Besonders lecker schmeckt dieser Schweizer Tortenklassiker, wenn er 1–2 Tage Zeit zum Durchziehen hat. Damit die Torte beim Aufbewahren nicht austrocknet, gut in Folie einwickeln. Servieren Sie die Torte mit halbsteif geschlagener ungesüßter Sahne.

Für 1 Springform (24 cm Ø)
Für den Teig
125 g weiche Butter
125 g Zucker
1 Prise Salz
1 Ei
300 g Mehl, mehr zum Arbeiten
Für die Füllung
250 g Walnüsse
20 g Butter
200 g Zucker
250 g Schlagsahne
60 g Pistazien
1 Eigelb zum Bestreichen
Fett für die Form

VORBEREITUNGSZEIT 35 MINUTEN
PLUS 1 STUNDE KÜHLZEIT
BACKZEIT 40 MINUTEN

1 Für den Teig Butter, Zucker, Salz, Ei und Mehl in eine Schüssel geben. Alles mit den Knethaken des elektrischen Handrührgeräts zu einem glatten Teig verkneten. In Klarsichtfolie wickeln und etwa 1 Stunde im Kühlschrank ruhen lassen.

2 In der Zwischenzeit für die Füllung die Walnusskerne grob hacken. Die Butter in einem Topf bei schwacher Hitze zerlassen. Den Zucker zufügen und hellbraun karamellisieren.

3 Die Sahne unterrühren. Die Nüsse und die Pistazien zur Karamellmasse geben. Alles einmal aufkochen. Den Topf in ein eiskaltes Wasserbad stellen und die Karamell-Nuss-Masse unter Rühren darin abkühlen lassen.

4 Die Springform ausfetten. Die Hälfte des Teigs auf der leicht bemehlten Arbeitsfläche zu einem etwa 30 cm großen Kreis ausrollen. Den Boden und den Rand der Springform damit auslegen. Den Teigboden mehrmals mit einer Gabel einstechen. Den Backofen auf 200 °C (Umluft 180 °C, Gas Stufe 3–4) vorheizen.

5 Den Nusskaramell auf den Teig in der Form streichen. Von der anderen Teighälfte etwas Teig beiseite legen, den restlichen Teig zu einem 24 cm großen Kreis ausrollen und auf den Nusskaramell legen. Den Teigrand darüber klappen.

6 Den restlichen Teig dünn ausrollen und nach Belieben Ornamente in Blüten- oder Blattform ausstechen. Den Kuchen damit belegen und mit dem Eigelb bestreichen.

7 Den Kuchen etwa 40 Minuten backen. Dann aus dem Ofen nehmen und 20 Minuten in der Form abkühlen lassen. Anschließend vorsichtig aus der Form lösen und auf einem Kuchengitter vollständig erkalten lassen.

Walnuss-Honig-Torte

Den Teig aus 300 g Weizenmehl Type 1050, 1 Prise Salz, 150 g Butter, 2 EL Zucker, 2 Eigelben, 2–3 EL kaltem Wasser oder Weißweinessig wie im Hauptrezept beschrieben herstellen. Für die Füllung 3 EL Zucker, ½ TL Zimtpulver, 200 g Honig, 200 g Schlagsahne und 300 g Walnüsse in einem Topf unter Rühren zum Kochen bringen. Einkochen, bis die Masse cremig ist. Den Kuchen wie im Hauptrezept beschrieben füllen, jedoch nicht mit Teigornamenten dekorieren. Den Kuchen backen und abkühlen lassen. 150 g dunkle Kuvertüre auf dem warmen Wasserbad erhitzen und den kalten Kuchen damit überziehen. Mit halben Walnusskernen garnieren und die Glasur fest werden lassen.

Der gute Tipp

Stellen Sie den Nusskaramell zum Abkühlen in ein größeres Gefäß mit kaltem Wasser, sonst wird er bitter.

Dattel-Walnuss-Kuchen

Besonders köstlich schmeckt dieser Kuchen, wenn man ihn noch heiß mit einer Glasur aus 150 g Puderzucker und 3 EL Zitronensaft überzieht.

Für 1 Springform (20 cm Ø)
200 g getrocknete Datteln
50 g Butter, mehr für die Form
1 TL Speisenatron
150 g brauner Zucker
2 Eier
300 g Mehl
2 TL Backpulver
1 1/2 TL Lebkuchengewürz
1 Prise Salz
120 g grob gehackte Walnüsse

VORBEREITUNGSZEIT 20 MINUTEN PLUS EINWEICHZEIT
BACKZEIT 1–1 1/2 STUNDEN

1 In einem Töpfchen 250 ml Wasser aufkochen lassen. Inzwischen die Datteln entsteinen. Mit der Butter und dem Speisenatron in eine Schüssel geben und mit dem kochenden Wasser übergießen. Umrühren, bis die Butter geschmolzen ist, dann zum Abkühlen beiseite stellen.

2 Den Backofen auf 180 °C (Umluft 160 °C, Gas Stufe 2–3) vorheizen; die Springform ausfetten und den Formboden mit Backpapier belegen.

3 Den Zucker mit den Eiern in einer großen Schüssel weißschaumig aufschlagen, bis sich der Zucker aufgelöst hat. Die Dattelmischung zugeben und unterrühren. Das Mehl mit Backpulver, Lebkuchengewürz und Salz darüber sieben und untermischen.

4 Den Teig in die Form füllen und glatt streichen. Im vorgeheizten Ofen 1– 1 1/2 Stunden backen, bis der Kuchen gut aufgegangen ist und bei der Garprobe kein Teig mehr am Stäbchen haftet.

5 Den Kuchen aus dem Ofen nehmen und 5 Minuten in der Form abkühlen lassen. Dann aus der Form nehmen, auf ein Kuchengitter setzen und ganz abkühlen lassen. Der Kuchen lässt sich in Folie gewickelt bis zu 5 Tage aufbewahren.

Walisischer Butterkuchen

Dieser Kuchen wird nach dem Backen mit Butter getränkt und noch warm gegessen. Falls Reste übrig bleiben: Auch kalt schmeckt er wunderbar.

Für 1 Springform (18 cm Ø)
150 g weiche Butter
1 gute Prise Salz
100 g Zucker
3 große Eier
200 g Mehl, 2 TL Backpulver
50 g Sultaninen
1 EL Milch
2 EL Demerara-Zucker
1/2 TL Zimtpulver
Butter für die Form

Vorbereitungszeit 30 Minuten
Backzeit 15–20 Minuten

1 Den Backofen auf 190 °C (Umluft 170 °C; Gas Stufe 3) vorheizen. Die Springform mit Butter ausfetten und den Boden der Form mit Backpapier belegen.

2 100 g Butter, das Salz und den Zucker in einer Schüssel mit den Schneebesen des elektrischen Handrührgeräts zu einer leichten, schaumigen Masse aufschlagen.

3 Die Eier einzeln zugeben und unterrühren. Das Mehl mit dem Backpulver darüber sieben und unterheben. Die Sultaninen und die Milch zufügen und unter den Teig mischen.

4 Den Teig in die gefettete Springform füllen und glatt streichen. Den Kuchen 15–20 Minuten backen, bis er gut aufgegangen, fest und schön goldbraun ist.

5 Für den Guss die restliche Butter, den Demerara-Zucker und das Zimtpulver in einer Schüssel mischen.

6 Den fertigen Kuchen aus dem Ofen nehmen und die Buttermasse sofort darauf streichen. Die Butter-Zucker-Mischung einziehen lassen, dann den Kuchen aus der Form nehmen, in Stücke schneiden und ofenfrisch servieren.

Charlotte Russe

Wer Zeit sparen möchte, backt gleich die doppelte Menge Biskuit- und Mürbeteigböden und friert die Hälfte ein. Für die nächste Charlotte einfach nur die vorgebackenen Böden auftauen, die Creme zubereiten und die Charlotte füllen und garnieren.

Für 1 Torte (20 cm Ø)
Für den Mürbeteig
50 g kalte Butter
100 g Mehl
1 Eigelb
1 Prise Salz
Fett für das Blech
Für den Biskuitteig
3 Eier
75 g Zucker
75 g Mehl
1 EL Speisestärke
1 Messerspitze Backpulver
2 EL Rum
Für die Creme
8 Blatt weiße Gelatine
1 Zitrone
4 Eigelb
160 g Zucker
1/2 TL gemahlene Vanille
1 EL Orangensaft
375 ml Weißwein
250 g Schlagsahne
Für die Garnitur
125 g eingemachtes Obst
2 EL Aprikosenkonfitüre
75 g Schlagsahne
28 Löffelbiskuits
Puderzucker

VORBEREITUNGSZEIT 1 1/4 STUNDEN
PLUS 1 STUNDE KÜHLZEIT
BACKZEIT 20 MINUTEN

1 Die Butter in Stücke schneiden und in eine Schüssel geben. Das Mehl, das Eigelb und das Salz zugeben. Mit den Händen zu einem glatten Teig verkneten. Bei Bedarf noch etwas Wasser oder Mehl zufügen. Den Teig in Folie wickeln und 30 Minuten in den Kühlschrank legen.

2 Inzwischen für den Biskuitteig die Eier und 1 ½ EL Wasser 3 Minuten mit den Schneebesen des elektrischen Handrührgeräts schaumig schlagen. Den Zucker zufügen und etwa 5 Minuten weiterrühren, bis eine helle, schaumige Masse entstanden ist. Mehl, Speisestärke und Backpulver mischen. Dann esslöffelweise zur Eimasse geben.

3 Den Backofen auf 220 °C (Umluft 200 °C, Gas Stufe 4–5) vorheizen. Aus dem Backpapier vier Kreise mit je 20 cm Ø ausschneiden. Ein Viertel des Teigs auf jeden Kreis streichen. Die Kreise nebeneinander auf zwei Backbleche ziehen.

4 Die Biskuitböden etwa 5 Minuten backen. Aus dem Ofen nehmen und die Ränder mit einem Tortenring mit 20 cm Ø glatt abschneiden. Das Papier abziehen. Die Biskuitböden auf einem großen Kuchengitter abkühlen lassen, dann mit dem Rum beträufeln.

5 Den Mürbeteig auf der leicht bemehlten Arbeitsfläche zu einem Kreis mit 20 cm Ø ausrollen. Das Backblech einfetten. Den Teigboden darauf legen, mehrmals mit einer Gabel einstechen und 10–12 Minuten im vorgeheizten Ofen backen.

6 Für die Creme die Gelatine in kaltem Wasser einweichen. Die Zitrone gründlich waschen und trockenreiben. Die Schale fein abreiben und den Saft auspressen. Eigelbe, Zucker, Vanille, Zitronen- und Orangensaft, Wein und Zitronenschale in einen Topf geben. Unter ständigem Rühren erhitzen, bis die Masse dicklich geworden ist. Nicht kochen lassen!

7 Die Gelatine ausdrücken und in der heißen Flüssigkeit auflösen. Den Topf vom Herd nehmen und in ein kaltes Wasserbad setzen. Creme kalt rühren. Sahne steif schlagen. Wenn die Creme zu gelieren beginnt, die Sahne unterziehen.

8 Das Obst abtropfen lassen und je nach Größe klein schneiden. Den Mürbeteigboden auf eine Tortenplatte legen und einen Tortenring darum setzen. Den Mürbeteigboden mit der Konfitüre bestreichen. Einen Biskuitboden darauf legen und ein Drittel der Creme darauf streichen. Den zweiten Boden darüber legen. Mit einem Viertel der restlichen Creme bestreichen. Das Obst darauf verteilen.

9 Etwas mehr als ein Viertel der restlichen Creme darüber streichen und mit dem dritten Biskuitboden belegen. Die restliche Creme darauf glatt streichen. Mit dem vierten Boden bedecken. 1 Stunde kalt stellen. Die Sahne steif schlagen. Tortenring lösen. Den Rand der Charlotte mit Sahne bestreichen, Löffelbiskuits fest andrücken. Mit Puderzucker bestauben.

Marmorkuchen

Besonders lecker und saftig wird der Kuchen, wenn man zusätzlich zum Kakaopulver 70 g gehackte Zartbitterschokolade in den dunklen Teig gibt.

Für 1 Kastenform (30 cm lang)
230 g Butter
260 g Zucker
1 Päckchen Vanillezucker
1 Prise Salz
4 Eier
500 g Mehl
1 Päckchen Backpulver
160 ml Milch
3 EL dunkles Kakaopulver
Fett und Semmelbrösel für die Form

VORBEREITUNGSZEIT 20 MINUTEN
BACKZEIT 60–70 MINUTEN

1 Butter schaumig schlagen. 230 g Zucker, Vanillezucker und Salz unterrühren. Die Eier zugeben und so lange rühren, bis sich der Zucker aufgelöst hat. Mehl und Backpulver mischen, über den Teig sieben. Mit 125 ml Milch unter den Teig rühren.

2 Ofen auf 180 °C (Umluft 160 °C, Gas Stufe 2–3) vorheizen. Form fetten, mit Semmelbröseln ausstreuen. Zwei Drittel des Teigs hineinfüllen.

3 Kakaopulver, 2 EL Zucker und 2–3 EL Milch unter den restlichen Teig rühren. Diese Masse auf dem hellen Teig in der Form verteilen.

4 Mit einer Gabel spiralförmig von oben nach unten so durch beide Teigschichten fahren, dass ein Marmormuster entsteht. Die Teigoberfläche glatt streichen und den Kuchen 60–70 Minuten backen.

Marmorkuchen für Kinder

Den Teig wie im Rezept angegeben in eine Gugelhupfform füllen und backen. Den abgekühlten Marmorkuchen dick mit Schokoladenglasur oder geschmolzener Schokolade überziehen. Die Kinder den Kuchen mit bunten Schokolinsen verzieren lassen.

Gugelhupf

Diesen Kuchen sollten Sie in einer speziellen Form backen. Sie hat in der Mitte einen »Schornstein«, damit der Teig innen und außen gleichmäßig erhitzt wird.

Für 1 Gugelhupfform (2 l Inhalt)
40 g Mandeln
1 Zitrone
40 g Sultaninen
220 g Butter, 120 g Puderzucker
4 Eigelb
1 TL Rum
220 g Mehl, 45 g Speisestärke
1 Päckchen Backpulver
125 ml Milch
3 Eiweiß
Butter und Mehl für die Form
Puderzucker

VORBEREITUNGSZEIT 25 MINUTEN
BACKZEIT 60 MINUTEN

1 Die Mandeln mit kochend heißem Wasser überbrühen. Einige Minuten stehen lassen, dann abziehen und stifteln. Die Zitrone waschen, trockenreiben und die Schale abreiben. Die Sultaninen waschen und mit Küchenpapier trockentupfen.

2 Den Backofen auf 180 °C (Umluft 160 °C, Gas Stufe 2–3) vorheizen. Die Butter, den Puderzucker und die Eigelbe schaumig rühren. Den Rum, die Zitronenschale, die gestiftelten Mandeln und die Sultaninen zufügen.

3 Mehl, Speisestärke und Backpulver mischen. Esslöffelweise mit der Milch unter Rühren zur Masse geben. Eiweiße steif schlagen und unterheben.

4 Die Gugelhupfform ausfetten und dünn mit Mehl ausstäuben. Den Teig einfüllen und etwa 60 Minuten backen. Aus dem Ofen nehmen. Den Kuchen kurz in der Form ruhen lassen, dann aus der Form stürzen und auf einem Kuchengitter abkühlen lassen. Mit Puderzucker bestäuben.

Der gute Tipp

Den Gugelhupf können Sie beliebig variieren, indem Sie ihn mit unterschiedlichen Glasuren überziehen. Probieren Sie einmal Rum-, Orangen- oder Zitronenglasur.

Möhrentorte

Besonders gut schmeckt diese Torte, wenn Sie mit Honig und Zimt aromatisierte Schlagsahne dazu reichen.

Für 1 Springform (28 cm Ø)
Für den Teig
300 g geputzte Möhren
250 g brauner Zucker
5 Eier, 1 EL Rum
1 TL abgeriebene Zitronenschale
300 g gemahlene Mandeln, 60 g Mehl
1 TL Backpulver, 1 Prise Salz
Für Guss und Garnitur
200 g Puderzucker
3–4 EL Zitronensaft
50 g geröstete Mandelblättchen
12 Marzipanmöhrchen

VORBEREITUNGSZEIT 30 MINUTEN
BACKZEIT 55–65 MINUTEN

1 Den Boden der Form mit Backpapier belegen oder einfetten. Den Backofen auf 180 °C (Umluft 160 °C, Gas Stufe 2–3) vorheizen. Die Möhren möglichst fein reiben. Zucker und Eier 4–5 Minuten mit den Schneebesen des Handrührgeräts schaumig schlagen. Die Möhren unterheben.

2 Rum, Zitronenschale und Mandeln mischen, dann das Mehl mit Backpulver und Salz unterrühren. In die Springform geben und glatt streichen.

3 Die Torte im Ofen 55–65 Minuten backen. Herausnehmen, kurz in der Form ruhen lassen. Springformrand von der Torte lösen, Torte auf einem Kuchengitter auskühlen lassen.

4 Für den Guss den Puderzuc mit dem Zitronensaft glatt r und über die Torte gießen, dan herum verstreichen.

5 Die Mandelblättchen um d Rand drücken und die Tort den Marzipanmöhrchen verzie

Kürbis- oder Zucchinikuc

Wenn Sie die Möhren durch gr geraspeltes Kürbisfleisch oder f raspelte Zucchini und die Manc durch Haselnüsse ersetzen, sch der Kuchen ebenfalls vorzüglic In diesem Fall genügt in feine S fen geschnittene Zitronenschale Garnitur.

Mandel-Zitronen-Torte

Fast in Vergessenheit geraten ist das ungewöhnliche Rezept für eine leckere Zitronentorte aus Großmutters Tagen. Sie sollten es unbedingt ausprobieren!

Für 1 Springform (28 cm Ø)
1 Zitrone
200 g Mandeln
100 g Pistazien
180 g Zitronat
3 Eier
3 Eigelb
200 g Zucker
100 g Mehl
1 Päckchen Zitronenglasur
Butter und Mehl für die Form

VORBEREITUNGSZEIT 25 MINUTEN
BACKZEIT 60 MINUTEN

1 Die Zitrone waschen und trockenreiben. Die Schale abreiben. Die Mandeln mit kochendem Wasser überbrühen. Einige Minuten ziehen lassen, dann abziehen. Mandeln, Pistazien und Zitronat fein hacken. Etwas Zitronat beiseite stellen.

2 Ofen auf 170 °C (Umluft 150 °C, Gas Stufe 2) vorheizen. Die Eier trennen. Alle Eigelbe mit dem Zucker hell und schaumig schlagen. Mandeln, Pistazien und Zitronat mit dem Mehl und der Zitronenschale zur Eiercreme geben. Gut verrühren. Die Eiweiße steif schlagen, unter den Teig ziehen.

3 Die Form fetten und mit Mehl ausstäuben. Den Teig hineinfüllen und glatt streichen. Im vorgeheizten Backofen etwa 60 Minuten backen. Erkalten lassen. Die Zitronenglasur im Wasserbad schmelzen lassen und die Torte damit überziehen. Mit dem restlichen Zitronat bestreuen.

Der gute Tipp

Die Torte mit passierter Zitronenmarmelade bestreichen. Dann erst die Glasur darauf verteilen.

Haselnusstorte

Steht ein Fest ins Haus, sollten Sie diese Torte für die Kaffeetafel einplanen: Sie kann schon Tage zuvor gebacken werden und muss nur noch kurz vor dem Servieren gefüllt werden.

Für 1 Springform (26 cm Ø)
Für den Teig
140 g Haselnüsse
10 Eier
170 g Zucker
Für die Füllung und die Glasur
1 Packung Haselnussglasur
250 g Schlagsahne
40 g gehackte Haselnüsse
20 g Zucker
1 Päckchen Vanillezucker

VORBEREITUNGSZEIT 1 1/2 STUNDEN
BACKZEIT 50 MINUTEN

1 Den Backofen auf 180 °C (Umluft 160 °C, Gas Stufe 2–3) vorheizen. Die Haselnüsse im Ofen rösten, bis sich die braunen Häutchen lösen. In der Mandelmühle fein mahlen. Die Eier trennen. Eigelbe, Zucker und gemahlene Haselnüsse in einer Schüssel verrühren. Die Eiweiße steif schlagen und unter den Rührteig ziehen.

2 Boden und Rand der Springform mit Backpapier auskleiden. Den Teig hineinfüllen und glatt streichen. Im vorgeheizten Backofen 50 Minuten backen. Aus dem Ofen nehmen und den Kuchen in der Form 1 Stunde ruhen lassen, dann erst vorsichtig aus der Form lösen.

3 Inzwischen die Glasur im warmen Wasserbad schmelzen. Für die Füllung die Sahne sehr steif schlagen, dabei die gehackten Nüsse, den Zucker und den Vanillezucker zufügen.

4 Den Kuchen quer halbieren, damit 2 Böden entstehen. Die Füllung auf der unteren Hälfte verteilen. Die obere Hälfte darauf legen, die Torte mit der Glasur überziehen. Nach Belieben mit Nüssen verzieren.

Kleine Kaffeetorte

Statt Kaffee kann man den Fondant auch mit Espresso färben – das gibt dem Guss ein kräftigeres Aroma.

Für 1 Springform (24 cm Ø)
Für den Teig
1/2 Vanilleschote, 4 Eier, 120 g Zucker
120 g Mehl, 20 g Speisestärke
40 g Butter
Für die Füllung und die Glasur
600 ml Milch, 2 EL Kaffeepulver, 4 Blatt Gelatine
1 Päckchen Schokoladenpudding-pulver, 100 g Zucker
200 g Fondant, 4 EL warmer Kaffee
50 g Mandelblättchen

VORBEREITUNGSZEIT 25 MINUTEN
BACKZEIT 30 MINUTEN

1 Das Mark der Vanilleschote auskratzen. Eier, Zucker und Vanillemark schaumig rühren, bis sich der Zucker aufgelöst hat und die Masse cremig ist. Das Mehl und die Speisestärke mischen und esslöffelweise zur Eicreme geben. Die Butter schmelzen und unterziehen. Den Backofen auf 190 °C (Umluft 170 °C, Gas Stufe 3) vorheizen.

2 Die Form mit Backpapier auslegen. Den Teig hineinfüllen und 30 Minuten im Ofen backen. Herausnehmen und abkühlen lassen. Die Torte zweimal quer durchschneiden (3 Böden).

3 Für die Füllung Milch mit dem Kaffeepulver aufkochen, 1 Stunde ziehen lassen. Die Gelatine in kaltem Wasser einweichen. Kaffee-Milch durch ein Sieb gießen und aufkochen. Puddingpulver und Zucker unterrühren, ausgedrückte Gelatine darin auflösen.

4 Den unteren Tortenboden mit der Creme bestreichen, den zweiten darauf setzen, ebenfalls bestreichen. Darauf den letzten Boden legen. Fondant schmelzen. 2 EL beiseite stellen, warm halten. Den Rest mit dem Kaffee mischen, die Torte damit überziehen. Mit Fondant und Mandeln verzieren.

Wiener Sachertorte

Den Kuchen möglichst 1 Tag durchziehen lassen, damit er sein volles Aroma entwickeln kann.

Für 1 Springform (24 cm Ø)
Für den Teig
6 Eier, 140 g Zartbitterschokolade
150 g Butter
150 g Puderzucker
1 Päckchen Vanillezucker
125 g Mehl, 1 Messerspitze Backpulver
1 Prise Salz, Butter für die Form
Für die Glasur
3–4 EL Aprikosenkonfitüre
200 g Zartbitterschokolade, 5 g Kokosfett

VORBEREITUNGSZEIT 30 MINUTEN
BACKZEIT 60–70 MINUTEN

1 Den Boden der Form mit Backpapier belegen. Den Backofen auf 160 °C (Umluft 140 °C, Gas Stufe 1–2) vorheizen. Für den Teig die Eier trennen, die Eiweiße steif schlagen und kühl stellen.

2 Die Schokolade zerbröckeln und schmelzen. Mit Fett, Puder- und Vanillezucker sowie den Eigelben mit den Schneebesen des Handrührgeräts schaumig schlagen. Mehl, Backpulver und Salz mischen und unterrühren, den Eischnee unterziehen.

3 Teig in die Form geben und glatt streichen, dabei zum Rand hin leicht hochziehen. 60–70 Minuten backen, dann herausnehmen, 5 Minuten ruhen lassen. Rand von der Form lösen.

4 Torte mit Backpapier belegen, mit einem Brettchen beschweren und auskühlen lassen. Auf ein Kuchengitter stürzen. Die Konfitüre durch ein Sieb streichen, mit etwas Wasser erwärmen. Die Torte gleichmäßig damit bestreichen und trocknen lassen.

5 Für den Guss Schokolade und Fett schmelzen. Die Torte damit überziehen. Bevor der Guss hart ist, die Torte auf eine Tortenplatte heben, damit der Guss nicht bricht.

Mandel-Orangen-Kuchen

Sie können 1 Orange durch 1 Zitrone ersetzen und den fertigen Kuchen mit kandierten Orangen- und Zitronenscheiben garnieren.

Für 1 Springform (24 cm Ø)
2 Orangen (etwa 300 g)
5 Eier
1 Prise Salz
200 g Zucker
250 g gemahlene Mandeln
2 EL Mandelblättchen
Puderzucker zum Bestreuen

Vorbereitungszeit 60 Minuten
Backzeit 50–55 Minuten

1 Die Orangen heiß waschen und grob hacken, die Kerne entfernen. Die Orangen in einen Topf geben und mit 1 EL Wasser in 30 Minuten zugedeckt bei schwacher Hitze weich garen. Den Topf vom Herd nehmen und das Obst abkühlen lassen.

2 Ofen auf 180 °C (Umluft 160 °C, Gas Stufe 2–3) vorheizen, die Form mit Backpapier auskleiden. Den gesamten Topfinhalt im Mixer zerkleinern. Die Eier trennen. Die Eiweiße mit dem Salz steif schlagen. 100 g Zucker zugeben, noch 1 Minute kräftig schlagen.

3 Die Eigelbe mit dem restlichen Zucker zu einer weißen Creme schlagen. Das Orangenmus unterrühren, gemahlenen Mandeln unterheben. Den Eischnee unterziehen.

4 Den Teig in die Form geben, glatt streichen. Mit Mandelblättchen bestreuen. Kuchen 50–55 Minuten backen. Falls nötig, nach 30 Minuten mit Alufolie bedecken.

5 Kuchen in der Form abkühlen lassen. Herauslösen, das Backpapier vorsichtig abziehen. Vor dem Servieren mit Puderzucker bestreuen.

Festliche Sahnetorten und Cremestücke

Edel und

verführerisch

Schokokranz mit Ricottacreme

Dieser Schokoladenkuchen enthält deutlich weniger Fett als viele seiner Art. Dennoch ist er locker und saftig. Der Trick: Unter den Teig wird Pflaumenpüree gerührt!

Für 1 Ringform (20 cm Ø)
150 g entsteinte Trockenpflaumen
60 g weiche Butter
120 g Zucker
1 TL gemahlene Vanille
1 Prise Salz
2 Eier
200 g Weizenmehl Type 1050
1 TL Backpulver
4 TL dunkles Kakaopulver, mehr zum Bestauben
Fett für die Form
Für die Ricottacreme
250 g weicher Ricotta
1/2 TL gemahlene Vanille
2–3 EL Milch
1 EL Puderzucker

VORBEREITUNGSZEIT 25 MINUTEN PLUS 30 MINUTEN EINWEICHZEIT
BACKZEIT 25 MINUTEN

1 Die Pflaumen in eine Schüssel geben, mit 150 ml kochend heißem Wasser übergießen und zugedeckt etwa 30 Minuten einweichen.

2 Den Backofen auf 180 °C (Umluft 160 °C, Gas Stufe 2–3) vorheizen; die Form ausfetten. Die Butter schaumig schlagen, dabei nach und nach den Zucker zugeben.

3 Die Pflaumen samt der Flüssigkeit pürieren. Das Pflaumenpüree mit Vanille und Salz zur Butter-Zucker-Mischung geben. Dann die Eier zufügen und alles so lange rühren, bis eine cremige Masse entstanden ist.

4 Mehl, Backpulver und Kakaopulver über die Pflaumenmasse sieben. Nur so lange rühren, bis alles gerade vermischt ist. Den Teig in die Form füllen und glatt streichen.

5 Den Kuchen 25 Minuten im vorgeheizten Ofen backen. Aus dem Ofen nehmen und 10 Minuten in der Form abkühlen lassen. Anschließend den Kuchen aus der Form lösen und auf ein Kuchengitter setzen. Vollständig erkalten lassen.

6 Für die Creme den Ricotta durch ein feines Sieb in eine Schüssel streichen. Vanille, Milch und Puderzucker zugeben und alles cremig rühren. Den Kuchen auf eine Platte setzen und die mit der Ricottacreme bestreichen. Mit Kakaopulver bestauben und sofort servieren.

Schoko-Walnuss-Kuchen

Den Teig wie im Hauptrezept beschreiben zubereiten. In Schritt 4 noch 100 g gehackte Walnüsse untermischen. Den Ricotta mit 3 EL fertig gekaufter Schokoladensauce, 1 EL Honig und ½ TL Zimtpulver cremig rühren und auf dem Kuchen verteilen. Mit halben Walnüssen garnieren. Wer mag, kann das Innere des Kuchens mit halbierten frischen Feigen, die vorher in Portwein mariniert wurden, und Orangenspalten füllen.

Der gute Tipp

Nach Belieben kann man die Pflaumen auch in Rotwein oder rotem Portwein einweichen. Ersatzweise können statt der Pflaumen getrocknete Aprikosen verwendet werden.

Biskuitrolle mit Pfirsichsahne

Lassen Sie die Biskuitrolle vor dem Servieren 30 Minuten durchziehen, dann wird sie besonders saftig und aromatisch.

Für 1 Rolle
Für den Teig
4 Eiweiß, 1 Prise Salz
60 g Zucker
1 Päckchen Vanillezucker, 4 Eigelb
100 g Weizenmehl Type 1050
Für die Füllung
1 Zitrone
500 g reife Pfirsiche
200 g Schlagsahne
1 TL gemahlene Vanille
50 g Honig

VORBEREITUNGSZEIT 40 MINUTEN
BACKZEIT 12–15 MINUTEN

1 Den Backofen auf 180 °C (Umluft 160 °C, Gas Stufe 2–3) vorheizen. Die Eiweiße mit Salz und 1 EL Wasser halbsteif schlagen. Den Zucker und den Vanillezucker zugeben. Dann das Eiweiß ganz steif schlagen. Die Eigelbe unter den Eischnee rühren. Das Mehl darüber sieben und mit einem Schneebesen unter den Teig ziehen.

2 Ein Blech mit Backpapier belegen. Den Teig darauf streichen und im vorgeheizten Ofen 12–15 Minuten backen. Biskuit auf ein feuchtes Küchentuch stürzen, mit einem zweiten feuchten Tuch bedecken, abkühlen lassen.

3 Die Zitrone waschen und trockenreiben. 1 TL Schale abreiben und 1 EL Saft auspressen. Die Pfirsiche überbrühen, abziehen, halbieren, entsteinen, in Stücke schneiden und mit dem Zitronensaft vermischen.

4 Die Sahne mit der Vanille und der Zitronenschale steif schlagen. Die Pfirsiche und 1 EL Honig unter die Sahne mischen. Küchentuch und Backpapier von der Biskuitplatte entfernen. Zwei Drittel der Pfirsichsahne auf die Teigplatte streichen. Biskuit aufrollen und mit dem Rest der Sahne bestreichen. Mit restlichem Honig beträufeln.

Mokkasahnerolle

Diese köstliche Biskuitrolle können Sie auch mit Borkenschokolade, Mokka-Schokoladenbohnen oder mit gehobelter Schokolade garnieren.

Für 1 Rolle
Für den Teig
3 Eier, 90 g Zucker
1 TL abgeriebene Orangenschale
1 EL Orangensaft, 1 Prise Salz
90 g Mehl, 1/2 TL Backpulver
Für die Füllung und die Garnitur
100 g Mokkaschokolade
400 g Schlagsahne
1 1/2 Päckchen Sahnefestiger
1 EL Instant-Kaffee, 2 EL Puderzucker
Kakaopulver zum Bestauben
Schokoladenblüten und -blätter

VORBEREITUNGSZEIT 45 MINUTEN
BACKZEIT 12–14 MINUTEN

1 Den Backofen auf 200 °C (Umluft 180 °C, Gas Stufe 3–4) vorheizen; ein Backblech mit Backpapier belegen.

2 Die Eier mit Zucker, Orangenschale und -saft sowie dem Salz schaumig schlagen. Mehl und Backpulver auf die Eimasse sieben und mit einem Schneebesen darunter ziehen.

3 Den Teig gleichmäßig auf dem Backblech verstreichen und in 12–14 Minuten goldbraun backen. Aus dem Ofen nehmen, auf eine Lage Backpapier stürzen und auskühlen lassen; dabei das Backblech auf der Biskuitplatte liegen lassen.

4 Die Schokolade auf dem Wasserbad schmelzen, abkühlen lassen. Die Sahne mit Sahnefestiger steif schlagen, die Schokolade nach und nach mit Kaffee und Puderzucker unterrühren. 6 EL der Schokoladensahne in einen Spritzbeutel mit Sterntülle füllen.

5 Das Backblech und das obere Backpapier vom Biskuit entfernen. Drei Viertel der Schokoladensahne auf die Biskuitplatte streichen. Den Biskuit mithilfe des unteren Backpapiers von der breiten Seite her aufrollen.

6 Die Rolle mit der restlichen Schokoladensahne bestreichen. Mit dem Spritzbeutel kleine Rosetten darauf setzen. Die Biskuitrolle mit Kakaopulver bestauben. Mit Schokoladenblüten und -blättern garnieren.

Zitruscremetarte mit Baiser

Raffiniert ist hier nicht nur die erfrischende Creme, sondern auch der unkomplizierte Boden. Ideal für alle, die wenig Zeit haben, aber nicht auf Selbstgebackenes verzichten wollen.

Für 1 Tarteform (22 cm Ø)
Für den Teig
150 g Butterkekse
1 Eiweiß
Fett für die Form
Für die Füllung
1 große Zitrone
1 Limette
1 große Orange
50 g Speisestärke
2 große Eigelb
75 g Zucker
Für die Baiserhaube
3 große Eiweiß
1 Prise Salz
90 g Zucker

VORBEREITUNGSZEIT 30 MINUTEN PLUS 60 MINUTEN KÜHLZEIT
BACKZEIT 7–10 MINUTEN PLUS 15 MINUTEN

1 Den Backofen auf 180 °C (Umluft 160 °C, Gas Stufe 2–3) vorheizen, die Form ausfetten. Für den Teig die Kekse in einen Gefrierbeutel füllen. Diesen verschließen und die Kekse mit einer Teigrolle zerkleinern. Die Keksbrösel mit dem Eiweiß in einer Schüssel gründlich verrühren.

2 Die Bröselmischung in die Form drücken, dabei einen Rand bilden. Den Teigboden im vorgeheizten Ofen 7–10 Minuten backen, bis er fest ist. Die Form aus dem Ofen nehmen und den Tortenboden abkühlen lassen.

3 Für die Füllung die Zitrone und die Limette gründlich waschen und trockenreiben. Die Schale von beiden Früchten fein abreiben. Zitrone, Limette und Orange auspressen. Die Zitrusschalen und den Saft in einen Topf geben, die Speisestärke einrühren.

4 In einem zweiten Topf 300 ml Wasser aufkochen. Dies in die Saftmischung rühren und alles bei mittlerer Hitze aufkochen. Unter Rühren 1 Minute kochen, bis eine glatte, dickliche Creme entstanden ist.

5 Den Topf vom Herd nehmen. Die Eigelbe mit dem Zucker in einer Schüssel verrühren, 3 EL von der heißen Zitruscreme untermischen. Die Eigelb-Mischung zur restlichen heißen Creme geben und unterrühren. Alles auf dem Teigboden verteilen.

6 Für die Baiserhaube die Eiweiße mit dem Salz steif schlagen. Nach und nach den Zucker zugeben und alles so lange schlagen, bis eine weiße, glänzende Baisermasse entstanden ist.

7 Die Baisermasse mit einem Esslöffel über der Zitruscreme verteilen, dabei kleine Spitzen formen. Die Tarte 15 Minuten backen, bis die Baiserhaube goldbraun ist. Aus dem Ofen nehmen und die Tarte in der Form auf einem Kuchengitter abkühlen lassen. Sofort servieren.

Ananastarte mit Baiserhaube

250 g Ananas aus der Dose abtropfen lassen, den Saft dabei auffangen. Die Ananas fein pürieren, 40 g Speisestärke und die abgeriebene Schale von 1 Limette unterrühren. Den Ananassaft mit Wasser und Limettensaft auf 300 ml auffüllen und aufkochen. Das Ananaspüree unterrühren. Alles nochmal aufkochen, bis eine glatte, dickliche Creme entstanden ist. Dann die Füllung wie im Hauptrezept beschrieben (Schritt 5) zubereiten. Für die Baiserhaube die Eiweiße mit dem Zucker und 1/4 TL abgeriebener Zitronenschale steif schlagen, dann 2 EL Kokosraspel unterheben. Die Tarte wie in Schritt 7 beschrieben fertig stellen.

Der gute Tipp

Lecker schmeckt die Tarte auch, wenn der Boden statt mit Butterkeksen mit Spekulatius, mit harten Amaretti oder mit Nusskeksen zubereitet wird.

Himbeertorte mit Joghurtsahne

Je nach Saison kann diese festliche Torte auch mit Erdbeeren, Heidelbeeren, Brombeeren oder Johannisbeeren zubereitet werden. Pfirsiche oder Ananas aus der Dose eignen sich ebenfalls. Bei gelben Früchten den Rand der Torte mit grob gehackten Pistazien garnieren.

Für 1 Springform (28 cm Ø)
Für den Biskuitteig
2 Eier
50 g Zucker
1 Päckchen Vanillezucker
1 Prise Salz
60 g Mehl
1/4 TL Backpulver
Fett für die Form
Für den Mürbeteig
120 g Mehl
1/2 TL Backpulver
1 Prise Salz
60 g Butter
2 EL Zucker
1 Eigelb
1 Päckchen Vanillezucker
Für den Belag und die Füllung
40 g Zartbitterschokolade
600 g frische oder TK-Himbeeren
125 g Zucker, 350 g Joghurt
4 EL Zitronensaft
9 Blatt weiße Gelatine
400 g Schlagsahne
Für den Guss und die Garnitur
3 EL roter Johannisbeersaft
1 Päckchen klarer Tortenguss
2 EL Zucker
50 g Mandelblättchen

Vorbereitungszeit 60 Minuten
plus 2 Stunden Kühlzeit
Backzeit 20–25 Minuten
plus 12–15 Minuten

1 Den Boden der Springform einfetten. Den Backofen auf 180 °C (Umluft 160 °C, Gas Stufe 2–3) vorheizen. Für den Biskuitteig die Eier mit 1 EL kaltem Wasser, Zucker, Vanillezucker und Salz schaumig schlagen.

2 Mehl und Backpulver mischen. Auf die Eimasse sieben und mit einem Schneebesen unterziehen. Die Biskuitmasse in der Form verstreichen, dabei zum Rand etwas hochziehen. Den Teig 20–25 Minuten backen. Die Form aus dem Ofen nehmen. Den Rand der Form mit einem Messer lösen und abnehmen. Den Biskuitboden auf Backpapier stürzen, Boden der Form nicht abheben. Biskuit auskühlen lassen.

3 Für den Mürbeteig alle Zutaten zu einem glatten Teig verkneten. Den Teig zur Kugel formen, flach drücken, in Folie wickeln und kalt stellen. Den Boden einer zweiten Springform fetten. Den Mürbeteig auf Formgröße ausrollen, auf den Formboden legen und mehrmals mit einer Gabel einstechen. Den Mürbeteigboden 12–15 Minuten backen. Aus dem Ofen nehmen und auf einem Kuchengitter auskühlen lassen. Aus der Form lösen.

4 Für den Belag die Schokolade auf dem heißen Wasserbad schmelzen. Auf den abgekühlten Mürbeteigboden streichen. Den Formboden und das Backpapier vom Biskuitboden abnehmen und den Kuchen mit der Kruste nach unten auf den Mürbeteigboden legen. Einen Tortenring herumlegen.

5 Für die Füllung die frischen Himbeeren verlesen. Die Hälfte pürieren und durch ein Sieb streichen (TK-Früchte kurz antauen lassen). Das Himbeerpüree mit Zucker, Joghurt und Zitronensaft verrühren.

6 Die Gelatine in kaltem Wasser einweichen und tropfnass in einem kleinen Topf bei schwacher Hitze auflösen. Die Gelatine unter die Himbeercreme rühren; kalt stellen.

7 Die Schlagsahne steif schlagen. Sobald die Himbeercreme zu gelieren beginnt, die Sahne unterziehen. Die Himbeer-Sahne-Creme auf den Biskuitboden gießen und glatt streichen. Die restlichen Himbeeren nach einigen Minuten auf der Himbeercreme verteilen (TK-Früchte gefroren darauf geben).

8 Für den Guss aus 250 ml Wasser, dem Johannisbeersaft, dem Tortenguss und dem Zucker nach Packungsanweisung einen Tortenguss zubereiten. Dabei mit einem Löffel (nicht mit einem Schneebesen) rühren, damit der Guss klar wird. Den Tortenguss etwas abkühlen lassen. Vorsichtig über einen Löffelrücken auf die Himbeeren gießen, damit sich der lauwarme Guss nicht mit der Creme mischt.

9 Die Torte zudecken und mindestens 2 Stunden kühl stellen. Vor dem Servieren den Tortenring von der Himbeertorte entfernen. Die Mandelblättchen in einer Pfanne rösten. Etwas abkühlen lassen und vorsichtig an den Tortenrand drücken.

Mokkakranz

So wird die Torte zum Espressokranz: Für die Creme 400 ml Milch und 100 ml Espresso verwenden. Den Kranz mit zerbröselten Amaretti statt mit Krokant verzieren und mit Amaretti dekorieren.

Für 1 Kranzform (20 cm Ø)
1 Zitrone
400 g Butter, 200 g Zucker, 8 Eigelb
200 g Mehl, 1/2 Päckchen Backpulver
30 g Grieß, 70 g Speisestärke
700 ml Milch
4 Eiweiß, 1 Prise Salz
1 TL Instant-Kaffee
30 g Puderzucker, 2 EL Weinbrand
Krokant, Mokkabohnen
Butter und Semmelbrösel für die Form

VORBEREITUNGSZEIT 50 MINUTEN
PLUS 12 STUNDEN RUHEZEIT
BACKZEIT 45 MINUTEN

1 Die Zitrone waschen und trockenreiben. Die Schale abreiben und den Saft von einer Hälfte auspressen. 100 g Butter schaumig schlagen, 100 g Zucker, 4 Eigelbe, Zitronensaft und -schale untermischen. Mehl, Backpulver, Grieß, 30 g Speisestärke und 200 ml Milch zugeben. Alles verrühren.

2 Den Backofen auf 200 °C (Umluft 180 °C, Gas Stufe 3–4) vorheizen; die Kranzform ausfetten und mit Semmelbröseln ausstreuen. Die Eiweiße mit dem Salz steif schlagen und unter den Teig ziehen. Den Teig in die Form füllen und 45 Minuten backen. Auf ein Kuchengitter stürzen und 12 Stunden oder über Nacht ruhen lassen.

3 Für die Füllung 500 ml Milch, den Instant-Kaffee und 100 g Zucker aufkochen. 4 Eigelbe und 40 g Speisestärke einrühren. Unter Rühren 1 Minuten kochen. Abkühlen lassen. 300 g Butter mit dem Puderzucker schaumig rühren. Mit dem Weinbrand zur Füllung geben.

4 Den Kranz zweimal quer durchschneiden. Mit etwa zwei Drittel der Creme füllen. Mit der restlichen Creme, dem Krokant und den Mokkabohnen verzieren.

Vanillekranz mit Quarkcreme

Für dieses luftige Gebäck eignet sich eine beschichtete Form oder eine Silikonform am besten. Wer nur eine unbeschichtete Kranzform besitzt, sollte diese dünn ausfetten.

Für 1 Kranzform (25 cm Ø)
Für den Teig
120 g Mehl, 80 g Puderzucker
8 große Eiweiß, 1 Prise Salz
150 g Zucker
3 Tropfen Bittermandelaroma
1 TL gemahlene Vanille
Für die Garnitur
200 g Erdbeeren
200 g Himbeeren
200 g Heidelbeeren
250 g Sahnequark
1 Päckchen Vanillezucker

VORBEREITUNGSZEIT 15 MINUTEN
BACKZEIT 35 MINUTEN

1 Den Backofen auf 180 °C (Umluft 160 °C, Gas Stufe 2–3) vorheizen. Mehl und Puderzucker mischen.

2 Die Eiweiße mit dem Salz schaumig schlagen. Zucker, Bittermandelaroma und Vanille unterrühren. Alles steif schlagen, bis die Masse glänzt. Die Mehlmischung darüber sieben und mit einem Schneebesen unterheben.

3 Den Teig in die Form füllen und glatt streichen. Den Kuchen 35 Minuten im vorgeheizten Ofen backen, bis er goldbraun und aufgegangen ist.

4 Den Vanillekranz samt Form auf ein Kuchengitter stürzen und abkühlen lassen. Den kalten Kranz aus der Form lösen.

5 Kurz vor dem Servieren die Beeren waschen und putzen. Große Erdbeeren in Viertel schneiden. Die Beeren mischen und in die Mitte des Vanillekranzes füllen. Den Sahnequark mit dem Vanillezucker cremig rühren und in einer Schüssel dazu servieren.

Luftiger Zitronenkuchen

Anstelle des Bittermandelaromas die abgeriebene Schale von 1 großen Zitrone und 1 Limette unter den Eischnee rühren. Den Kuchen wie im Hauptrezept beschrieben backen. Statt mit Beeren mit einer Mischung aus kleinen Melonenkugeln und Mangostückchen füllen. Mit dem Quark servieren.

Windbeutel mit Schokocreme

Zu einem Nachmittagskaffee passen im Sommer diese Windbeutel mit frischem Obst. Besonders hübsch sehen sie aus, wenn man sie nach dem Backen, Abkühlen und Durchschneiden mit dünnen Fäden aus dunkler Kuvertüre überzieht.

Für 12 Stück
Für den Teig
60 g Butter
1 Prise Salz
150 g Mehl
4 Eier
Für die Füllung
350 ml Milch
1 Päckchen Schokoladenpuddingpulver
50 g Zucker
3 Pfirsiche
150 g Himbeeren
200 g Schlagsahne
1 Päckchen Sahnefestiger
1 EL Puderzucker zum Bestauben

Vorbereitungszeit 50 Minuten
Backzeit 35–40 Minuten

1 Für den Teig 250 ml Wasser, die Butter und das Salz in einem Topf aufkochen. Das Mehl auf einmal dazuschütten. So lange rühren, bis sich der Teig als Kloß vom Topfboden löst und sich dabei ein weißer Film auf dem Topfboden bildet.

2 Den Topf vom Herd nehmen und die Brandteigmasse kurz abkühlen lassen. Dann nach und nach mit den Schneebesen des Handrührgeräts die Eier unterrühren.

3 Den Backofen auf 200 °C (Umluft 180 °C, Gas Stufe 3–4) vorheizen; ein Backblech mit Backpapier belegen. Den Teig in einen Spritzbeutel mit großer Sterntülle füllen und 12 Rosetten auf das Blech spritzen, dabei Abstand zwischen den Teigrosetten lassen. Im vorgeheizten Ofen 35–40 Minuten backen. Die Windbeutel aus dem Ofen nehmen und auf einem Kuchengitter abkühlen lassen.

4 In der Zwischenzeit aus Milch, Schokoladenpuddingpulver und Zucker nach Packungsanweisung einen Pudding kochen. Kalt werden lassen, dabei mehrmals umrühren, damit sich keine Haut auf dem Pudding bildet.

5 Die Pfirsiche mit kochend heißem Wasser überbrühen und die Haut abziehen. Die Früchte halbieren und die Steine entfernen. Die Pfirsiche in Spalten schneiden. Die Himbeeren verlesen. Falls nötig vorsichtig waschen und auf Küchenpapier trocknen lassen.

6 Die Sahne mit dem Sahnefestiger steif schlagen und unter den kalten Pudding heben. Die Windbeutel quer durchschneiden. Auf den unteren Hälften die Creme, die Pfirsichspalten und die Himbeeren verteilen. Die oberen Hälften auf die Beeren setzen. Die Windbeutel mit Puderzucker bestauben und sofort servieren.

Der gute Tipp

Anstelle des Schokoladenpuddings können Sie eine Füllung aus 400 g Schlagsahne, 2 Päckchen Sahnefestiger, 2 Päckchen Vanillezucker und 2 EL Kakaopulver zubereiten. Zum Schluss sollten noch 30 g gehackte Zartbitterschokolade unter diese Schoko-Sahne-Creme gezogen werden – das gibt ihr eine unvergleichliche Note.

Windbeutel mit Sahne

Für alle, die es eilig haben: Backen Sie die Windbeutel auf Vorrat, und frieren Sie sie ein. So kann das Gebäck nach Bedarf aufgetaut, kurz aufgebacken und nach Belieben gefüllt werden.

Für 12 Stück
Für den Teig
1 Zitrone, 75 g Butter, 1 Prise Salz
125 g Mehl, 4 große Eier
1/2 TL gemahlene Vanille
1 Prise Zucker
1 Eigelb, 1/2 EL Schlagsahne
Für die Füllung
200 g Schlagsahne
1 Päckchen Sahnefestiger
2 EL Puderzucker
1 TL gemahlene Vanilleschoten
Puderzucker zum Bestauben

Vorbereitungszeit 35 Minuten
Backzeit 35–40 Minuten

1 Für den Teig die Zitrone waschen und trockenreiben. Die Hälfte der Schale fein abreiben. 250 ml Wasser, die Butter und das Salz in einem Topf aufkochen. Das Mehl auf einmal dazuschütten. So lange rühren, bis sich der Teig als Kloß vom Topfboden löst und sich dabei ein weißer Film auf dem Topfboden bildet.

2 Den Topf vom Herd nehmen und die Brandteigmasse kurz abkühlen lassen. Nach und nach die Eier mit den Schneebesen des Handrührgeräts unterrühren. Dabei Vanille, Zitronenschale und Zucker zugeben. Den Backofen auf 200 °C (Umluft 180 °C, Gas Stufe 3–4) vorheizen.

3 Ein Backblech mit Backpapier belegen. Den Teig in einen Spritzbeutel mit großer Sterntülle füllen und 12 Rosetten auf das Backblech spritzen. Das Eigelb mit der Schlagsahne verrühren und die Windbeutel damit einpinseln. Etwa 35–40 Minuten backen, bis sie goldgelb sind. Aus dem Ofen nehmen und auf einem Kuchengitter erkalten lassen. In der Mitte quer durchschneiden.

4 Für die Füllung die Schlagsahne mit dem Sahnefestiger steif schlagen, Puderzucker und Vanille unterrühren. Die Sahne in die aufgeschnittenen Windbeutel füllen und diese mit Puderzucker bestauben.

Sahnige Orangenbaisers

Zum Stabilisieren der Baisermasse können Sie anstelle der Ascorbinsäure 1/2 Teelöffel gemahlene Gelatine oder 1 Teelöffel Zitronensaft nehmen.

Für 8 Stück
Für die Baisermasse
3 Eiweiß, 1 Prise Salz
90 g feiner Zucker
1/2 TL Ascorbinsäure (Apotheke)
90 g Puderzucker
1/2 TL Speisestärke
Für die Füllung und die Garnitur
200 g Mandarinen (Dosenware)
400 g Schlagsahne
2–3 EL Zucker
4 EL frisch gepresster Orangensaft
1 TL abgeriebene Orangenschale
1 Päckchen Sahnefestiger
fein geschnittene Orangenschalenstreifen

VORBEREITUNGSZEIT 40 MINUTEN
TROCKENZEIT 7–9 STUNDEN

1 Auf der Rückseite von 2 Backpapierbögen mit einem Bleistift je 8 Kreise (je 6 cm Ø) markieren. 2 Backbleche anfeuchten, jedes mit 1 Backpapierbogen belegen. Den Backofen auf 200 °C (Umluft 180 °C, Gas Stufe 3–4) vorheizen.

2 Für die Baisermasse die Eiweiße mit dem Salz steif schlagen. Zucker und Ascorbinsäure zugeben und so lange schlagen, bis die Masse stark glänzt. Den Puderzucker mit der Speisestärke mischen. Über den Eischnee sieben und mit einem Schneebesen darunter ziehen.

3 Die Masse in einen großen Spritzbeutel mit Sterntülle füllen und 16 runde Törtchen auf die Bleche spritzen. Die Bleche in den vorgeheizten Backofen schieben, die Ofentür sofort schließen. Den Backofen nach 2 Minuten ausschalten und die Baisers in 7–9 Stunden trocknen lassen.

4 Für die Füllung die Mandarinen aus der Dose abtropfen lassen. Die Sahne steif schlagen, dabei Zucker, Orangensaft und -schale sowie Sahnefestiger zufügen. Die Orangensahne in einen Spritzbeutel geben. Die Hälfte der Baisers mit der Sahne bespritzen. Die Mandarinen darauf legen und die restlichen Baisertörtchen darauf setzen. Mit den Orangenschalenstreifen verzieren und die Törtchen sofort servieren.

Ingwerbaisers

Die Sahne zusätzlich mit 2 EL Ingwersirup abschmecken und statt der Mandarinen 5 Stücke klein gehackten kandierten Ingwer verwenden.

Schokoladencremetorte

Wem diese köstliche Torte in normalen Portionen zu üppig ist, der schneidet sie in 20 Stücke. Oder: die halbe Rezeptmenge in einer Springform mit einem Durchmesser von 20 cm zubereiten, diese Torte in 12 Stücke schneiden. Ein guter Kaffee dazu, und schon ist der Genuss perfekt!

Für 1 Springform (28 cm Ø)
Für den Teig
5 Eier
150 g Zucker
1 Päckchen Vanillezucker
1 Prise Salz
150 g Mehl
3 EL dunkles Kakaopulver
Fett für die Form
Für die Füllung und die Garnitur
150 g Himbeergelee
150 g Zartbitterschokolade
500 ml Milch
1 Päckchen Schokoladenpuddingpulver
2 EL Zucker
3 Eigelb
250 g weiche Butter
100 g Puderzucker
1 Päckchen Vanillezucker
2 EL Himbeergeist
Puderzucker zum Bestauben

VORBEREITUNGSZEIT 60 MINUTEN
PLUS KÜHLZEIT ÜBER NACHT
BACKZEIT 30–35 MINUTEN

1 Den Boden der Springform einfetten. Den Backofen auf 180 °C (Umluft 160 °C, Gas Stufe 2–3) vorheizen. Für den Teig die Eier mit Zucker, 1 EL kaltem Wasser, Vanillezucker und Salz schaumig schlagen.

2 Mehl und Kakaopulver mischen, über die Eiermasse sieben und mit einem Schneebesen darunter ziehen. Den Teig in die Form füllen und glatt streichen. Den Biskuitboden im vorgeheizten Ofen 30–35 Minuten backen.

3 Den Biskuit aus dem Ofen nehmen und 5 Minuten in der Form abkühlen lassen. Dann aus der Form lösen und auf Backpapier stürzen, dabei den Springformboden auf dem Biskuitboden lassen. Den Biskuitboden über Nacht auskühlen lassen. Den kalten Biskuit zweimal quer durchschneiden. 2 Böden mit dem Himbeergelee bestreichen.

4 Für die Creme 100 g Schokolade zerbröckeln. 400 ml Milch aufkochen und die Schokolade darin schmelzen. Puddingpulver und Zucker in der restlichen Milch glatt verrühren und nach Packungsanweisung einen Schokoladenpudding kochen.

5 Die Eigelbe mit etwas heißem Pudding rasch verrühren, dann unter den Pudding mischen. Den Schokoladenpudding erkalten lassen, dabei gelegentlich umrühren.

6 Die Butter mit Puder- und Vanillezucker schaumig und luftig aufschlagen. Den kalten Pudding teelöffelweise darunter rühren. Etwa die Hälfte der Creme auf die mit Himbeergelee bestrichenen Tortenböden geben, diese aufeinander setzen. Den oberen Boden mit Himbeergeist beträufeln.

7 Den dritten Biskuitboden auf die Torte setzen und etwas andrücken. Die Torte mit der übrigen Buttercreme überziehen. Die restliche Schokolade grob raspeln. Die Torte damit bestreuen. Mit Puderzucker bestauben.

Der gute Tipp

Damit die Buttercreme richtig schön nach Schokolade schmeckt, sollten Sie eine Schokolade mit möglichst hohem Kakaoanteil, also mindestens 60 %, verwenden.

Schoko-Orangen-Torte

Den Biskuitboden und die Schokoladen-Buttercreme wie im Hauptrezept beschrieben zubereiten. 3 große Orangen so dick schälen, dass die weiße Haut mit entfernt wird. Dann Filets zwischen den Häutchen herauslösen. Die beiden unteren Tortenböden mit Orangenlikör beträufeln, mit Orangengelee (aus dem Glas) und einem Drittel Schokoladen-Buttercreme bestreichen. Die Orangenfilets darauf verteilen, dabei leicht eindrücken. Die Torte wie im Rezept beschrieben zusammensetzen und mit einem weiteren Drittel Schoko-Buttercreme überziehen. Die restliche Schoko-Buttercreme in einen Spritzbeutel mit großer Sterntülle füllen. Die Torte mit Cremerosetten garnieren. Dann 8 kandierte Orangenscheiben halbieren und in die Buttercremerosetten stecken. Die Torte zum Schluss mit gehobelter Zartbitterschokolade bestreuen.

Mangosahnetorte

Entscheidend für das fruchtige Aroma der Sahnefüllung ist der Reifegrad der Mangos: Reife Mangos duften angenehm und geben bei leichtem Druck mit dem Finger nicht nach.

Für 1 Springform (26 cm Ø)
200 g Mehl, 1/2 TL Backpulver
1/2 TL Salz, 100 g Butter, 60 g Zucker
2 Päckchen Vanillezucker, 1 Ei
2 Mangos, 2 EL Zitronensaft
2 Eigelb, 6 Blatt weiße Gelatine
100 ml Apfelsaft
50 g Zartbitterschokolade
500 g Schlagsahne
30 g geraspelte Schokolade
Fett für die Form

Vorbereitungszeit 45 Minuten plus 12 Stunden Kühlzeit
Backzeit 15–20 Minuten

1 Für den Teig Mehl, Backpulver, Salz, Butter, 2 EL Zucker, 1 Päckchen Vanillezucker, Ei und 2 EL Wasser verkneten. Teig zur Kugel formen und 30 Minuten kühlen. Teig ausrollen, die Form damit auslegen. Ofen auf 180 °C (Umluft 160 °C, Gas Stufe 2–3) vorheizen. Teig 15–20 Minuten backen. Teigboden aus der Form nehmen, abkühlen lassen. Einen Tortenring herumlegen.

2 Die Mangos schälen. Das Fruchtfleisch in kleinen Würfeln vom Stein schneiden und mit Zitronensaft mischen. 12 Mangowürfel beiseite legen. Das restliche Fruchtfleisch mit den Eigelben und dem restlichen Zucker pürieren. Gelatine einweichen. 3 EL Apfelsaft erhitzen und die ausgedrückte Gelatine darin auflösen. Mit dem restlichen Apfelsaft unter die Mangocreme rühren. Kalt stellen.

3 Die Schokolade schmelzen, auf den Teigboden streichen. 400 g Sahne steif schlagen, unter die gelierende Mangocreme ziehen, auf den Tortenboden gießen. Die Torte zugedeckt über Nacht kühlen. 100 g Sahne mit 1 Päckchen Vanillezucker steif schlagen, auf die Torte spritzen. Mit Mangowürfeln und geraspelter Schokolade garnieren.

Makronenschnitten mit Mango

Tipp für Gastgeber: die Baiserstreifen vorbacken, in einer Blechdose aufbewahren und kurz vor dem Servieren mit der Mangosahne füllen.

Für 10 Stücke
Für die Baisermasse
3 Eiweiß, 1 Prise Salz
90 g Zucker, 1/2 TL Ascorbinsäure
90 g Puderzucker, 1/2 TL Speisestärke, 150 g gemahlene Haselnüsse
Für die Füllung
1 Mango, 5 Blatt weiße Gelatine
1 EL Zitronensaft, 1 EL Orangenlikör
500 g Schlagsahne
1/2 TL fein abgeriebene Zitronenschale
2 EL Zucker, 1 Päckchen Vanillezucker
Mangostreifen, Mandelblättchen

Vorbereitungszeit 45 Minuten
Trockenzeit 8–10 Stunden
plus 1 1/2 Stunden Kühlzeit

1 Ein Backblech mit Backpapier auslegen. Den Backofen auf 200 °C (Umluft 180 °C, Gas Stufe 3–4) vorheizen. Eiweiße mit Salz steif schlagen, dabei Zucker und Ascorbinsäure zugeben. Puderzucker und Speisestärke darüber sieben und mit den Nüssen unter den Eischnee ziehen.

2 Baisermasse in einen Spritzbeutel mit glatter Tülle füllen. 2 Streifen (je 12 × 40 cm) auf das Blech spritzen. Das Blech in den Ofen schieben, den Ofen nach 3 Minuten ausschalten. Die Baiserstreifen im geschlossenen Backofen in 8–10 Stunden trocknen lassen.

3 Für die Füllung die Mango schälen. Das Fruchtfleisch in kleinen Würfeln vom Stein schneiden. Die Gelatine einweichen. Zitronensaft und Orangenlikör erhitzen und die Gelatine darin auflösen. Die Sahne steif schlagen. Vier Fünftel mit Zitronenschale, Zucker und Gelatinemischung verrühren, die Mangowürfel unterheben.

4 Um einen Baiserstreifen 2 dicke Streifen Alufolie legen, damit die Füllung nicht verläuft. Die Mangocreme auf den Baiserstreifen schichten. 30 Minuten kühlen. Dann den zweiten Baiserstreifen auflegen, nochmals etwa 1 Stunde kühlen. Das gefüllte Gebäck in 10 Stücke schneiden. Mit Mangostreifen, Sahnetupfen und Mandelblättchen garnieren und sofort servieren.

Makronentorte mit Vanillecreme

Statt der frischen Himbeeren können auch TK-Himbeeren, frische Heidelbeeren oder Brombeeren verwendet werden. Köstlich dazu: ein ungesüßter, starker Kaffee und ein Glas Wasser – wie in den Wiener Kaffeehäusern.

Für 1 Torte mit 20 cm Ø
Für die Baisermasse
70 g Haselnüsse
4 Eiweiß
1 Prise Salz
220 g Zucker
220 g frische Himbeeren
Puderzucker zum Bestauben
Für die Vanillecreme
320 ml Milch
1 Vanilleschote
3 Eigelb
30 g Zucker
15 g Mehl
15 g Speisestärke

VORBEREITUNGSZEIT 60 MINUTEN
BACKZEIT 1 1/2 STUNDEN

1 Die Haselnüsse in einer trockenen Pfanne goldbraun rösten. Aus der Pfanne auf einen Teller geben und abkühlen lassen. Die Nüsse zwischen den Händen reiben, um die braunen Häutchen zu entfernen. 1 EL Nüsse grob hacken und beiseite stellen, die übrigen fein mahlen.

2 Den Backofen auf 140 °C (Umluft 120 °C, Gas Stufe 1) vorheizen. 2 Backbleche mit Backpapier belegen und auf jedes Papier 1 Kreis mit etwa 20 cm Ø zeichnen. Die Eiweiße mit dem Salz steif schlagen, dabei den Zucker einrieseln lassen. 2 Minuten auf höchster Stufe schlagen, bis die Masse Spitzen bildet und stark glänzt. Die gemahlenen Nüsse unterziehen.

3 Die Baisermasse so auf die 2 vorgezeichneten Kreise geben, dass sich oben Zacken bilden. Die Baiserböden 1 ½ Stunden backen; nach der Hälfte der Backzeit die Bleche drehen, damit die Böden gleichmäßig leicht bräunen. Die Baiserböden vom Papier lösen und auf einem Kuchengitter abkühlen lassen.

4 Für die Vanillecreme die Milch aufkochen. Die Vanilleschote aufschlitzen und in die Milch geben. Den Topf vom Herd nehmen und die Milch 30 Minuten durchziehen lassen.

5 Die Eigelbe mit dem Zucker weißschaumig schlagen. Mehl und Speisestärke darüber sieben und unterrühren. Die Vanilleschote aus der Milch nehmen, das Mark herauskratzen und in die Milch geben.

6 Die Vanillemilch aufkochen, dann nach und nach unter die Eigelbmischung rühren. Alles unter Rühren 1 Minuten kochen lassen, bis die Eigelb-Vanille-Milch bindet. Den Topf vom Herd nehmen und die Creme abkühlen lassen. Dabei immer wieder rühren, damit sich keine Haut bildet.

7 Kurz vor dem Servieren 1 Baiserboden auf eine Platte legen und die Vanillecreme darauf verstreichen. Mit zwei Drittel der Himbeeren belegen, den zweiten Baiserboden darauf setzen. Die Torte mit den restlichen Himbeeren und den gehackten Nüssen garnieren. Mit Puderzucker bestauben. Mit einem scharfen Messer in große Stücke schneiden und sofort servieren.

Erdnuss-Makronentorte

100 g grob gehackte ungesalzene Erdnüsse anstelle der Haselnüsse verwenden. Die Baisermasse mit 1 EL dunklem Kakaopulver und 1 TL Instant-Kaffeepulver aromatisieren. Anstelle der Himbeeren abgetropfte eingelegte Sauerkirschen verwenden.

Der gute Tipp

Für gleichmäßige Baiserböden die Baisermasse in einen Spritzbeutel mit mittelgroßer runder Tülle füllen. Spiralförmig 2 Böden auf das mit Backpapier belegte Blech spritzen.

Weincremetorte

Für Kinder können Sie den Wein in der Creme durch 325 ml weißen Traubensaft und 40 ml Zitronensaft ersetzen.

Für 1 Torte mit 26 cm Ø
Für den Teig
200 g Mehl, 100 g Butter
3 EL Zucker
1 Ei, 1 Prise Salz
Für den Belag und die Garnitur
3 EL Apfelgelee, 4 Eigelb, 150 g Zucker
1 TL abgeriebene Zitronenschale
je 4 EL Zitronen- und Orangensaft
7 Blatt weiße Gelatine
375 ml Weißwein, 500 g Schlagsahne
Puderzucker und Plätzchen

Vorbereitungszeit 25 Minuten
plus 6 Stunden Kühlzeit
Backzeit 15–20 Minuten

1 Mehl, Butter, Zucker, Ei und Salz verkneten. Den Teig 30 Minuten kühlen. 2 Backbleche mit Backpapier belegen. Den Backofen auf 180 °C (Umluft 160 °C, Gas Stufe 2–3) vorheizen. Den Teig ausrollen und 2 Böden (je 26 cm Ø) ausschneiden. Auf die Bleche legen, mehrmals einstechen und 15–20 Minuten backen.

2 Die Tortenböden abkühlen lassen, die Ränder glatt schneiden. Einen Boden mit Gelee bestreichen und einen Tortenring herumlegen.

3 Die Eigelbe mit 130 g Zucker, der Zitronenschale und dem Zitrusfruchtsaft auf dem heißen Wasserbad zu einer dicklichen Creme schlagen. Die Gelatine in kaltem Wasser einweichen. 3 EL Wein erhitzen und die Gelatine darin auflösen. Mit dem restlichen Wein unter die Creme rühren. Alles zugedeckt kühl stellen.

4 Die Sahne steif schlagen. Ein Viertel davon mit dem restlichen Zucker süßen und in einen Spritzbeutel geben. Die übrige Sahne unter die gelierende Weincreme ziehen. Creme auf den Tortenboden gießen. Kühl stellen.

5 Den zweiten Boden in 16 Stücke schneiden, auf die Creme setzen. Torte 6 Stunden kühlen. Mit Puderzucker, Sahne und Plätzchen verzieren.

Mandeltorte mit Apfelsahne

Kochen Sie für die Füllung das Kompott aus säuerlichen Äpfeln am besten selbst, und aromatisieren Sie es mit gemahlener Vanille und Zimt.

Für 1 Springform (28 cm Ø)
Für den Teig
100 g weiße Schokolade, 180 g Butter
150 g Zucker, 4 Eier, 2 EL Kirschwasser
250 g gemahlene geschälte Mandeln
1 EL Mehl, 1 TL Backpulver, 1 Prise Salz
Fett für die Form
Für die Füllung und die Garnitur
3 EL Eierlikör, 6 Blatt weiße Gelatine
1 TL abgeriebene Zitronenschale
500 g Apfelkompott, 400 g Schlagsahne, 4 EL Zucker, Haselnusskrokant

VORBEREITUNGSZEIT 40 MINUTEN
BACKZEIT 30–35 MINUTEN

1 Die Form ausfetten, den Backofen auf 200 °C (Umluft 180 °C, Gas Stufe 3–4) vorheizen.

2 Die Schokolade schmelzen, abkühlen lassen. Aus Butter, Zucker, Eiern, Kirschwasser, Mandeln, Mehl, Backpulver und Salz einen Rührteig zubereiten, dann die abgekühlte geschmolzene Schokolade zufügen. Den Teig in die Form geben, 30–35 Minuten backen, auskühlen lassen.

3 Den Tortenboden quer halbieren. Den unteren Boden mit Eierlikör bestreichen und anschließend einen Tortenring herumlegen.

4 Die Gelatine in kaltem Wasser einweichen und tropfnass in einem kleinen Topf bei schwacher Hitze auflösen. Mit der Zitronenschale unter das Apfelkompott mischen und das Kompott bis zum Gelieren kühlen.

5 Die Sahne mit dem Zucker steif schlagen. Die Hälfte unter das Kompott mischen und die Masse auf dem Tortenboden verteilen. Den zweiten Boden darauf legen und andrücken. Die Torte kühl stellen, bis die Apfelsahne vollständig geliert ist. Die Mandeltorte mit der restlichen Sahne bestreichen und mit Krokant bestreuen.

Erdbeerkuchen mit Sahnefüllung

Die Teigböden bestehen nicht aus lockerem Biskuit, sonderm einem etwas festeren Rührteig. Deshalb lassen sich die oberen Teigstücke dieser Torte sogar aus der Hand essen: einfach abnehmen, in die Sahne tauchen und genießen!

Für 1 Springform (20 cm Ø)
Für den Teig
250 g Mehl, mehr zum Arbeiten
1 TL Backpulver
75 g Butter
3 EL Zucker
1 Prise Salz
1 Ei
4 EL Milch
1/2 TL gemahlene Vanille
Puderzucker zum Bestauben
Fett für die Form
Für die Erdbeerfüllung
350 g Erdbeeren
100 g Schlagsahne
100 g Magerquark
2 Päckchen Vanillezucker
2–3 EL Milch

Vorbereitungszeit 15 Minuten
Backzeit 10–15 Minuten

1 Den Backofen auf 220 °C (Umluft 200 °C, Gas Stufe 4–5) vorheizen. Die Backform ausfetten. Mehl und Backpulver in eine Schüssel sieben. Die Butter in kleinen Stückchen zur Mehlmischung geben. Alles mit den Fingern zu Streuseln verreiben. Zucker und Salz untermischen und eine Mulde in die Mitte drücken.

2 Ei, Milch und Vanille in einer Schüssel verrühren. In die Mulde gießen. Nach und nach die trockenen Zutaten vom Rand in die Flüssigkeit rühren und alles zu einem weichen Teig verkneten. Den Teig zur Kugel formen und auf die bemehlte Arbeitsfläche geben.

3 Den Teig zu einem dicken Kreis mit 20 cm Ø ausrollen. In die Form legen und 10–15 Minuten im vorgeheizten Ofen backen. Die Form aus dem Ofen nehmen, den Kuchen herauslösen und auf einem Kuchengitter abkühlen lassen.

4 Den Kuchen mit einem großen Messer quer halbieren. Den oberen Teil auf ein Brett legen und in 8 gleich große Tortenstücke schneiden, diese mit Puderzucker bestreuen. Den unteren Teil auf eine Platte setzen.

5 Für die Füllung 8 schöne Erdbeeren beiseite legen, die anderen waschen, vorsichtig trockentupfen, von den Blütenkelchen befreien und in Scheiben schneiden.

6 Die Sahne steif schlagen. Den Quark mit dem Vanillezucker und der Milch cremig rühren und die geschlagene Sahne darunter ziehen. Die Quarkcreme auf den unteren Tortenboden streichen und die Erdbeerscheiben darauf verteilen.

7 Den in Stücke geschnittenen Teigdeckel auf die Füllung setzen und mit den restlichen Erdbeeren garnieren. Sofort servieren.

Würziger Pflaumenkuchen

Den Teig mit 2 TL Zimtpulver, 1 TL Korianderpulver und 1 Prise Nelkenpulver wie im Hauptrezept beschrieben zubereiten, backen und quer halbieren. 220 g reife Pflaumen oder Zwetschgen waschen, trockentupfen, halbieren, entsteinen und in Stückchen schneiden. Den Teigboden mit 2–3 EL Pflaumenmus bestreichen. Die Creme aus 100 g Mascarpone und 100 g Schlagsahne zubereiten und auf den Teigboden streichen. Pflaumen oder Zwetschgen darauf verteilen, leicht eindrücken und den Teigdeckel wie beschrieben darauf setzen. 3 Pflaumen oder Zwetschgen waschen, trockentupfen, halbieren, entsteinen und in Spalten schneiden. Zum Schluss weitere 50 g Sahne mit 1 Päckchen Vanillezucker steif schlagen. Den Kuchen mit der Sahne und den Pflaumenspalten garnieren.

Quarksahnetorte mit Preiselbeeren

Raffiniert und schnell gemacht: Der Tortenboden besteht aus Schokolade und Cornflakes – und der Backofen bleibt kalt!

Für 1 Springform (28 cm Ø)
150 g Zartbitterschokolade
100 g Butter, 150 g Cornflakes
Für den Belag und die Garnitur
250 g Magerquark, 2 Eigelb
100 g Zucker
1 TL fein abgeriebene Zitronenschale
6 Blatt weiße Gelatine
4 EL Zitronensaft, 400 g Schlagsahne
450 g Preiselbeerkompott
40 g geraspelte Schokolade

Vorbereitungszeit 45 Minuten
Kühlzeit 4 Stunden

1 Den Boden der Springform mit Backpapier auslegen. Die Schokolade grob hacken und mit der Butter auf dem heißen Wasserbad schmelzen. Die Cornflakes untermischen. Die heiße Masse in die Form streichen, kalt und fest werden lassen.

2 Für den Belag den Quark mit den Eigelben, dem Zucker und der Zitronenschale cremig rühren. Die Gelatine in kaltem Wasser einweichen. Den Zitronensaft erhitzen und die ausgedrückte Gelatine darin auflösen. Die Gelierflüssigkeit rasch unter die Quarkcreme rühren.

3 Sahne steif schlagen und mit einem Schneebesen unter die Quarkcreme ziehen. Alles kurz kühl stellen. Falls die Preiselbeeren sehr flüssig sind, diese in einem Sieb abtropfen lassen.

4 Den Cornflakesboden zuerst mit der Hälfte der Quarkcreme, dann mit den Preiselbeeren bestreichen. Bei der Beerenschicht rundherum einen 2 cm breiten Rand frei lassen. Die restliche Quarkcreme darauf geben. Die Torte zugedeckt mindestens 4 Stunden kühlen. Zum Servieren vorsichtig aus der Form nehmen und mit geraspelter Schokolade garnieren.

Flockenschnitten

Besonders gut schmecken die mit Früchten und Sahne gefüllten Brandteigschnitten, wenn man sie vor dem Servieren 2 Stunden kalt stellt und durchziehen lässt.

Für 1 Backblech
Für den Teig
65 g Butter, 2 Prisen Salz
150 g Mehl, 5 Eier
Für die Füllung und die Garnitur
500 g Fruchtcocktail aus dem Glas
6 Blatt weiße Gelatine
2 EL Himbeergeist, 500 g Schlagsahne
2 EL Zucker, 1 TL gemahlene Vanille
1 Päckchen Sahnefestiger
Puderzucker zum Bestauben

VORBEREITUNGSZEIT 35 MINUTEN
BACKZEIT 10–12 MINUTEN

1 Ein Backblech mit Backpapier belegen. Den Backofen auf 220 °C (Umluft 200 °C, Gas Stufe 4–5) vorheizen. 250 ml Wasser mit Butter und Salz aufkochen. Das Mehl auf einmal hineinschütten und rühren, bis sich der Teig als Kloß vom Topfboden löst und sich dabei ein weißer Film auf dem Topfboden bildet. Topf vom Herd nehmen. Eier nach und nach unterrühren.

2 Den Teig auf das Backblech streichen, mit Wasser benetzen und 10–12 Minuten backen, den Backofen zwischendurch nicht öffnen! Die gebackene Teigplatte herausnehmen und abkühlen lassen.

3 Fruchtcocktail in ein Sieb schütten, den Saft auffangen. Die Teigplatte in 3 Streifen (je 8 × 40 cm) schneiden. Teigreste zerbröckeln. Gelatine in kaltem Wasser einweichen. 3 EL vom abgetropften Saft und den Himbeergeist erhitzen, Gelatine darin auflösen. Unter die Früchte mischen, kühlen.

4 Sahne mit Zucker, Vanille und Sahnefestiger steif schlagen. 2 Teigstreifen mit Obstmischung und Sahne bestreichen, aufeinander setzen. Den letzten Streifen in 4 cm breite Stücke schneiden, darauf legen. Seiten mit Sahne bestreichen, Kuchenreste daran drücken. Mit Puderzucker bestauben.

Cremetorte mit Obst

Noch schneller ist diese üppige Torte zubereitet, wenn man sie mit einer Mischung aus Vanillepudding und 150 g steif geschlagener Sahne füllt. Statt frischem Obst kann auch Fruchtcocktail aus dem Glas verwendet werden, diesen jedoch sehr gut abtropfen lassen.

Für 1 Springform (26 cm Ø)
Für den Teig
6 Eier
1 Prise Salz
100 g Zucker
1/2 TL gemahlene Vanille
80 g Weizenvollkornmehl
40 g Reismehl
1 TL Backpulver
Für die Füllung und den Belag
125 ml Milch
1 TL gemahlene Vanille
1 Prise Salz
2 Eier
3 EL Zucker
2 TL Reismehl
125 g Joghurt
2 EL Orangenmarmelade
300 g gemischtes Obst (z. B. Pfirsiche, Pflaumen, Bananen, Honigmelone und Aprikosen)
200 g Schlagsahne
1 EL ungesalzene Pistazien

VORBEREITUNGSZEIT 60 MINUTEN
BACKZEIT 30–35 MINUTEN

1 Den Backofen auf 180 °C (Umluft 160 °C, Gas Stufe 2–3) vorheizen. Für den Biskuitteig die Eier trennen und das Eiweiß mit 3 EL kaltem Wasser und Salz halbsteif schlagen. Zucker und gemahlene Vanille zugeben und den Eischnee schlagen, bis er steif ist und glänzt. Die Eigelbe nacheinander unterrühren.

2 Mehl und Reismehl mit dem Backpulver vermischen, über die Eiercreme sieben und mit dem Schneebesen unterziehen. Die Springform mit Backpapier auslegen. Den Teig in die Form geben und glatt streichen.

3 Den Teig im vorgeheizten Backofen 30–35 Minuten backen. Aus dem Ofen nehmen, 10 Minuten in der Form ruhen lassen. Dann den Tortenboden aus der Form lösen, auf ein Kuchengitter setzen und vollständig erkalten lassen.

4 Für die Füllung die Milch mit Vanille und Salz aufkochen. Die Eier trennen. Die Eigelbe und 2 EL Zucker in einem Topf mit den Schneebesen des Handrührgeräts schaumig schlagen. Das Reismehl untermischen. Die heiße Milch unter Rühren zur Eiercreme gießen. Den Topf auf den Herd stellen. Die Creme unter ständigem Rühren mit dem Kochlöffel erhitzen, bis sie dickflüssig ist.

5 Den Topf in eine Schüssel mit kaltem Wasser und einigen Eiswürfeln stellen. Die Creme kalt rühren. Die Eiweiße steif schlagen. Erst den Joghurt und die Orangenmarmelade, dann den Eischnee unter die Creme ziehen.

6 Den Tortenboden zweimal quer durchschneiden. Den unteren Boden auf eine Platte setzen, die Hälfte der Creme darauf verteilen und glatt streichen. Den zweiten Boden darauf setzen, restliche Creme darauf verteilen. Mit dem dritten Boden bedecken.

7 Das Obst waschen oder schälen und in kleine Stücke schneiden. Die Torte mit dem Obst belegen. Die Sahne steif schlagen, mit dem restlichen Zucker süßen und in einen Spritzbeutel füllen. Die Torte mit Sahnetupfen verzieren. Die Pistazien hacken und über die Torte streuen.

Schokobiskuit mit Beeren

Einen Biskuitboden aus Mehl, Reismehl und 2 gehäuften EL Kakaopulver backen. Die Creme wie im Hauptrezept beschrieben zubereiten, zum Schluss 50 g gehackte Zartbitterschokolade unterrühren. Die gefüllte Torte mit Erdbeeren, Himbeeren, Heidelbeeren, Brombeeren und/oder Johannisbeeren belegen, mit Sahnetupfen und geraspelter Schokolade garnieren.

Möhren-Nuss-Kuchen mit Ricotta

Wer keine Paranüsse bekommt, kann sie durch abgezogene Mandeln ersetzen. In diesem Fall die Backform vollständig ausfetten, mit Mandelblättchen ausstreuen und die Ricottacreme mit gerösteten Mandelblättchen belegen.

Für 1 Springform (20 cm Ø)
Für den Teig
200 g Möhren
300 g Weizenmehl Type 1050
1 TL Backpulver
1 TL Zimtpulver
100 g Paranüsse
50 g Rosinen
140 g brauner Zucker
1 Prise Salz
200 ml Sonnenblumenöl
4 große Eier
abgeriebene Schale und Saft von 1 Orange
Fett für die Form
Für die Creme
250 g weicher Ricotta oder Schichtkäse
60 g Puderzucker
abgeriebene Schale von 1/2 Orange
2–3 EL Orangensaft

VORBEREITUNGSZEIT 30 MINUTEN
BACKZEIT 50 MINUTEN

1 Den Backofen auf 180 °C (Umluft 160 °C, Gas Stufe 2–3) vorheizen, den Formrand fetten und den Boden der Form mit Backpapier belegen.

2 Die Möhren putzen, schälen und fein raspeln. Mehl, Backpulver und Zimtpulver in eine Schüssel sieben. Zwei Drittel der Paranüsse grob hacken und mit den Rosinen zur Mehlmischung geben. Die restlichen Paranüsse längs in dünne Scheiben hobeln oder schneiden und beiseite stellen.

3 Zucker, Salz und Öl in einer zweiten Schüssel verrühren. Zuerst die Eier, dann die Möhren, die Orangenschale und den Orangensaft unterrühren. Die Masse mit dem Schneebesen unter die Mehlmischung ziehen.

4 Den Teig in die Form füllen und glatt streichen, den Kuchen 50 Minuten im vorgeheizten Ofen backen. Bei der Garprobe darf kein Teig mehr am Stäbchen haften. Den Kuchen aus dem Ofen nehmen, 5 Minuten in der Form abkühlen lassen. Dann aus der Form lösen, das Backpapier abziehen. Den Kuchen auf ein Kuchengitter setzen und vollständig erkalten lassen.

5 Für die Creme den Ricotta mit dem Zucker, dem Orangensaft und der Orangenschale glatt verrühren. Den Kuchen auf eine Platte setzen und die Oberfläche mit der Ricottacreme besteichen. Die Ricottacreme mit den Paranussscheiben belegen. Luftdicht verpackt hält sich der Kuchen im Kühlschrank bis zu 3 Tage.

Paranuss-Ananas-Kuchen

Den Teig wie im Hauptrezept beschrieben zubereiten, anstelle der geraspelten Möhren jedoch 200 g fein gehackte, möglichst ungesüßte Ananas aus der Dose verwenden. Die Ricottacreme mit 2 EL Ananassaft aus der Dose, 1 EL Zitronensaft und 2 EL Honig statt mit Zucker, Orangensaft und abgeriebener Orangenschale verfeinern. Übrigens: Frische Ananas ist für diese Rezeptvariante nicht geeignet, weil sie Enzyme enthält, die bei Milchprodukten einen bitteren Geschmack verursachen.

Kleines
Gebäck
und
Kekse
Praktisch und

schnell

Mohnstriezel mit Birnen

Den Striezel können Sie, am besten in Stücke geschnitten, einfrieren. Fast wie frisch gebacken schmeckt er, wenn die aufgetauten Stücke 3–5 Minuten im 150 °C heißen Ofen aufgebacken werden. Dazu halbsteif geschlagene Sahne servieren.

Für 1 Striezel (12–16 Stücke)
Für den Teig
100 g Butter
375 g Mehl, mehr zum Arbeiten
4 EL Zucker
1 Prise Salz
1 Ei
150 ml Milch
42 g Hefe (1 Würfel)
Für die Füllung
150 g Mohnsamen
120 ml Milch
3 EL Zucker
2 TL Zitronensaft
1/2 TL abgeriebene Zitronenschale
1/4 TL Zimtpulver
50 g gehackte Mandeln
1 Eiweiß
3 feste, säuerliche Birnen
100 g Aprikosenkonfitüre
Puderzucker zum Bestauben, nach Belieben

Vorbereitungszeit 45 Minuten
Backzeit 35 Minuten

1 Die Butter schmelzen und abkühlen lassen. Das Mehl in eine Schüssel sieben, Zucker und Salz darüber streuen. Das Ei verquirlen und mit der Butter auf den Rand des Mehls gießen. Die Milch lauwarm erhitzen, die Hefe darin auflösen. Die Hefemilch zu den anderen Zutaten in die Schüssel geben und alles mit den Knethaken des Handrührgeräts rasch zu einem klebrigen Teig verarbeiten.

2 Den Hefeteig zugedeckt an einem warmen Ort etwa 30 Minuten gehen lassen. Für die Füllung den Mohn fein mahlen. Mit der Milch in einen Topf geben und aufkochen. Alles unter Rühren 15 Minuten bei schwacher Hitze einkochen. Die Mohnmasse vom Herd nehmen. Abkühlen lassen, dann Zucker, Zitronensaft, Zitronenschale, Zimtpulver, gehackte Mandeln und Eiweiß unterrühren.

3 Die Arbeitsfläche dünn mit Mehl bestreuen. Den Teig darauf etwa 5 Minuten mit den Händen kräftig kneten und schlagen, bis er elastisch ist und nicht mehr klebt. Dann zu einem Rechteck von 30 × 45 cm ausrollen. Dieses gleichmäßig mit der Mohnmasse bestreichen.

4 Die Birnen schälen, achteln und von den Kerngehäusen befreien. Die Achtel in der Mitte der Teigplatte als Streifen neben- und übereinander auf den Teig legen. Den Teig von den Längsseiten her jeweils bis zu den Birnen aufrollen.

5 Den Backofen auf 200 °C (Umluft 180 °C, Gas Stufe 3–4) vorheizen; ein Backblech mit Backpapier belegen. Den Mohnstriezel darauf setzen und zugedeckt 10 Minuten gehen lassen. Anschließend im vorgeheizten Ofen etwa 35 Minuten backen.

6 Die Aprikosenkonfitüre erhitzen und durch ein feines Sieb streichen. Den Mohnstriezel aus dem Ofen nehmen, sofort mit der Aprikosenkonfitüre bestreichen und nach Belieben mit Puderzucker bestauben.

Der gute Tipp

Wer keine Mohnmühle hat, kann den Mohn im Blitzhacker zerkleinern. Das braucht allerdings etwas Zeit! Frisch gemahlenen Mohn bekommt man auch beim Bäcker mit eigener Backstube.

Hörnchen mit Fruchtfüllung

Ein Blitzrezept für alle, die überraschend Besuch bekommen. Im Inneren des Blätterteiggebäcks verbirgt sich eine saftige Füllung aus Nüssen und getrockneten Früchten.

Für 1 Backblech (16 Stück)
1 Paket TK-Blätterteig
125 g Sultaninen
1 kleines Glas Marsala
100 g gehackte Haselnüsse
4 getrocknete Feigen
4 Dörrpflaumen
4 getrocknete Aprikosen
30 g Zitronat
30 g Orangeat
50 g Schokotropfen
1 Päckchen Vanillezucker
1 EL gemahlene Mandeln
4 EL weiche Butter
1 Ei
1 Prise Salz
1 Eigelb
1 EL Milch

VORBEREITUNGSZEIT 20 MINUTEN
BACKZEIT 25–30 MINUTEN

1 Den Blätterteig auftauen lassen. Die Sultaninen im Marsala 10 Minuten einweichen. Die Nüsse in einer Pfanne ohne Fett leicht rösten. Abkühlen lassen und grob hacken. Den Backofen auf 200 °C (Umluft 180 °C, Gas Stufe 3–4) vorheizen; das Backblech mit Backpapier auslegen.

2 Feigen, Dörrpflaumen und Aprikosen in kleine Stücke schneiden. Zitronat und Orangeat fein hacken. Das Dörrobst mit Orangeat, Zitronat, Sultaninen und Nüssen mischen. Schokotropfen, Vanillezucker, Mandeln und Butter zugeben und unterrühren.

3 Das Ei trennen. Das Eigelb unter die Fruchtmasse mischen. Dann das Eiweiß mit dem Salz steif schlagen und vorsichtig unter die Fruchtmischung ziehen.

4 Den Blätterteig 2–3 mm dick ausrollen und in 16 Dreiecke schneiden. An der breiten Seite jedes Dreiecks 2 TL Fruchtmasse in die Mitte setzen. Zur gegenüberliegenden Spitze hin aufrollen. Die Rollen zu Hörnchen formen und auf das Backblech legen. Eigelb und Milch verrühren, die Hörnchen damit bestreichen. 25–30 Minuten backen. Warm servieren.

Plunderstücke

Fast so einfach wie mit Blätterteig aus der Tiefkühltruhe lassen sich Gebäckstücke aus Quark-Blätterteig zubereiten. Mit Früchten aus der Dose oder dem Glas gelingen sie noch schneller.

Für 1 Backblech (12 Stück)
Für den Teig
250 g Magerquark
250 g Mehl, mehr zum Arbeiten
250 g weiche Butter
2–3 EL Zucker, 1 Prise Salz
Für die Füllung
2 Pfirsiche
100 g Sauerkirschen
100 g Marzipanrohmasse
2 EL Zitronensaft
1 Eigelb, 1 EL Schlagsahne

Vorbereitungszeit 30 Minuten
Backzeit 20 Minuten

1 Den Quark abtropfen lassen. Mit Mehl, Butter, Zucker und Salz in eine Schüssel geben und zu einem glatten Teig verkneten. Den Teig 30 Minuten kühlen.

2 Den Teig auf der bemehlten Arbeitsfläche zu einem Rechteck von etwa 40 × 55 cm ausrollen. Die Teigplatte in 12 Quadrate mit einer Kantenlänge von 13 cm schneiden. Aus dem Teigrest 12 kleine Kreise stechen.

3 Die Pfirsiche mit kochend heißem Wasser überbrühen. Dann häuten, halbieren und die Steine entfernen. Das Fruchtfleisch in kleine Scheiben oder Stücke schneiden.

4 Den Backofen auf 200 °C (Umluft 180 °C, Gas Stufe 3–4) vorheizen. Kirschen waschen, entstielen und entsteinen. Marzipan in 12 dünne Scheiben schneiden und jedes Teigquadrat mit 1 Scheibe belegen. Früchte darauf verteilen, mit Zitronensaft beträufeln.

5 Die 4 Ecken jedes Teigstücks zur Mitte hin über die Füllung schlagen. Jeweils 1 Teigkreis darauf setzen. Eigelb und Sahne verrühren. Die Plunderstücke damit bepinseln und auf ein Backblech setzen. Im vorgeheizten Ofen 20 Minuten backen.

Fillotörtchen mit Pfirsichen

Diese fruchtigen Törtchen sind ganz unkompliziert und schnell zubereitet und kommen mit wenig Fett und Zucker aus. Unter ihrem saftigen Obstbelag verbergen sich jeweils mehrere Lagen Filloteig, den es fertig beim griechischen Lebensmittelhändler gibt.

Für 1 Backblech (4 Stücke)
10 Lagen frischer oder TK-Filloteig
30 g Butter
2 TL gemahlene Mandeln
4 vollreife Pfirsiche (ca. 400 g)
2 TL Zitronensaft
150 g Brombeeren
2 TL Zucker
1/2 TL gemahlene Vanille
Schlagsahne oder Sahnequark zum Servieren

Vorbereitungszeit 15 Minuten
Backzeit 15 Minuten

1 Den Backofen auf 200 °C (Umluft 180 °C, Gas Stufe 3–4) vorheizen. Das Backblech mit Backpapier belegen. Den TK-Filloteig auftauen lassen. Die Butter schmelzen, dann etwas abkühlen lassen.

2 1 Lage Filloteig vorsichtig auf die Arbeitsfläche legen. Sehr dünn, aber gleichmäßig mit etwas Butter bestreichen. Eine zweite Lage Filloteig darauf legen, diese ebenfalls mit etwas Butter bestreichen. Dann 3 weitere Teiglagen nacheinander darauf legen und mit Butter bestreichen. Die letzte (also fünfte) Lage ebenfalls dünn mit Butter versehen.

3 Auf der obersten Teiglage 2 Kreise mit je 13 cm Ø markieren (beispielsweise mit einer umgedrehten kleinen Schüssel oder einem umgedrehten Glas). Mit einem scharfen Messer oder einer Küchenschere die beiden Kreise durch alle Lagen ausschneiden. Die restlichen 5 Filloteiglagen genauso vorbereiten wie die ersten 5. Ebenfalls 2 Törtchen ausschneiden. Alle 4 Törtchen mit je ½ TL gemahlenen Mandeln bestreuen.

4 Die Pfirsiche waschen und halbieren, die Steine entfernen. Die Pfirsiche in dünne Spalten schneiden und mit Zitronensaft beträufeln. Die Brombeeren waschen, verlesen und trockentupfen. Die Teigkreise mit Pfirsichspalten und Brombeeren belegen. Zucker und Vanillepulver mischen und über die Törtchen streuen.

5 Die Fillotörtchen etwa 15 Minuten backen, bis der Teig goldbraun und der Zucker leicht karamellisiert ist. Aus dem Ofen nehmen und auf Servierteller setzen. Die Pfirsichtörtchen warm oder lauwarm mit etwas steif geschlagener Sahne oder cremig gerührtem Sahnequark servieren. Köstlich schmeckt auch Crème fraîche oder eine Kugel Vanilleeis dazu.

Fillotörtchen mit Birnen

Die Filloteigböden wie im Hauptrezept beschrieben schichten und ausstechen, jedoch nicht mit Mandeln bestreuen. 2 feste Birnen schälen. Die Birnen mit 150 ml rotem Portwein, ½ Zimtstange und 1 Gewürznelke in einen Topf geben. 1 Orange waschen, von einer Hälfte die Schale in breiten Streifen dünn abschneiden und diese zu den Birnen geben. Alles aufkochen, zugedeckt in 5–10 Minuten weich dünsten. Die Birnen aus dem Sud nehmen. Abkühlen lassen, dann halbieren und entkernen. Die Birnenhälften längs dünn ein-, aber nicht durchschneiden. Die Teigkreise mit je 1 EL Preiselbeerkompott bestreichen, die Birnenhälften fächerförmig darauf legen und mit je 1 TL Zucker bestreuen. Die Törtchen 15 Minuten im vorgeheizten Ofen backen. Heiß mit Apfel- oder Quittengelee bestreichen und servieren.

Der gute Tipp

Die hauchdünnen Filloteiglagen reißen leicht ein, besonders bei TK-Teig. Brüchige Teiglagen übereinander legen und kurz mit einem leicht feuchten Tuch bedeckt ruhen lassen.

Fillosäckchen mit Fruchtfüllung

In Weinbrand eingelegte Pflaumen, Feigen, Datteln und Aprikosen verstecken sich in diesen knusprigen Säckchen. Wenn Kinder mitessen, Weinbrand durch Saft oder Tee ersetzen.

Für 1 Backblech (12 Stück)
45 g Butter
6 Lagen frischer oder TK-Filloteig
Für die Füllung
150 g gemischte ungeschwefelte Trockenfrüchte
4 EL Weinbrand oder Calvados
1 Apfel (z. B. Boskoop)
30 g in Sirup eingelegte Ingwerstücke
30 g gehackte Walnusskerne
1 TL fein abgeriebene Zitronenschale
1 EL Puderzucker zum Bestauben

Vorbereitungszeit 30 Minuten
plus 1 Stunde Einweichzeit
Backzeit 15 Minuten

1 Für die Füllung das Trockenobst hacken und in einer Schüssel mit Weinbrand oder Calvados vermischen. Zugedeckt 1 Stunde einweichen lassen. Backofen auf 200 °C (Umluft 180 °C, Gas Stufe 3–4) vorheizen; das Backblech mit Backpapier belegen.

2 Den Apfel schälen, halbieren, entkernen und grob raspeln. Die Ingwerstücke klein hacken. Mit dem Apfel, den Walnüssen und der Zitronenschale unter die eingeweichten Früchte mischen. Kurz durchziehen lassen.

3 Die Butter schmelzen. Die Filloteiglagen übereinander auf die Arbeitsfläche legen. In 6 Quadrate schneiden: So entstehen 36 Teigquadrate. Jedes Quadrat dünn mit Butter bepinseln und immer 3 Quadrate übereinander schichten.

4 In die Mitte jeder Teigschicht 1 EL der Füllung setzen. Die Teigecken über der Füllung zusammennehmen und den Teig knapp über der Füllung leicht zusammendrehen.

5 Die Säckchen auf das Blech setzen und dünn mit Butter bestreichen. Im vorgeheizten Ofen 12–15 Minuten backen, bis sie goldbraun sind. Aus dem Ofen nehmen und mit Puderzucker bestreuen. Warm mit Vanillesauce oder steif geschlagener Sahne servieren.

Fillokörbchen mit Früchten

Pfirsiche, Aprikosen, Erdbeeren, Kirschen und andere, nicht zu saure Obstsorten eignen sich ebenfalls zum Füllen der knusprigen Teigkörbchen.

Für 1 Muffinblech (6 Stück)
30 g Butter
3 Lagen frischer oder TK-Filloteig
Für die Füllung
1 große Mango
2 EL Ricotta
1 Papaya
1 Babyananas
1 Granatapfel
Schalenstreifen von 1 Limette

VORBEREITUNGSZEIT 30 MINUTEN
BACKZEIT 6 MINUTEN

1 Den Backofen auf 190 °C (Umluft 170 °C, Gas Stufe 3) vorheizen. Die Butter schmelzen und 6 Mulden des Muffinblechs mit einem Teil der Butter dünn fetten.

2 Die Filltoteiglagen übereinander auf die Arbeitsfläche legen und in 24 Quadrate von je 12,5 cm Kantenlänge schneiden. Jede Muffinmulde mit einem Teigquadrat auslegen, dieses sehr dünn mit Butter bestreichen. Darauf eine zweites Quadrat so legen, dass die Ecken versetzt sind. Mit Butter bestreichen. So fortfahren, bis in jeder Mulde 4 Teigquadrate übereinander liegen. Teigkörbchen etwa 6 Minuten backen. Abkühlen lassen.

3 Mango schälen. Das Fruchtfleisch in Würfeln vom Stein schneiden und mit dem Ricotta pürieren. Papaya und Babyananas schälen. Kerne aus der Papaya entfernen. Papaya und Ananas in Stückchen schneiden. Den Granatapfel aufbrechen, die Kerne herauslösen.

4 Die Mangocreme in die Filloteigkörbchen füllen und mit dem übrigen Obst belegen. Mit Limettenschalenstreifen garnieren, sofort servieren.

Beerentörtchen mit Baiserhaube

Praktisch zum Backen der Torteletttböden sind beschichtete Förmchen mit herausnehmbaren Böden, die im Fachhandel angeboten werden. Die gebackenen Tortenböden lassen sich gut einfrieren und nach Bedarf auftauen.

Für 6 Torteletttförmchen
Für den Teig
90 g Mehl, mehr zum Arbeiten
30 g gemahlene Mandeln
60 g Butter
30 g Puderzucker
3 Tropfen Bittermandelaroma
1 Prise Salz
1 Eigelb
Fett für die Förmchen
Für die Füllung
200 g rote Johannisbeeren
200 g schwarze Johannisbeeren
2 EL Zucker
125 g Erdbeeren
1 EL schwarzes Johannisbeergelee
Für die Baiserhauben
2 Eiweiß
1 Prise Salz
60 g Zucker

Vorbereitungszeit 40 Minuten
plus 30 Minuten Kühlzeit
Backzeit 25 Minuten

1 Den Backofen auf 190 °C (Umluft 170 °C, Gas Stufe 3) vorheizen. Die Förmchen dünn ausfetten; ein Backblech mit Backpapier belegen.

2 Für den Teig das Mehl und die gemahlenen Mandeln in eine Schüssel geben. Die Butter in Stückchen zufügen und die Mischung mit den Fingern zu Streuseln verreiben. Puderzucker, Bittermandelaroma, Salz, Eigelb und 1 EL Wasser zugeben und alles rasch zu einem glatten Teig verkneten. Den Teig zu einer Kugel formen, in Folie wickeln und etwa 30 Minuten kühl stellen.

3 Für die Füllung die Johannisbeeren waschen; die Beeren von den Stiechen streifen und mit dem Zucker in einen Topf geben. Bei schwacher Hitze 5 Minuten dünsten, bis die Beeren weich, aber nicht aufgeplatzt sind. Den Topf vom Herd nehmen. Die Erdbeeren waschen, trockentupfen, putzen und hacken. Mit dem Johannisbeergelee unter die Johannisbeermischung im Topf rühren. Alles abkühlen lassen.

4 Die Arbeitsfläche mit etwas Mehl bestreuen. Den Teig darauf dünn ausrollen. 6 Kreise in Größe der Förmchen ausstechen und die Förmchen damit auskleiden. Die Teigböden mit einer Gabel mehrmals einstechen und die Torteletts in etwa 12 Minuten goldbraun backen. Aus dem Ofen nehmen, abkühlen lassen. Die Backofentemperatur auf 160 °C (Umluft 140 °C, Gas Stufe 1–2) reduzieren.

5 Für die Baiserhauben die Eiweiße mit dem Salz halbsteif schlagen. Nach und nach Zucker zugeben und so lange weiterschlagen, bis die Masse sehr steif ist und glänzt. Die Torteletts vorsichtig aus den Förmchen nehmen und auf ein Backblech setzen. Die vorbereiteten Beeren abtropfen lassen und in die Torteletts füllen.

6 Die Baisermasse auf den Törtchen verteilen. Die Törtchen 10–15 Minuten backen, bis sie oben leicht bräunen. Aus dem Ofen nehmen und warm oder kalt servieren.

Der gute Tipp

Statt frischer Johannisbeeren kann man außerhalb der Saison TK-Himbeeren oder TK-Heidelbeeren, aber auch Pfirsich- oder Zwetschgenstückchen für die Törtchen verwenden. Den Saft der gedünsteten Beeren (Schritt 5) auffangen: Er schmeckt köstlich in Joghurt oder Müsli.

Zwetschgenküchlein

Für Aprikosenküchlein den Teig in 12 Rechtecke (je 12 × 8 cm) schneiden und in jedes Teigstück eine entsteinte, mit einem Zuckerstück gefüllte Aprikose wickeln.

Für 20 Stück
250 g Mehl, mehr zum Arbeiten
40 g Zucker, 1 Prise Salz
1 TL abgeriebene Zitronenschale
1 kleines Ei, 40 g zerlassene Butter
21 g Hefe (1/2 Würfel)
250 ml lauwarme Milch
20 Zwetschgen
20 Stücke Würfelzucker
Fett zum Ausbacken
1/2 TL Zimtpulver, 50 g Zucker

VORBEREITUNGSZEIT 25 MINUTEN
PLUS 45 MINUTEN RUHEZEIT
AUSBACKZEIT 10 MINUTEN

1 Das Mehl in eine Schüssel sieben. Eine Mulde in die Mitte drücken; Zucker, Salz und Zitronenschale hineingeben. Das Ei verquirlen und mit der Butter auf dem Rand des Mehls verteilen. Die Hefe in der lauwarmen Milch verrühren und auflösen.

2 Die Hefemilch zur Mehlmischung geben. Alles mit den Knethaken des Handrührgeräts zu einem klebrigen Teig verkneten. Zugedeckt an einem warmen Ort 30 Minuten gehen lassen.

3 De Zwetschgen waschen, längs aufschneiden und entsteinen. In jede Frucht 1 Zuckerstück stecken.

4 Den Teig auf einer bemehlten Arbeitsfläche 5 Minuten kräftig kneten. Weitere 15 Minuten gehen lassen. Den Teig dünn ausrollen und in 20 etwa 8 × 4 cm große Rechtecke schneiden. Auf jedes Teigstück 1 Zwetschge legen, diese mit Teig umhüllen.

5 Reichlich Fett in einem großen Topf erhitzen. Sobald sich Bläschen an einem hineingehaltenen Holzkochlöffelstiel bilden, ist das Fett heiß genug. Die Küchlein im Fett goldbraun backen. Herausnehmen, auf Küchenpapier entfetten. Mit Zimt-Zucker bestreuen und warm servieren.

Schneeballen

Reichen Sie die Schneeballen nicht nur zum Kaffee, sondern auch mal mit Obstsalat und Quarkcreme als Dessert nach einem leichten Hauptgericht.

Für 16 Stück
400 g Mehl, mehr zum Arbeiten
1 Prise Salz
3 EL Zucker
1 Päckchen Vanillezucker
3 Eier
50 g Butter
3 EL Crème fraîche
2 EL Rum
Fett zum Ausbacken
Puderzucker zum Bestauben

VORBEREITUNGSZEIT 30 MINUTEN
PLUS 40 MINUTEN KÜHLZEIT
AUSBACKZEIT 10 MINUTEN

1 Das Mehl mit dem Salz, dem Zucker, dem Vanillezucker, den Eiern sowie Butter, Crème fraîche und Rum zu einem glatten Teig verkneten. Daraus 4 Kugeln formen. Diese flach drücken, in Folie wickeln und 40 Minuten kühl stellen.

2 Die Arbeitsfläche dünn mit Mehl bestreuen. Jede Teigkugel darauf etwa 6 mm dick ausrollen. Aus jeder Teigplatte 4 Kreise mit etwa 12 cm Ø oder ähnlich große Ovale ausstechen.

3 Jedes Teigstück im Abstand von 1 cm mit einem Teigrädchen etwa sieben Mal parallel einschneiden. Dabei rundum einen Rand von mindestens 1 cm lassen. Einen Kochlöffelstiel so durch die Einschnitte stecken, dass ein Webmuster entsteht (siehe Foto). Dann den Kochlöffel vorsichtig so herausziehen, dass das Webmuster nicht zusammenfällt.

4 Das Fett in der Fritteuse oder in einem großen Topf auf 180 °C erhitzen, bis an einem hineingehaltenen Holzkochlöffelstiel Bläschen aufsteigen. Die Schneeballen portionsweise unter häufigem Wenden etwa 3 Minuten im heißen Fett goldbraun ausbacken. Auf Küchenpapier entfetten. Mit Puderzucker bestauben und sofort servieren.

Vollkornmuffins mit Johannisbeeren

Am besten schmecken diese Muffins frisch aus dem Ofen, wenn sie noch lauwarm sind. Bleibt dennoch etwas übrig: Kalt sind die kleinen Kuchen ein wunderbares Frühstücksgebäck. Luftdicht in einer Dose aufbewahrt, halten sie sich 3–4 Tage.

Für 1 Muffinblech (9 Stück)
120 g Weizenvollkornmehl
80 g Mehl
2 TL Backpulver
1 Prise Salz
150 g schwarze Johannisbeeren
60 g Butter
60 g brauner Zucker
1 Ei
200 ml Milch
Papierförmchen

VORBEREITUNGSZEIT 15 MINUTEN
BACKZEIT 18–20 MINUTEN

1 Den Backofen auf 200 °C (Umluft 180 °C, Gas Stufe 3–4) vorheizen. Die Papierförmchen in die Mulden des Muffinblechs setzen.

2 Beide Mehlsorten in eine Schüssel sieben, mit dem Backpulver und dem Salz vermischen. Im Sieb verbliebene Kleiereste vom Vollkornmehl ebenfalls untermischen. Die Beeren waschen, trockentupfen, mit einer Gabel von den Stielen streifen und locker unter die Mehlmischung mischen.

3 Die Butter schmelzen, abkühlen lassen. Mit dem Zucker, dem Ei und der Milch in einer Schüssel gut verrühren. Diese flüssigen Zutaten zur Mehlmischung gießen, nur kurz unterrühren, bis alle Zutaten gerade miteinander vermischt sind.

4 Den Teig mit zwei Teelöffeln jeweils zwei Drittel hoch in die Papierförmchen füllen. Die Muffins 18–20 Minuten im vorgeheizten Ofen backen, bis sie oben aufgerissen und schön braun sind. Das Muffinblech aus dem Ofen nehmen und auf ein Kuchengitter setzen. Die Muffins kurz abkühlen lassen, dann aus den Mulden nehmen und sofort servieren.

Cranberry-Schoko-Muffins

Den Teig wie im Hauptrezept beschrieben zubereiten, jedoch anstelle der schwarzen Johannisbeeren 50 g grob gehackte Zartbitterschokolade und 70 g getrocknete Cranberries unter das Mehl mischen. Die Böden der Papierförmchen mit kernigen Haferflocken ausstreuen. Die ungebackenen Muffins mit je ¼ TL braunem Zucker bestreuen und wie im Hauptrezept beschrieben backen.

Der gute Tipp

Statt der Vollkornmehl-Weißmehl-Mischung können Sie auch Weizenmehl Type 1050 verwenden.

Schokoladenmuffins

Verwenden Sie dunkle Schokolade mit mindestens 60 % Kakaoanteil. Wer mag, kann die gebackenen Muffins vor dem Servieren mit weißer Kuvertüre überziehen und mit Schokostreuseln bestreuen.

Für 1 Muffinblech (12 Stück)
100 g Zartbitterschokolade
120 g Butter, 100 g Zucker
1 Päckchen Vanillezucker, 2 Eier
175 g Crème fraîche
3 EL Cognac oder Weinbrand
1/4 TL Zimtpulver
1 Messerspitze Kardamompulver
200 g Mehl, 1 TL Backpulver
3 EL Kakaopulver, 1 Prise Salz
Papierförmchen

VORBEREITUNGSZEIT 25 MINUTEN
BACKZEIT 20–25 MINUTEN

1 Den Backofen auf 180 °C (Umluft 160 °C, Gas Stufe 2–3) vorheizen. Die Papierförmchen in die Mulden des Muffinblechs setzen. Schokolade und Butter zusammen auf dem heißen Wasserbad schmelzen. Abkühlen lassen. Beides mit dem Zucker und dem Vanillezucker so lange schlagen, bis eine cremige Masse entstanden ist. Eier, Crème fraîche, Cognac oder Weinbrand und Gewürze unterrühren.

2 In einer Schüssel das Mehl mit dem Backpulver, dem Kakao und dem Salz mischen. Die Schokoladen-Eier-Creme unter die Mehlmischung rühren, bis alles gerade vermengt, jedoch nicht glatt verrührt ist.

3 Den Teig mit zwei Teelöffeln etwa zwei Drittel hoch in die Papierförmchen füllen. Die Schokoladenmuffins 20–25 Minuten im vorgeheizten Ofen backen. Die Bleche herausnehmen und auf ein Kuchengitter setzen. Die Muffins in den Blechen etwas abkühlen lassen, dann aus den Mulden nehmen und servieren.

Schokomuffins mit Kirschen

Den Teig wie im Hauptrezept beschrieben zubereiten, jedoch statt Cognac oder Weinbrand 4 EL Kirschwasser hineingeben. 250 g Sauerkirschen waschen, trockentupfen, entstielen und entsteinen. Den Schokoladenteig in die Papierförmchen füllen. Die Kirschen auf den Teig verteilen und leicht eindrücken. Die Schokomuffins mit 50 g gehackten Mandeln bestreuen und wie im Hauptrezept beschrieben backen.

Der gute Tipp

Damit Muffins schön locker werden, den Teig nicht zu kräftig rühren. Deshalb sollten Sie die flüssigen und trockenen Teigzutaten mit einem Holzkochlöffel (und nicht mit den Schneebesen des elektrischen Handrührgeräts) nicht zu lange verrühren. Die Zutaten sollten gerade miteinander vermischt sein.

Aprikosenmuffins

Auch lecker: zusätzlich noch 100 g klein gewürfelte getrocknete Aprikosen unter den Teig ziehen. Dafür etwas weniger Zucker nehmen.

Für 1 Muffinblech (12 Stück)
125 g weiche Butter, 125 g Zucker
1 Päckchen Vanillezucker
1 Prise Salz, 2 Eier
150 g Weizenmehl Type 1050
1 TL Backpulver
2 TL fein abgeriebene Orangenschale
200 g weicher Ricotta, 40 g Puderzucker
1 EL Orangenblütenwasser
30 g weiche getrocknete Aprikosen
Papierförmchen

Vorbereitungszeit 20 Minuten
Backzeit 20–25 Minuten

1 Den Backofen auf 180 °C (Umluft 160 °C, Gas Stufe 2–3) vorheizen. Die Papierförmchen in die Mulden des Muffinblechs setzen.

2 Butter, Zucker, Vanillezucker und Salz mit den Schneebesen des Handrührgeräts weißschaumig schlagen. Die Eier nach und nach zugeben und unterrühren. Mehl und Backpulver mischen, über die Butter-Eier-Masse sieben. Orangenschale zugeben und alles mit einem Holzkochlöffel unterrühren.

3 Mit zwei Teelöffeln den Teig zwei Drittel hoch in die Papierförmchen füllen. Die Muffins 20–25 Minuten backen, bis sie oben goldbraun sind. Das Blech auf ein Kuchengitter setzen und kurz abkühlen lassen. Die Muffins aus den Mulden nehmen, dann ganz abkühlen lassen.

4 Für die Cremetupfen den Ricotta mit dem Puderzucker und dem Orangenblütenwasser verrühren. Die getrockneten Aprikosen in dünne Streifen schneiden.

5 Kurz vor dem Servieren die Muffins auf eine Platte setzen. Jedes Muffin mit etwas Ricottacreme bestreichen und mit Aprikosenstreifen garnieren. Sofort servieren.

Heidelbeermuffins

Nach diesem klassischen Rezept lassen sich auch Muffins mit frischen Preiselbeeren, roten Johannisbeeren, Himbeeren oder Brombeeren herstellen.

Für 2 Muffinbleche (24 Stück)
400 g Heidelbeeren
120 g Butter, 3 Eier
150 g brauner Zucker
1 Prise Salz
1 TL gemahlene Vanille
150 g saure Sahne
350 g Weizenmehl Type 1050
1 Päckchen Backpulver
Puderzucker zum Bestauben
Papierförmchen

VORBEREITUNGSZEIT 25 MINUTEN
BACKZEIT 20 MINUTEN PRO BLECH

1 Den Backofen auf 180 °C (Umluft 160 °C, Gas Stufe 2–3) vorheizen. Die Papierförmchen in die Mulden der Muffinbleche setzen.

2 Heidelbeeren verlesen, waschen und auf Küchenpapier trocknen lassen. Die Butter schmelzen, dann abkühlen lassen.

3 Die Butter mit den Eiern, dem Zucker, dem Salz, der Vanille und der sauren Sahne verrühren. Mehl und Backpulver in eine große Schüssel sieben. Die feuchten Zutaten dazugeben und unterrühren, bis alles gerade vermischt ist. Die Heidelbeeren unter den Teig ziehen.

4 Den Muffinteig mit zwei Teelöffeln zwei Drittel hoch in die Papierförmchen füllen. Im vorgeheizten Ofen in etwa 20 Minuten goldbraun backen. Die Muffins im Blech abkühlen lassen und vor dem Servieren mit Puderzucker bestauben.

Der gute Tipp

Wer die Muffins ohne Papierförmchen backen möchte, sollte die Mulden der Muffinbleche sehr sorgfältig ausfetten und mit Mehl oder Semmelbröseln ausstreuen.

Marzipan-Orangen-Muffins

Ist die Marzipanrohmasse nicht mehr ganz frisch, sollten Sie sie zuerst mit einer Gabel fein zerkleinern. Dann erst Butter und Eier nach und nach darunter kneten, bis alles schön cremig ist.

Für 2 Muffinbleche (24 Stück)
175 g Marzipanrohmasse
2 Eier, 75 g Butter
200 ml Buttermilch
75 g Zucker, 1 Prise Salz
2 TL abgeriebene Orangenschale
2 EL Amaretto
200 g Mehl
1 TL Backpulver
Mandelblättchen zum Bestreuen
1 große Orange
Papierförmchen

VORBEREITUNGSZEIT 30 MINUTEN
BACKZEIT 20 MINUTEN PRO BLECH

1 Den Backofen auf 180 °C (Umluft 160 °C, Gas Stufe 2–3) vorheizen. Die Papierförmchen in die Mulden der Muffinbleche setzen.

2 Die Marzipanrohmasse in Würfel schneiden und mit den Eiern und der Butter glatt verrühren. Nach und nach Buttermilch, Zucker, Salz, Orangenschale und Amaretto unterrühren, bis eine schaumige Masse entsteht.

3 Das Mehl mit Backpulver in eine große Schüssel sieben. Die Marzipan-Eier-Mischung dazugeben und gerade so untermischen, dass alles angefeuchtet, jedoch nicht glatt verrührt ist.

4 Die Orange so dick schälen, dass die weiße Haut dabei mitentfernt wird. Die Orangenfilets aus den Segmenten lösen und halbieren.

5 Je 1 TL Teig in die Papierförmchen füllen, eine Orangenfilethälfte darauf legen. Dann so viel Teig hineingeben, bis die Förmchen zwei Drittel hoch gefüllt sind. Mit den Mandelblättchen bestreuen.

6 Die Muffins im vorgeheizten Ofen in etwa 20 Minuten goldbraun backen. In den Blechen auf einem Kuchengitter abkühlen lassen.

Schoko-Apfel-Muffins

Den Teig wie im Hauptrezept beschrieben zubereiten, jedoch statt Orangenschale und Likör ½ TL Zimtpulver, 2 EL Nussnougatcreme und ½ EL Kakaopulver unterrühren. 2 säuerliche Äpfel schälen, halbieren, entkernen und in kleine Würfel schneiden. Apfelwürfel unter den Teig ziehen. Die Muffins wie beschrieben backen und abkühlen lassen.

Versunkene Kirschtörtchen

Auch außerhalb der Kirschsaison sollten Sie diese Törtchen backen. Legen Sie sich dafür einen Tiefkühl-Vorrat an entstielten und entsteinten Kirschen an. Frische Kirschen zuerst auf einem Tablett ausgebreitet einfrieren, dann in Beutel füllen und im Tiefkühlgerät lagern.

Für 2 Muffinbleche (24 Stück)
500 g Süß- oder Sauerkirschen
200 g Butter
150 g Zucker
1 Prise Salz
1 Päckchen Vanillezucker
1 TL abgeriebene Zitronenschale
1 EL Kirschwasser
4 Eier
270 g Weizenmehl Type 1050
1 TL Backpulver
Papierförmchen

VORBEREITUNGSZEIT 35 MINUTEN
BACKZEIT 20–25 MINUTEN PRO BLECH

1 Die Kirschen waschen, entstielen und entsteinen. In ein Sieb geben und abtropfen lassen. Den Backofen auf 180 °C (Umluft 160 °C, Gas Stufe 2–3) vorheizen. Die Papierförmchen in die Mulden der Muffinbleche setzen.

2 Die Butter, den Zucker, das Salz, den Vanillezucker, die abgeriebene Zitronenschale und das Kirschwasser mit den Schneebesen des elektrischen Handrührgeräts zu einer weißschaumigen Creme schlagen.

3 Nach und nach die Eier unterrühren. 250 g Mehl mit dem Backpulver mischen, über den Teig sieben und unterrühren. Das restliche Mehl in einen tiefen Teller geben und die gut abgetropften Kirschen darin wenden.

4 Die Kirschen auf den Teig geben und vorsichtig unterheben. Mit zwei Teelöffeln in jedes Förmchen etwa zwei Drittel hoch Teig füllen.

5 Die Törtchen im vorgeheizten Ofen in 20–25 Minuten goldbraun backen. Die Bleche auf ein Kuchengitter setzen und die Törtchen darin abkühlen lassen. Frisch servieren und nach Belieben halbsteif geschlagene Sahne dazu reichen.

Kirsch-Schoko-Törtchen

150 g Butter und 70 g Zartbitterschokolade (70 % Kakaoanteil) auf einem heißen Wasserbad schmelzen. Abkühlen lassen. Die Butter-Schokoladen-Mischung mit 100 g Zucker, 1 Prise Salz, 1 Päckchen Vanillezucker und 50 ml Rotwein schaumig rühren. Eier und Mehl sowie 1 EL Kakaopulver unter den Teig mischen, die Kirschen darunter heben. Den Teig wie im Hauptrezept beschrieben in die Förmchen füllen und backen. Die abgekühlten Kirsch-Schoko-Törtchen mit dünnen Fäden weißer Schokolade überziehen.

Der gute Tipp

Wer keine frischen Kirschen bekommt, kann welche aus dem Glas nehmen. Diese jedoch sehr gut abtropfen lassen, möglichst auch leicht ausdrücken. Den Saft für eine Saftschorle oder in einer Quarkspeise verwenden.

Eberswalder Spritzkuchen

Frisch gebacken sind sie einfach unwiderstehlich! Richtig schön süß wird das eher salzige Brandteiggebäck durch die üppige Puderzucker-Rum-Glasur.

Für 18 Stück
4 EL Öl
1 TL Zucker
1 Prise Salz
240 g Mehl
6 Eier
1 TL Backpulver
Fett zum Ausbacken
Butterbrotpapier
Für die Glasur
200 g Puderzucker
3–4 EL weißer Rum

VORBEREITUNGSZEIT 30 MINUTEN
AUSBACKZEIT 20 MINUTEN

1 In einem Topf 225 ml Wasser mit dem Öl, dem Zucker und dem Salz aufkochen. Das Mehl auf einmal in die kochende Flüssigkeit schütten. So lange rühren, bis sich der Teig als Kloß vom Topfboden löst und sich dabei ein weißer Film am Topfboden bildet. Den Topf vom Herd nehmen, den Teig 3 Minuten abkühlen lassen.

2 Die Eier mit den Schneebesen des Handrührgeräts nach und nach unter den Teig schlagen. So lange rühren, bis ein glatter Teig entstanden ist. Erkalten lassen, dann das Backpulver unter den Teig rühren.

3 Das Fett auf 180 °C erhitzen. Das Butterbrotpapier in 6 Streifen (je 15 cm breit) schneiden, mit Öl bestreichen. Den Teig in einen Spritzbeutel mit sehr großer Sterntülle füllen, 3 Kringel auf jeden Streifen spritzen. Papierstreifen ins heiße Fett tauchen, die Kringel hineingleiten lassen. Das Gebäck in etwa 20 Minuten goldgelb backen. Auf Küchenpapier entfetten.

4 Für die Glasur den Puderzucker mit dem Rum verrühren. Das warme Gebäck zur Hälfte hineintauchen, mit der Glasur nach oben auf ein Kuchengitter setzen und trocknen lassen.

Berliner Pfannkuchen

Klassisch werden die Berliner oder Krapfen mit Aprikosenkonfitüre gefüllt. Manch einer bevorzugt sie jedoch mit einer Füllung aus Vanille- oder Schokoladenpudding.

Für 12 Stück
500 g Mehl, mehr zum Arbeiten
125 ml Milch, evtl. mehr
60 g Zucker, 40 g Hefe
7–8 EL Öl
1 Eigelb
1 Prise Salz
1 TL abgeriebene Zitronenschale
200 g Konfitüre (z. B. Aprikose, Erdbeer oder Kirsch)
Fett zum Ausbacken
Zucker oder Puderzucker zum Bestreuen

VORBEREITUNGSZEIT 30 MINUTEN PLUS 1 STUNDE RUHEZEIT
AUSBACKZEIT 20 MINUTEN

1 Das Mehl in eine Schüssel geben und eine Mulde in die Mitte drücken. 50 ml Milch mit dem Zucker lauwarm erhitzen und die Hefe darin auflösen. Die Hefe-Milch in die Mulde gießen und mit etwas Mehl bestreuen. Zugedeckt gehen lassen, bis das darüber gestreute Mehl Risse bildet.

2 Die restliche Milch, Öl, das Eigelb, das Salz und die Zitronenschale zum Vorteig geben und alles mit den Knethaken des Handrührgeräts verkneten. Den Teig zugedeckt 30 Minuten gehen lassen. Dann den Teig etwa 5 Minuten kräftig kneten und schlagen.

3 Den Teig etwa 2,5 cm dick auf der bemehlten Arbeitsfläche ausrollen und Kreise mit etwa 8 cm Ø ausstechen. Zugedeckt 15 Minuten gehen lassen.

4 Das Fett auf 180 °C erhitzen. Die Pfannkuchen darin schwimmend ausbacken, bis sie goldbraun sind, dabei einmal wenden. Die Pfannkuchen auf Küchenpapier entfetten.

5 Die Konfitüre in einen Spritzbeutel mit glatter langer Tülle füllen und in die Pfannkuchen spritzen. Mit Zucker oder Puderzucker bestreuen und sofort servieren.

Plunderbrezeln

Weil der Teig etwas aufwändig in der Herstellung ist, lohnt es sich, gleich die doppelte Menge zuzubereiten: eine Hälfte davon einfrieren – dann sind die Brezeln das nächste Mal schnell gemacht.

Für 2 Backbleche (20 Stück)
500 g Mehl, mehr zum Arbeiten
3/8 l Milch
4 EL Zucker
30 g Hefe
220 g Butter
1 Prise Salz
1 Eigelb zum Glasieren
Hagelzucker

Vorbereitungszeit 1 1/2 Stunden plus 1 3/4 Stunden Kühl- und Ruhezeit
Backzeit 15 Minuten

1 Das Mehl in eine Schüssel geben und eine Mulde in die Mitte drücken. 50 ml Milch mit 1 TL Zucker lauwarm erhitzen, die Hefe darin auflösen.

2 Die Hefemilch in die Mulde gießen, dünn mit Mehl vom Rand bestreuen. Zugedeckt an einem warmen Ort etwa 15 Minuten gehen lassen, bis sich Risse auf der Oberfläche des Vorteigs zeigen.

3 In einem kleinen Topf 50 g Butter schmelzen. Abkühlen lassen. Mit dem restlichen Zucker, dem Salz und der restlichen Milch zum Vorteig geben. Alles mit den Knethaken des Handrührgeräts zu einem elastischen Teig verkneten, der nicht mehr am Schüsselrand klebt. Den Teig zugedeckt weitere 30 Minuten gehen lassen, dann 15 Minuten kalt stellen.

4 Die restliche Butter mit den Schneebesen des Handrührgeräts schaumig rühren. Die Arbeitsfläche dünn mit Mehl bestreuen. Den Teig darauf zu einem dünnen Rechteck ausrollen und etwa ein Fünftel der Butter darauf verstreichen. Den Teig einmal zusammenschlagen, wieder ausrollen und mit Butter bestreichen. Diesen Vorgang noch dreimal wiederholen, bis die ganze Butter verbraucht ist. Nach jedem Ausrollen und Bestreichen den Teig 20 Minuten kalt stellen.

5 Den Backofen auf 180 °C (Umluft 160 °C, Gas Stufe 2–3) vorheizen; die Backbleche mit Backpapier belegen. Den Teig in 20 Stücke teilen, diese zu dünnen, 40 cm langen Strängen rollen. Dann verdrehen und zu Brezeln formen. Das Eigelb mit 1 TL Wasser verrühren und die Plunderbrezeln damit bestreichen. Mit dem Hagelzucker bestreuen. Die Plunderbrezeln im vorgeheizten Ofen in etwa 15 Minuten hellgelb backen.

Plunderstückchen

Für Plunderstückchen den Teig wie im Hauptrezept beschrieben zubereiten. Den Teig dünn ausrollen, dann daraus Quadrate mit einer Seitenlänge von 13 cm schneiden. Jeweils etwas Konfitüre und einige Obststücke in die Mitte jedes Teigquadrats geben. Die Teigecken zur Mitte hin darüber schlagen. Die Teigtaschen mit Eigelb bestreichen und wie im Hauptrezept beschrieben backen.

Der gute Tipp

Die Brezeln am besten direkt auf dem Blech formen, so bleiben sie schön in Form. Beim Heben auf das Backblech könnten sie leicht auseinander fallen.

Brownies

Vergessen Sie bei diesem Gebäck alles, was Sie bisher über die Garprobe wissen: Diese Schokoladenwürfel sind nämlich gar, wenn sie im Inneren noch feucht und klebrig sind – wenn also noch Teig am Stäbchen haften bleibt!

Für 1 Form (18 × 18 cm)
100 g Edelbitterschokolade (70 % Kakaoanteil)
110 g Butter
125 g Zucker
100 g brauner Zucker
1 Prise Salz
1 TL gemahlene Vanille
2 Eier
1 Eigelb
120 g Mehl
3 EL dunkles Kakaopulver
Fett und Mehl für die Form

Vorbereitungszeit 15 Minuten
plus Ruhezeit über Nacht
Backzeit 30 Minuten

1 Den Backofen auf 180 °C (Umluft 160 °C, Gas Stufe 2–3) vorheizen; die Backform dünn ausfetten und mit Mehl ausstreuen.

2 Die Schokolade in Stücke brechen, die Butter in Stücke schneiden und beides in einer Schüssel auf dem heißen Wasserbad schmelzen. Beiseite stellen und abkühlen lassen.

3 Beide Zuckersorten, Salz und gemahlene Vanille in die kalte Schokoladenmischung rühren. Nach und nach die Eier und das Eigelb unterrühren. Mehl und Kakaopulver darüber sieben. Nur so lange unterrühren, bis alles gleichmäßig verteilt ist.

4 Den Teig in die Form füllen und glatt streichen. Im vorgeheizten Ofen 30 Minuten backen, bis das Gebäck aufgegangen, aber in der Mitte noch etwas weich ist. Um das festzustellen, das Gebäck am besten in der Mitte einschneiden. Haften bei der Garprobe noch einige feuchte Krümel am Stäbchen, sind die Brownies genau richtig gebacken.

5 Die Brownies 5 Minuten in der Form abkühlen lassen. Dann auf ein Kuchengitter stürzen und erkalten lassen. Das Schokoladengebäck in 16 Stücke schneiden und in Folie wickeln. So bis zum nächsten Tag durchziehen lassen, dann servieren.

Blondies

100 g Butter mit 200 g braunem Zucker unter Rühren auf dem heißen Wasserbad schmelzen, bis der Zucker aufgelöst ist. 10 Minuten abkühlen lassen. Dann Salz, gemahlene Vanille, 1 Ei und 1 Eigelb unterrühren. 150 g Mehl unterrühren, in die vorbereitete Form füllen und wie im Hauptrezept beschrieben backen. Abkühlen lassen. Mit weißer Schokolade überziehen. Dann in Stückchen schneiden und in Folie gewickelt durchziehen lassen.

Der gute Tipp

Brownies halten sich in Folie gewickelt 3–4 Tage frisch. Besonders hübsch sehen sie aus, wenn man sie einzeln in Zellophanfolie wickelt und mit Geschenkband verschnürt.

Apfel-Müsli-Kekse

Müsli und Apfelstückchen in knuspriger Form:
Diese Kekse können sogar mal ein Frühstück ersetzen.

Für 1 Backblech (24 Stück)
2 säuerliche Äpfel
220 g Weizenmehl Type 1050
1 TL Backpulver
100 g Butter
60 g brauner Zucker
1 Prise Salz
1 TL Zimtpulver
75 g ungesüßte Müslimischung
1 Ei
4–5 EL Milch

Vorbereitungszeit 20 Minuten
Backzeit 15 Minuten

1 Den Backofen auf 190 °C (Umluft 170 °C, Gas Stufe 3) vorheizen. Das Backblech mit Backpapier belegen. Die Äpfel waschen, dünn schälen, von den Kerngehäusen befreien und in kleine Würfel schneiden.

2 Das Mehl und das Backpulver in eine Schüssel geben. Die Butter in Stücke schneiden und zufügen. Alles mit den Fingern vorsichtig zu Streuseln verreiben.

3 Zucker, Salz, Zimtpulver, Apfelwürfel und Müsli in einer zweiten Schüssel mischen und unter die Streusel kneten. Das Ei und nur so viel Milch zugeben, bis alle Zutaten gerade miteinander vermischt sind.

4 Mit zwei Teelöffeln den Teig in 24 Häufchen mit je 3 cm Abstand voneinander auf das Backblech setzen. Im vorgeheizten Ofen 15 Minuten backen. Die Apfel-Müsli-Kekse auf einem Kuchengitter etwas oder vollständig abkühlen lassen. Lauwarm oder kalt servieren.

Exoten-Müsli-Happen

Anstelle von Müslimischung, Apfelstückchen und Zimtpulver 50 g kernige Haferflocken, 50 g Kokoschips und 150 g gemischte, getrocknete und gehackte exotische Früchte wie beispielsweise Ananas, Papaya und Mango unter den Teig mischen.

Dattel-Walnuss-Riegel

Dieses Gebäck ist ein idealer Proviant für Wanderungen oder Ausflüge. Wer die fruchtigen Riegel zum Kaffee serviert, kann sie noch mit dunkler Kuvertüre überziehen.

Für 1 Form (28 × 18 cm)
100 g Butter
3 EL Sonnenblumenöl
40 g brauner Zucker
1 Prise Salz, 3 EL Honig
abgeriebene Schale von 1 Orange
2 EL Orangensaft
100 g getrocknete entsteinte Datteln
75 g Walnusskerne
250 g zarte Haferflocken
30 g Sonnenblumenkerne
Fett für die Form

VORBEREITUNGSZEIT 15 MINUTEN
BACKZEIT 20 MINUTEN

1 Den Backofen auf 180 °C (Umluft 160 °C, Gas Stufe 2–3) vorheizen. Die Backform dünn ausfetten. Butter, Öl, Zucker, Salz, Honig, Orangenschale und Orangensaft in einem Topf aufkochen. Vom Herd nehmen.

2 Datteln und Walnusskerne hacken. Unter die Buttermischung im Topf rühren. Zum Schluss die Haferflocken zugeben. So lange rühren, bis sie mit der Buttermischung überzogen sind.

3 Diese Mischung in die Form geben und gleichmäßig andrücken. Mit Sonnenblumenkernen bestreuen, die Kerne leicht eindrücken.

4 Die Dattel-Walnuss-Masse im vorgeheizten Ofen in etwa 20 Minuten goldgelb backen. Aus dem Ofen nehmen, 15 Minuten in der Form abkühlen lassen. Mit einem scharfen Messer 16 Riegel markieren.

5 Das Gebäck vollständig erkalten lassen und erst dann aus der Form nehmen. Auf ein großes Schneidbrett legen. Entlang den markierten Linien schneiden. Die Riegel in einer Blechdose luftdicht verschlossen aufbewahren. Sie halten sich so etwa 1 Woche frisch.

Erdnusskekse

Eine köstliche Variante: die Kekse statt mit Lebkuchengewürz und Orangenschale mit 1/2 Teelöffel Zimtpulver und 50 g gehackter dunkler Schokolade zubereiten.

Für 1 Backblech (12 Stück)
120 g Mehl
1 TL Backpulver
75 g brauner Zucker
70 g weiche Butter
1 Prise Salz
75 g Erdnusscreme mit Stückchen
1 Ei
1/2 TL Lebkuchengewürz
1 TL abgeriebene Orangenschale

VORBEREITUNGSZEIT 25 MINUTEN
BACKZEIT 15 MINUTEN

1 Den Backofen auf 190 °C (Umluft 170 °C, Gas Stufe 3) vorheizen; das Backblech mit Backpapier belegen.

2 Mehl, Backpulver, Zucker, Butter, Salz, Erdnusscreme, Ei sowie Lebkuchengewürz und abgeriebene Orangenschale in eine Rührschüssel geben. Alle Zutaten mit den Knethaken des elektrischen Handrührgeräts zu einem glatten Teig verarbeiten.

3 Den Teig mit zwei Teelöffeln in 12 Häufchen mit je etwa 3 cm Abstand voneinander auf das vorbereitete Backblech setzen.

4 Die Kekse 12–15 Minuten backen. Aus dem Ofen nehmen. 2–3 Minuten auf dem Backblech abkühlen und etwas fest werden lassen. Auf einem Kuchengitter erkalten lassen.

Der gute Tipp

Die Erdnusscreme können Sie so ersetzen: 70 g ungesalzene, geröstete Erdnusskerne im Blitzhacker teils fein, teils stückig zerkleinern und mit 1 EL Sonnenblumenöl verrühren.

Mandelkekse

Weizengrieß und Mandeln – viel mehr brauchen Sie nicht, um diese Kekse im Handumdrehen zu backen.

Für 1 Backblech (16 Stück)
30 g geschälte Mandeln
1 Ei
120 g Zucker
1/2 TL Backpulver
50 g gemahlene Mandeln
120 g Hartweizengrieß
1/2 TL abgeriebene Zitronenschale
4 Tropfen Bittermandelaroma
Puderzucker zum Bestauben

VORBEREITUNGSZEIT 25 MINUTEN
BACKZEIT 10 MINUTEN

1 Den Backofen auf 200 °C (Umluft 180 °C, Gas Stufe 3–4) vorheizen; ein Backblech mit Backpapier belegen. Die Mandeln fein hacken, auf einen Teller streuen und beiseite stellen.

2 Ei und Zucker in eine Schüssel geben und weißschaumig schlagen. Das Backpulver, die gemahlenen Mandeln, den Grieß und das Bittermandelaroma zugeben und unterrühren.

3 Den Teig mit angefeuchteten Händen zu 16 walnussgroßen Kugeln formen. Die Kugeln mit einer Seite in die gehackten Mandeln tauchen. Die Teigkugeln mit den Mandelseiten nach oben mit 2 cm Abstand voneinander auf das Backblech setzen.

4 Die Mandelkekse 8–10 Minuten backen, bis sie schön aufgegangen und goldbraun sind. Anschließend auf dem Backblech 1 Minute abkühlen lassen, dann auf ein Kuchengitter geben und vollständig erkalten lassen. Die Kekse vor dem Servieren mit Puderzucker bestauben. In einem Glas oder einer Blechdose aufbewahren.

Rosinenkekse

Wer kein Pimentpulver zum Aromatisieren hat, kann es durch 1 Teelöffel Korianderpulver oder 1/2 Teelöffel Lebkuchengewürz ersetzen.

Für 2 Backbleche (30 Stück)
125 g weiche Butter
75 g brauner Zucker, 1 Prise Salz
1 Ei
200 g Weizenvollkornmehl, mehr zum Arbeiten
1/2 TL abgeriebene Zitronenschale
1 Prise Salz
1/2 TL Pimentpulver
50 g Rosinen
Puderzucker zum Bestreuen

VORBEREITUNGSZEIT 35 MINUTEN
BACKZEIT 10 MINUTEN
PLUS 5 MINUTEN PRO BLECH

1 Die Butter mit dem Zucker und dem Salz schaumig rühren. Das Ei trennen und das Eigelb untermischen. Das Eiweiß mit 3–4 Tropfen kaltem Wasser verquirlen und zum Bestreichen beiseite stellen.

2 Das Mehl mit Zitronenschale, Salz, Piment und Rosinen zur Butter-Zucker-Mischung geben. Alles zu einem glatten Teig vekneten.

3 Den Backofen auf 180 °C (Umluft 160 °C, Gas Stufe 2–3) vorheizen; die Backbleche mit Backpapier belegen. Den Teig auf der bemehlten Arbeitsfläche zu einer etwa 1 cm dicken Rolle formen. Diese in 5 mm dicke Scheiben schneiden, die Scheiben flach drücken.

4 Die Teigscheiben auf die Bleche legen und mit einer Gabel mehrmals einstechen. Die Kekse in 10 Minuten hellgelb backen.

5 Aus dem Ofen nehmen, mit dem Eiweiß bestreichen und mit dem Puderzucker bestreuen. Erneut in den Ofen schieben und weitere 5 Minuten backen. Herausnehmen. Die Kekse erst 5 Minuten auf dem Blech, dann auf einem Kuchengitter erkalten lassen.

Shortbread

Das mürbe, knusprige Teegebäck aus Schottland können Sie selbst backen und verschlossen in einer Blechdose etwa 4 Wochen aufbewahren.

Für 1 Backblech (16 Stücke)
200 g Mehl, mehr zum Arbeiten
50 g Speisestärke
50 g gemahlene geschälte Mandeln
100 g Puderzucker
200 g weiche Butter
1 Prise Salz

VORBEREITUNGSZEIT 25 MINUTEN
PLUS 1 1/2 STUNDEN KÜHLZEIT
BACKZEIT 30 MINUTEN

1 Das Mehl mit der Speisestärke, den Mandeln, dem Puderzucker, der Butter und dem Salz in einer Schüssel mit einer Gabel zu Streuseln verarbeiten. Auf der bemehlten Arbeitsfläche zu einem glatten Teig kneten. Zur Kugel formen und in Folie gewickelt 30 Minuten kühl stellen.

2 Den Teig in 2 Portionen teilen, jede Portion zu einer Kugel formen. Ein Backblech mit Backpapier belegen. Die Teigkugeln darauf setzen und mit den Handballen zu knapp fingerdicken Scheiben auseinander drücken.

3 Auf den Teigscheiben mit einem Messer jeweils 8 Tortenstücke markieren. Die Scheiben mit einer Gabel in gleichmäßigen Abständen leicht einstechen, in die Ränder Rillen drücken. Die Teigscheiben 1 Stunde kühlen.

4 Das Blech in den kalten Backofen schieben. Das Shortbread bei 180 °C (Umluft 160 °C, Gas Stufe 2–3) etwa 30 Minuten backen, bis es leicht gebräunt ist. Shortbread aus dem Ofen nehmen. 15 Minuten auf dem Backblech abkühlen, dann auf einem Kuchengitter erkalten lassen.

Baklava mit Früchten

»Baklava light« – so könnte diese Variante der üppigen orientalischen Süßigkeit heißen. Sie wird aus fertigem Filloteig und mit reichlich Trockenfrüchten, wenig Fett und nur etwas Honigsirup zubereitet. Dazu passen, wie im Orient üblich, ein Tässchen Mokka und ein Glas Wasser.

Für 1 Form (18 × 28 cm)
60 g Butter
2 EL Sonnenblumenöl
100 g getrocknete Mango
100 g getrocknete entsteinte Datteln
120 g ungesalzene Pistazien
1/2 TL Zimtpulver
8 EL Honig
20 Lagen Filloteig (1 1/2 Packungen)
4 EL Orangensaft

VORBEREITUNGSZEIT 40 MINUTEN
BACKZEIT 25 MINUTEN

1 Butter und Öl in eine kleine Pfanne geben und erhitzen, bis die Butter geschmolzen ist. Vom Herd nehmen. Mango, Datteln und Pistazien hacken. Mit Zimt und 4 EL Honig mischen und beseite stellen.

2 Den Backofen auf 220 °C (Umluft 200 °C, Gas Stufe 4–5) vorheizen. die Form mit etwas Butter-Öl fetten.

3 Auf den Boden der Form 1 Lage Filloteig legen, die Ränder überlappen lassen. Den Filloteig dünn mit der Butter-Öl-Mischung bestreichen. Dann 4 weitere Lagen Filloteig darauf legen, dabei jede mit der Butter-Öl-Mischung bestreichen. Darauf ein Drittel der Frucht-Pistazien-Mischung verteilen.

4 Weitere 5 Filloteiglagen, das zweite Drittel der Frucht-Pistazien-Mischung, nochmals 5 Teiglagen und die restliche Füllung in die Form schichten. Dabei jede einzelne Teiglage mit der Butter-Öl-Mischung bestreichen.

5 Die letzte Frucht-Pistazien-Schicht mit den restlichen Teigblättern bedecken, auch diese jeweils mit Fett bestreichen. Die überlappenden Teigenden mit der Küchenschere abschneiden oder zur Mitte hin überschlagen.

6 Auf der oberen Teigschicht mit einem sehr scharfen Messer 20 Stücke markieren. Das Baklava 15 Minuten backen, dann die Ofentemperatur auf 180 °C (Umluft 160 °C, Gas Stufe 2–3) reduzieren. Weitere 10–15 Minuten backen, bis der Teig knusprig und goldbraun ist.

7 In der Zwischenzeit den restlichen Honig mit dem Orangensaft unter Rühren erhitzen. Das fertige Baklava aus dem Ofen nehmen und mit der Honigmischung beträufeln. In der Form abkühlen lassen. Vor dem Servieren die markierten Stücke mit einem scharfen Messer ganz durchschneiden.

Aprikosen-Baklava mit Nüssen

Dafür anstelle der getrockneten Mango und der Datteln 170 g weiche, getrocknete und möglichst ungeschwefelte Aprikosen verarbeiten. Die Pistazien durch grob gehackte Walnüsse ersetzen und die Frucht-Nuss-Füllung statt mit Zimtpulver mit Ingwerpulver sowie mit 1 Prise geriebener Muskatnuss würzen. Das gebackene Baklava mit einer Mischung aus 4 EL Honig und 6 EL Aprikosensaft beträufeln.

Birnentörtchen

Servieren Sie die Törtchen lauwarm als Dessert! Dazu mit gemahlener Vanille und Williamsgeist aromatisierte Schlagsahne reichen.

Für 1 Backblech (12 Stück)
400 g frischer oder TK-Blätterteig
1 Eigelb, Mehl zum Arbeiten
Für den Belag
6 feste Birnen
1 EL Zitronensaft
100 ml Weißwein
150 g gemahlene Mandeln
2 EL Honig
4 EL Schlagsahne
12 Nelken
12 Kürbiskerne
3 EL Johannisbeergelee

VORBEREITUNGSZEIT 30 MINUTEN
BACKZEIT 15–20 MINUTEN

1 Die Blätterteigplatten nebeneinander legen; gegebenenfalls auftauen lassen. Den Backofen auf 220 °C (Umluft 200 °C, Gas Stufe 4–5) vorheizen; das Backblech mit Backpapier belegen.

2 Die Birnen schälen, halbieren und die Kerngehäuse herausschneiden. Die Birnenhälften mit dem Zitronensaft und dem Wein in einem Topf aufkochen. Zugedeckt bei schwacher Hitze 5 Minuten dünsten. Vom Herd nehmen und die Birnen abtropfen lassen.

3 Für die Füllung Mandeln, Honig und Sahne vermischen. Den Teig auf der leicht bemehlten Arbeitsfläche 3 mm dick ausrollen. Die Teigplatte in12 birnenförmige Stücke mit Stiel schneiden. Die Teigbirnen sollten rundum 3 cm größer als die Früchte sein.

4 Aus Teigresten Blätter schneiden, an die Stiele drücken. Die birnenförmigen Teigstücke auf das Blech legen und einstechen. Mandelfüllung auf die Mitte der Teilchen streichen, dabei einen 1 cm breiten Rand frei lassen.

5 Die Birnen auf den runden Seiten mehrmals einschneiden, mit den Schnittflächen auf die Mandelcreme legen. Als Blüten die Nelken, als Stiele die Kürbiskerne in die Birnen stecken. Das Eigelb mit 2 TL Wasser verrühren, die Teigränder damit bestreichen. Die Teilchen 15–20 Minuten backen und warm mit dem Gelee bestreichen.

Schweizer Apfelküchli

Die Törtchen schmecken besonders gut mit einer Füllung aus selbst gekochtem Mus oder Kompott aus säuerlichen Äpfeln. Dazu halbsteif geschlagene Sahne reichen.

Für 1 Backblech (12–16 Stück)
Für den Teig
1 Portion Brandteig (s. Seite 30)
Für die Füllung und die Garnitur
500 g dickes ungesüßtes Apfelmus oder dickes Apfelkompott
2 EL Zucker
1/2 TL Zimtpulver
3 Blatt weiße Gelatine
Puderzucker zum Bestauben

VORBEREITUNGSZEIT 35 MINUTEN
BACKZEIT 15–18 MINUTEN
PLUS 8 MINUTEN

1 Den Backofen auf 220 °C (Umluft 200 °C, Gas Stufe 4–5) vorheizen; das Backblech mit Backpapier belegen. Ein feuerfestes Schälchen mit heißem Wasser auf den Ofenboden stellen.

2 Den Teig wie auf S. 31 beschrieben zubereiten. Mit einem Löffel oder einem Spritzbeutel walnussgroße Häufchen mit genügend Abstand auf das Blech setzen und mit etwas Wasser besprengen.

3 Das Blech in den Ofen schieben und die Küchli 15–18 Minuten backen, dabei auf keinen Fall die Backofentür öffnen. Dann die Backofentemperatur auf 180 °C (Umluft 160 °C, Gas Stufe 2–3) reduzieren, das Blech auf die unterste Schiene schieben und die Küchli noch 8 Minuten backen. Das Gebäck auf einem Kuchengitter auskühlen lassen, dann quer mit der Küchenschere aufschneiden.

4 Für die Füllung das Apfelmus süßen und mit Zimt würzen. Die Gelatine einweichen, in wenig kochend heißem Wasser auflösen, sofort unter das Apfelmus rühren. Sobald es geliert, die Böden der Küchli damit füllen. Die Teigdeckel auflegen, die Küchli mit Puderzucker bestauben. Sofort servieren.

Schürzkuchen

Dieses Rezept stammt aus dem hohen Norden: In Norwegen, Dänemark und sogar auf Island haben Schürzkuchen Tradition. Wer mag, kann den Teig noch mit Kardamom würzen.

Für 24 Stück
50 g Butter
400 g Mehl, mehr zum Arbeiten
1/2 TL Salz
100 g Schlagsahne
42 g Hefe (1 Würfel)
3 EL Zucker
2 Eier
1 TL abgeriebene Zitronenschale
Fett zum Ausbacken
2–3 EL Puderzucker

Vorbereitungszeit 35 Minuten
plus 1 Stunde Ruhezeit
Ausbackzeit 40 Minuten

1 Für den Teig die Butter schmelzen, abkühlen lassen. Mit dem Mehl und dem Salz in eine Schüssel geben. Die Sahne lauwarm erhitzen. Hefe, Zucker, Eier und Zitronenschale darin glatt verrühren.

2 Die Eiersahne zur Mehlmischung gießen. Alles mit den Knethaken des Handrührgeräts so lange schlagen, bis sich der Teig vom Schüsselrand löst. Den Hefeteig zugedeckt an einem warmen Ort 40 Minuten gehen lassen.

3 Den Teig auf der bemehlten Arbeitsfläche portionsweise etwa 1 cm dick ausrollen.

4 Mit einem Teigrädchen insgesamt 24 Rauten mit einer Kantenlänge von je 6 cm ausrädeln. In die Mitte jeder Raute eine längliche Öffnung schneiden, dann jeweils ein Teigende vorsichtig hindurchziehen.

5 Die Teigstücke mit einem Tuch bedeckt etwa 20 Minuten gehen lassen. Das Fett in einem Topf auf 180 °C erhitzen. Jeweils 3–4 Teigstücke in 5–6 Minuten goldbraun ausbacken, dabei einmal wenden. Die Schürzkuchen auf Küchenpapier entfetten. Mit Puderzucker bestauben und noch warm servieren.

Weinbrandkissen

Wenn's mal schnell gehen soll, sind diese knusprigen Häppchen willkommen. Besonders köstlich schmecken sie zu Obstsalat oder mit Johannisbeer-Quarkcreme.

Für 30 Stück
400 g Mehl, mehr zum Arbeiten
2 TL Backpulver
1 Prise Salz
3 EL Zucker
2 Eier
75 g Butter
3 EL Crème fraîche
4 EL Weinbrand
1 TL abgeriebene Zitronenschale
Fett zum Ausbacken
Puderzucker zum Bestauben

VORBEREITUNGSZEIT 15 MINUTEN
PLUS 40 MINUTEN KÜHLZEIT
AUSBACKZEIT 30 MINUTEN

1 Aus Mehl, Backpulver, Salz, Zucker, Eiern, Butter, Crème fraîche, Weinbrand und Zitronenschale einen Mürbeteig zubereiten. Zur Kugel formen, in Folie wickeln und 40 Minuten in den Kühlschrank legen.

2 Den Teig portionsweise auf der bemehlten Arbeitsfläche etwa 1 cm dick ausrollen. Mite einem Messer oder dem Teigrädchen in 4 cm große Quadrate schneiden. Das Fett in einem Topf auf 180 °C erhitzen. Nacheinander jeweils 5–6 Teigstücke darin goldbraun ausbacken, dabei wenden.

3 Die Weinbrandkissen zum Entfetten auf mehrere Lagen Küchenpapier legen. Anschließend noch warm mit Puderzucker bestreuen und sofort servieren. Gut schmeckt dazu starker schwarzer Tee.

Der gute Tipp

Aromatisieren Sie die Happen einmal mit Calvados oder Rum. Gut schmeckt noch eine gute Prise Zimt im Teig.

Schokoladen-Cookies

Kinder lieben diese Cookies! Wider Erwarten übrig gebliebene Exemplare können Sie zerbröseln und über eine Joghurt- oder Quarkcreme streuen – das steigert garantiert das Interesse an dieser Art von Nachspeise.

Für 1 Backblech (12 Stück)
120 g weiche Butter
80 g brauner Zucker
1 Prise Salz
1/2 TL gemahlene Vanille
1 Ei
150 g Weizenmehl Type 1050
1 TL Backpulver
20 g dunkles Kakaopulver
100 g dunkle Schokolade (70% Kakaoanteil)
60 g ungesalzene Macadamianüsse
3 EL Milch

VORBEREITUNGSZEIT 20 MINUTEN
BACKZEIT 15 MINUTEN

1 Den Backofen auf 190 °C (Umluft 170 °C, Gas Stufe 3) vorheizen; das Backblech mit Backpapier belegen.

2 Butter, Zucker, Salz und Vanille mit den Schneebesen des Handrührgeräts weißschaumig schlagen. Das Ei zugeben und gut unterrühren.

3 Mehl, Backpulver und Kakao über die Butter-Ei-Mischung sieben. Die Schokolade und die Nüsse grob hacken, ebenfalls zum Teig geben und alles gut mischen.

4 Mit zwei Teelöffeln 12 Teighäufchen mit einem Abstand von jeweils 4–5 cm voneinander auf das Backblech setzen. Mit einer Gabel die Teighäufchen leicht flach drücken. Die Cookies 15 Minuten backen.

5 Die Kekse aus dem Ofen nehmen und einige Minuten auf dem Backblech abkühlen und fest werden lassen. Erst dann auf ein Kuchengitter setzen und erkalten lassen. Die Cookies am besten lauwarm servieren, solange die Schokostückchen noch weich sind. Vollständig abgekühlt, kann das Gebäck in einer luftdicht verschlossenen Dose gut 5 Tage aufbewahrt werden.

Kirsch-Mandel-Cookies

Den Teig für die Cookies wie im Hauptrezept beschrieben zubereiten. Das Kakaopulver jedoch weglassen, dafür 3 Tropfen Bittermandelaroma und etwas abgeriebene Zitronenschale unter den Teig rühren. Anstelle der Schokoladen- und Macadamianussstückchen 80 g getrocknete Sauerkirschen (aus dem Reformhaus oder Bioladen) und 100 g geschälte Mandeln grob hacken und unter den Teig mischen. Die Kekse wie beschrieben auf ein Backblech setzen, backen und abkühlen lassen. Nach Belieben jeden Keks zur Hälfte mit dunkler Kuvertüre überziehen.

Der gute Tipp

Die Schokoladen-Cookies schmecken auch köstlich mit grob gehackten Walnusskernen, Pecannüssen oder ungesalzenen Erdnusshälften.

Allerlei für Advent und Weihnachten

und begehrt

Baumkuchen

Ausdauer und Geduld werden hier belohnt! Denn je dünner die einzelnen Teigschichten aufgetragen werden, desto feiner wird der Kuchen.
Wichtig: Baumkuchen nicht mit Umluft backen, er wird dabei zu trocken.

Für 1 Springform (24 cm Ø)
Für den Teig
5 Eier
100 g Zucker
1 Päckchen Vanillezucker
2 TL abgeriebene Zitronenschale
100 g weiche Butter, mehr für die Form
50 g Mehl
50 g Speisestärke
1 Prise Salz
Semmelbrösel für die Form
Für die Glasur
150 g Zartbitterschokolade
200 g Zucker
1 EL Rum
1 EL Butter bei Bedarf

Vorbereitungszeit 30 Minuten
Backzeit insgesamt etwa 1 Stunde

1 Die Eier trennen. Die Eigelbe in einer Rührschüssel mit Zucker, Vanillezucker und Zitronenschale weißschaumig schlagen, bis sich der Zucker vollständig aufgelöst hat. Die Butter zugeben und so lange rühren, bis eine dickliche Creme entstanden ist.

2 Den Backofen auf 150 °C Unterhitze (Gas Stufe 1) vorheizen. Die Springform mit Butter ausfetten und mit Semmelbröseln ausstreuen. Das Mehl mit der Speisestärke über die Eigelbmasse sieben und unterrühren. Die Eiweiße mit dem Salz steif schlagen, auf den Teig geben und mit einem großen Schneebesen darunter ziehen.

3 Etwa 2–3 EL Teig auf den Boden der Form geben und mit einem breiten Kuchenpinsel oder einer Teigkarte glatt streichen. Im Backofen bei Unterhitze 3–5 Minuten backen, bis der Teig leicht bräunt.

4 Dann eine zweite Teigschicht auf die erste Schicht streichen. Im Ofen backen, doch jetzt mit Oberhitze. Falls nötig Backbleche unten in den Ofen schieben, um die Unterhitze abzuschwächen.

5 Nacheinander wie beschrieben 10–12 Schichten backen. Die Torte aus dem Ofen nehmen, vorsichtig aus der Form lösen und auf einem Kuchengitter abkühlen lassen. Für Baumkuchenspitzen den Kuchen in etwa 40 spitz zulaufende Stücke schneiden.

6 Für die Schokoladenglasur die Schokolade in Stücke brechen. In eine Metallschüssel geben und auf dem warmen Wasserbad schmelzen. 125 ml warmes Wasser, den Zucker und den Rum unter ständigem Rühren zur Schokolade geben und weiterrühren, bis eine Creme von gleichmäßiger Beschaffenheit entstanden ist.

7 Die Glasur abkühlen lassen. Wenn die Masse zu fest wird, 1 EL Butter zufügen und noch einmal erwärmen. Dadurch wird die Glasur geschmeidiger und flüssiger.

8 Den Baumkuchen mit der Glasur überziehen. Baumkuchenspitzen in die Glasur tauchen, auf ein Kuchengitter setzen und die Glasur fest werden lassen.

Baumkuchenscheiben

250 g Butter mit 250 g Zucker und 1 TL abgeriebener Zitronenschale schaumig rühren. Nach und nach 5 Eier zugeben und unterschlagen. 125 g Mehl mit 125 g Speisestärke mischen und esslöffelweise unter den Teig rühren. Zum Schluss 2 EL Rum zugießen und untermischen. Eine Kasten- oder Rehrückenform von 30 cm Länge mit Backpapier auskleiden. Eine dünne Teigschicht einfüllen und glatt streichen. Unter dem vorgeheizten Grill oder bei starker Oberhitze im Backofen backen, bis die Oberfläche goldbraun ist. Dann die nächste Schicht einfüllen und backen. So weiter verfahren, bis der Teig verbraucht ist. Den Baumkuchen aus der Form nehmen und das Backpapier abziehen. Den Kuchen auf ein Kuchengitter setzen, abkühlen lassen und waagrecht halbieren. 4 EL Kirschkonfitüre auf die untere Hälfte streichen und die andere Kuchenhälfte darauf legen. Für die Glasur 200 g Puderzucker mit 2–3 EL Rum und 2 EL Zitronensaft verrühren, bis eine geschmeidige Masse entstanden ist. Den Kuchen damit übergießen, mit gehackten Pistazien verzieren und die Glasur fest werden lassen. Den Kuchen vor dem Servieren in Scheiben schneiden.

Pfeffernüsse

Diese fein gewürzten Plätzchen kann man getrost schon 3–4 Wochen vor Weihnachten backen, denn sie brauchen einige Zeit zum Durchziehen.

Für 2 Backbleche (60–70 Stück)
2 Eier
250 g Zucker
30 g kalte Marzipanrohmasse
50 g Zitronat
250 g Mehl, mehr zum Arbeiten
1 TL Backpulver
1 TL Pfefferkuchengewürz
3 EL Kirschwasser
1 Eiweiß
1 Prise Salz
200 g Puderzucker

VORBEREITUNGSZEIT 30 MINUTEN
PLUS RUHEZEIT ÜBER NACHT
BACKZEIT 20 MINUTEN PRO BLECH

1 Mit den Schneebesen des Handrührgeräts die Eier mit dem Zucker in 5 Minuten weißschaumig schlagen. Die Marzipanrohmasse fein reiben. Das Zitronat fein hacken. Marzipanrohmasse und Zitronat unter die Eischaummasse heben.

2 Mehl, Backpulver und Pfefferkuchengewürz mischen. Über die Ei-Zucker-Mischung sieben und alles glatt verkneten. Die Arbeitsfläche dünn mit Mehl bestreuen. Aus dem Teig 60–70 Kugeln mit je etwa 3 cm Ø formen. Die Backbleche mit Backpapier belegen, die Pfeffernüsse darauf setzen und über Nacht ruhen lassen.

3 Den Backofen auf 160 °C (Umluft 140 °C, Gas Stufe 1–2) vorheizen. Vor dem Backen die Unterseiten der Pfeffernüsse mit insgesamt 2 ½ EL Kirschwasser bepinseln. Die Pfeffernüsse blechweise etwa 20 Minuten im vorgeheizten Ofen backen.

4 Für die Glasur das Eiweiß mit dem Salz steif schlagen, nach und nach Puderzucker und restliches Kirschwasser unterrühren. Die Pfeffernüsse in dem Guss wenden, wieder auf die mit Backpapier ausgelegten Bleche setzen. Im ausgeschalteten, aber noch warmen Ofen 3–4 Minuten trocknen lassen.

5 Die sehr harten Pfeffernüsse 2 Tage an einem feuchten Ort weich werden lassen, dann mit 1 frischen Brotscheibe, 1 kleinen Apfel oder 1 Orange in eine Blechdose legen und mindestens 2 Wochen durchziehen lassen, damit sie ihr volles Aroma entwickeln.

Der gute Tipp

Für besonders hübsche Pfeffernüsse: einen Teil der Glasur mit Lebensmittelfarbe rosa einfärben und die feuchte Glasur mit Zuckerstreuseln bestreuen.

Aachener Printen

Dieses harte Gebäck mindestens 1 Woche in einer Dose aufbewahren, um die Gewürze durchziehen zu lassen. Wer mag, kann die Printen anschließend mit dunkler Kuvertüre überziehen.

Für 2 Backbleche (80 Stück)
6 g Pottasche, 1 TL Rum
250 g Zuckerrübensirup
65 g Butter, 250 g Zucker
200 g gemahlene Haselnüsse
65 g Zitronat
2 TL Zimtpulver
1 TL Nelkenpulver
1 TL Kardamompulver
1 Prise geriebene Muskatnuss
500 g Mehl, mehr zum Arbeiten
2 EL Milch, 50 g Hagelzucker

VORBEREITUNGSZEIT 45 MINUTEN
PLUS 3 STUNDEN RUHEZEIT
BACKZEIT 8–10 MINUTEN PRO BLECH

1 Die Pottasche im Rum auflösen. Den Zuckerrübensirup mit der Butter und dem Zucker in einen Topf geben. Bei schwacher Hitze kochen lassen, bis sich der Zucker aufgelöst hat.

2 Die Masse unter Rühren abkühlen lassen. Das Zitronat fein hacken. Die Nüsse, das Zitronat, die Gewürze und zwei Drittel des Mehls unter die kalte Sirupmischung rühren.

3 Das restliche Mehl und die aufgelöste Pottasche zufügen. Den Teig gut durchkneten. Zur Kugel formen, in Folie wickeln, 3 Stunden ruhen lassen.

4 Den Backofen auf 200 °C (Umluft 180 °C, Gas Stufe 3–4) vorheizen; die Backbleche mit Backpapier belegen. Die Arbeitsfläche dünn mit Mehl bestreuen. Den Teig 0,5 cm dick ausrollen und Rechtecke von 3 × 8 cm Größe ausschneiden.

5 Die Teigrechtecke dünn mit Milch bestreichen und mit Hagelzucker bestreuen. Auf die Bleche legen und jeweils 8–10 Minuten im vorgeheizten Ofen backen, bis die Printen goldbraun sind. Auf ein Kuchengitter legen und erkalten lassen.

Honigkuchen

Ein Baumbehang zum Wegknuspern – wer träumt nicht davon? Zusammen mit roten und goldenen Kugeln, Strohsternen und echten Bienenwachskerzen verwandeln die Honigkuchen jede Tanne in einen prächtigen, nostalgischen Weihnachtsbaum.

Für 2 Backbleche (100 Stück)
Für den Teig
250 g flüssiger Honig
100 g brauner Zucker
1 Päckchen Vanillezucker
1 Ei, 2 EL Rum
250 g Weizenmehl Type 1050
250 g Roggenmehl Type 1150
1 Päckchen Backpulver
1 EL Zimtpulver
je 1 Messerspitze geriebene Muskatnuss und Nelkenpulver
1 Prise Salz
1 TL abgeriebene Zitronenschale
Mehl zum Arbeiten
Für die Garnitur
5 EL Schlagsahne
Belegkirschen
geschälte Mandelhälften
bunte Zuckerperlen

VORBEREITUNGSZEIT 45 MINUTEN
BACKZEIT 20–25 MINUTEN PRO BLECH

1 Den Honig mit dem Zucker in einen Topf geben und leicht erwärmen, dann in eine Rührschüssel füllen. Vanillezucker, Ei und Rum zugeben. Alles mit den Schneebesen des Handrührgeräts schaumig schlagen. Die beiden Mehlsorten mit dem Backpulver, den Gewürzen, dem Salz und der Zitronenschale mischen und unter die Honig-Ei-Masse rühren.

2 Den Teig kräftig mit den Händen durchkneten. Die Arbeitsfläche dünn mit Mehl bestreuen und den Teig darauf portionsweise etwa 1 cm dick ausrollen. Beliebige Figuren ausstechen.

3 Den Backofen auf 200 °C (Umluft 180 °C, Gas Stufe 3–4) vorheizen. Die Backbleche mit Backpapier belegen und die Plätzchen mit etwa 1 cm Abstand voneinander darauf legen.

4 Die Plätzchen mit Sahne bestreichen, dann nach Belieben mit Belegkirschen, halbierten Mandeln oder Zuckerperlen verzieren. In Plätzchen, die als Baumbehang dienen sollen, mit einer Stricknadel nicht zu kleine Löcher stechen (durch das Backpulver im Teig werden die Löcher beim Backen kleiner).

5 Die Honigkuchen blechweise 20–25 Minuten im vorgeheizten Ofen backen. Herausnehmen und kurz auf dem Backblech fest werden lassen. Die Honigkuchen dann mit einer Palette vorsichtig vom Backblech heben und auf einem Kuchengitter vollständig abkühlen lassen.

6 Für Honigkuchen, die als Baumbehang dienen sollen, farbige Bändchen zurechtschneiden und durch die Löcher ziehen. Das Gebäck in gut verschließbaren Blech- oder Gefrierdosen aufbewahren. So werden die Honigkuchen nicht feucht und weich.

Der gute Tipp

Am intensivsten schmeckt dieses Honigkuchengebäck, wenn dafür Imkerhonig verwendet wird. Es gibt ihn in unterschiedlichen Sorten für jeden Geschmack zu kaufen. Blütenhonig schmeckt zart, Waldhonig kräftig. Festen Honig darf man nur bis 30 °C erwärmen, um ihn flüssig zu machen, da sonst wichtige Inhaltsstoffe verloren gehen. Am einfachsten ist es, das Glas auf die Heizung zu stellen. Man kann den Honig im Glas aber auch in einem Wasserbad erwärmen.

Baseler Leckerli

Das ideale Rezept für eilige Weihnachtsbäcker: Hier wird der Teig einfach ausgerollt und als Platte gebacken. Anschließend nur noch in Stücke schneiden – fertig!

Für 1 tiefes Backblech (50 Stück)
150 g brauner Zucker, 225 g Honig
je 50 g Zitronat und Orangeat
300 g Mehl, mehr zum Arbeiten
100 g grob gehackte Mandeln
1 TL abgeriebene Zitronenschale
1 TL Backpulver, 1 Prise Salz
je 1/4 TL geriebene Muskatnuss und Nelkenpulver
1 1/2 TL Zimtpulver
100 g Puderzucker, 2–3 EL Kirschwasser

VORBEREITUNGSZEIT 20 MINUTEN
PLUS RUHEZEIT ÜBER NACHT
BACKZEIT 15–20 MINUTEN

1 Das Backblech samt Rand mit Backpapier auslegen. Den Zucker mit dem Honig in einen Topf geben, aufkochen und so lange kochen, bis sich der Zucker aufgelöst hat. Die Mischung abkühlen lassen. Zitronat und Orangeat fein hacken.

2 Die Honig-Zucker-Mischung in eine Rührschüssel geben. Zitronat, Orangeat, Mehl, Mandeln, Zitronenschale, Backpulver, Salz und die Gewürze zugeben. Alles mit den Knethaken des Handrührgeräts zu einem glatten, klebrigen Teig verarbeiten.

3 Die Arbeitsfläche dünn mit Mehl bestreuen und den Teig darauf etwa 1 cm dick auf Blechgröße ausrollen. Den Teig auf das Blech legen, mit einem Tuch bedecken und über Nacht an einem kühlen Ort ruhen lassen.

4 Den Backofen auf 200 °C (Umluft 180 °C, Gas Stufe 3–4) vorheizen. Die Leckerli 15–20 Minuten backen. Aus dem Ofen nehmen. Den Puderzucker mit dem Kirschwasser verrühren, die heiße Teigplatte damit bestreichen. In etwa 2,5 × 5 cm große Rechtecke schneiden, abkühlen lassen.

Elisenlebkuchen

Dieser Gebäckklassiker kommt ganz ohne Mehl aus. Das Wasserbad für die Ei-Zucker-Masse sollte nicht zu heiß (nur knapp unter dem Siedepunkt) sein, damit die Eier nicht stocken.

Für 2 Backbleche (40 Stück)
100 g geschälte Mandeln
200 g gemahlene ungeschälte Mandeln
je 50 g Zitronat und Orangeat
je 1/4 TL Nelken- und Zimtpulver
1/2 TL abgeriebene Zitronenschale
1 Prise Salz
3 Eier
225 g brauner Zucker
40 Oblaten (7 cm Ø)

VORBEREITUNGSZEIT 35 MINUTEN
BACKZEIT 20 MINUTEN PRO BLECH

1 Den Backofen auf 150 °C (Umluft 130 °C, Gas Stufe 1) vorheizen; die Backbleche mit Backpapier belegen. 25 g von den geschälten Mandeln halbieren und auf einem Blech im vorgeheizten Ofen 10 Minuten hell rösten. Beiseite stellen.

2 Für die Makronenmasse die restlichen geschälten Mandeln grob hacken. Zitronat und Orangeat fein hacken. Die gehackten und die gemahlenen Mandeln mit dem Zitronat, dem Orangeat, Nelken- und Zimtpulver sowie der abgeriebenen Zitronenschale in einer Schüssel vermengen.

3 Die Eier und den Zucker in einer Metallschüssel auf dem heißen, aber nicht kochenden Wasserbad mit den Schneebesen des Handrührgeräts in 6–8 Minuten zu einer dickschaumigen Masse aufschlagen.

4 Die Mandel-Gewürz-Mischung auf die Eischaummasse geben und mit einem großen Schneebesen vorsichtig unterziehen. Jeweils 1 EL des Teigs auf die Oblaten geben und mit einem feuchten Messer glätten. Dabei die Masse in der Mitte der Oblaten dicker und zum Rand hin dünner ausformen.

5 Die Elisenlebkuchen mit den gerösteten halbierten Mandeln garnieren und auf die Bleche setzen. Blechweise im heißen Ofen in 20 Minuten mehr trocknen als backen, die Lebkuchen sollen schön weich bleiben. Anschließend aus dem Ofen nehmen, auf ein Kuchengitter setzen und über Nacht abkühlen und trocknen lassen.

Elisenlebkuchen mit Glasur

Die Elisenlebkuchen wie im Hauptrezept beschrieben zubereiten und backen, jedoch ohne sie mit Mandeln zu garnieren. Abgekühlte Lebkuchen mit dunkler Kuvertüre überziehen, dann erst mit den Mandelhälften garnieren. Für eine helle Glasur 150 g Puderzucker und 2–3 EL Rum oder Zitronensaft verrühren und die noch heißen Lebkuchen damit bestreichen. Nach Belieben mit halbierten Belegkirschen garnieren.

Christstollen

Damit die Weihnachtsvorbereitungen ganz entspannt laufen, sollten Sie den Stollen 2–3 Wochen vor dem Fest backen, mit Butter bestreichen und nur dünn mit Puderzucker bestauben, dann in Alufolie wickeln. Vor dem Servieren mit einer dicken Puderzuckerschicht bedecken.

Für 1 Stollen
250–375 g Sultaninen
125 g Korinthen
2 EL Rum
84 g Hefe (2 Würfel)
2 TL Zucker
250 ml lauwarme Milch
750 g Mehl, mehr zum Arbeiten
125 g Zucker
1 Päckchen Vanillezucker
1 Messerspitze Salz
2 TL fein abgeriebene Zitronenschale
6 Tropfen Bittermandelölaroma
je 1 Messerspitze Kardamompulver und Muskatblütenpulver
250 g zerlassene Butter
100 g fein gewürfeltes Zitronat
100 g geschälte, gemahlene Mandeln
75 g Butter zum Bestreichen
Puderzucker zum Bestauben

Vorbereitungszeit 40 Minuten
Plus 1 1/2–2 Stunden Ruhezeit
Backzeit 45–55 Minuten

1 Sultaninen und Korinthen mit Rum übergießen und 20 Minuten ziehen lassen. In einem Sieb abtropfen lassen. Die Hefe in eine Schüssel bröckeln, 2 TL Zucker und 3 EL Milch zufügen, verrühren und 15 Minuten bei Raumtemperatur gehen lassen.

2 Zwei Drittel des Mehls in eine Schüssel geben. In die Mitte eine Mulde drücken. Zucker, Vanillezucker, Salz, Zitronenschale, Mandelaroma, Gewürze, Butter auf das Mehl geben.

4 Die Hefe-Milch in die Mulde gießen. Von der Mitte aus mit dem Mehl, der restlichen Milch und den übrigen Zutaten verrühren. Dann das restliche Mehl dazugeben und den Teig so lange kneten, bis er glatt ist und sich vom Schüsselrand löst. Dann Sultaninen, Korinthen, Zitronat und Mandeln zufügen, in den Teig kneten.

5 Den Teig zugedeckt an einem warmen Ort 1 Stunde gehen lassen. Die Arbeitsfläche dünn mit Mehl bestreuen und den Teig darauf etwa 10 Minuten kräftig kneten und schlagen, bis er elastisch ist und nicht mehr klebt. Zum Formen des Stollens den Teig zu einem Kreis mit etwa 35 cm Ø ausrollen. Eine Seite bis knapp so über die Mitte schlagen, dass die typische Stollenform entsteht.

6 Ein Backblech mit Backpapier belegen. Den Stollen darauf legen und zugedeckt an einem warmen Ort so lange gehen lassen, bis er sich sowohl in der Breite und in der Höhe um etwa die Hälfte vergrößert hat. Den Backofen auf 250 °C (Umluft 230 °C, Gas Stufe 6) vorheizen.

7 Den Stollen in den vorgeheizten Ofen schieben. Die Backofentemperatur auf 160 °C (Umluft 140 °C, Gas Stufe 1–2) reduzieren und den Christstollen 45–55 Minuten backen.

8 Zum Bestreichen des Stollens die Butter in einem kleinen Topf schmelzen. Den Stollen aus dem Ofen nehmen. Sofort großzügig mit der Butter einpinseln und dick mit Puderzucker bestauben.

Gefüllter Christstollen

Je 150 g Korinthen und Rosinen waschen und abtropfen lassen. Mit 150 g gehackten Mandeln, 150 g gehackten Pistazien, 100 g Zitronat, 100 g Orangeat, 4 EL Rum und 1 TL gemahlener Vanille mischen. Über Nacht ziehen lassen. 1 kg Mehl, 3 Päckchen Trockenhefe, 125 g Zucker, 1 Prise Salz mischen. 4 Eier, 400 g geschmolzene, abgekühlte Butter und nach und nach etwa 125 ml lauwarme Milch zugeben. Alles gut durchkneten und zugedeckt mindestens 2 Stunden gehen lassen. Die Korinthen-Nuss-Mischung abtropfen lassen und unter den Teig kneten. Nochmals 2 Stunden gehen lassen. Für die Füllung 1 Limette waschen, trockenreiben, die Schale abreiben und den Saft auspressen. 200 g Marzipanrohmasse, 200 g Puderzucker, 100 g gehackte Mandeln oder Pistazien, Limettenschale und -saft verkneten. Zwei Rollen formen. Den Hefeteig halboeren und ausrollen. Jede Hälfte zu einem Stollen formen, dabei je eine Marzipanrolle einarbeiten.
Die Stollen auf ein gefettes Backblech legen und etwa 20 Minuten gehen lassen. Etwa 50 Minuten im auf 180 °C (Umluft 160 °C, Gas Stufe 2–3) vorgeheizten Ofen backen. Heiß mit zerlassener Butter bestreichen und mit Puderzucker bestauben.

Panettone

Der Hefeteig für diese italienische Spezialität ist ungewöhnlich dünnflüssig, der Kuchen dementsprechend saftig und locker. Mini-Panettone lassen sich gut im Muffinblech backen.

Für 1 Springform (22 cm Ø)
100 g Sultaninen, 2 EL Rum
150 g Butter, mehr für die Form und zum Bestreichen
400 g Mehl
1/2 TL Salz, 100 ml Milch
42 g Hefe (1 Würfel), 4 EL Zucker
1 Päckchen Vanillezucker
4 Eier, 2 Eigelb
50 g Belegkirschen
je 50 g geschälte Mandeln, Orangeat und Zitronat
125 g Aprikosenkonfitüre
125 g Puderzucker, 1–2 EL Zitronensaft

Vorbereitungszeit 40 Minuten
plus 1 1/2 Stunden Ruhezeit
Backzeit 60–70 Minuten

1 Die Sultaninen im Rum etwa 20 Minuten quellen lassen. Die Butter schmelzen, abkühlen lassen.

2 Für den Teig das Mehl mit dem Salz in eine Rührschüssel geben, die Butter auf den Rand gießen. Die Milch lauwarm erhitzen, mit der Hefe, dem Zucker, dem Vanillezucker, den Eiern und den Eigelben gut verrühren und zum Mehl geben. Den Teig mit den Knethaken des Handrührgeräts 5 Minuten kräftig durchkneten.

3 Die Belegkirschen in kleine Stücke schneiden. Mandeln, Orangeat und Zitronat klein hacken. Alles mit den Sultaninen zum Teig geben und untermischen. Den Teig mit einem Tuch bedecken und an einem warmen Ort 40 Minuten gehen lassen.

4 Die Springform dick mit Butter ausfetten. Aus einer doppelten Lage Backpapier einen Streifen von 30 × 35 cm falten, mit einer Büroklammer zu einem Ring schließen. Diesen innen an den Formrand drücken, um den Rand zu erhöhen.

5 Den Teig mit dem Kochlöffel kräftig schlagen und zugedeckt weitere 10 Minuten gehen lassen. Den Backofen auf 200 °C (Umluft 180 °C, Gas Stufe 3–4) vorheizen. Den Teig in die Form füllen. Zugedeckt stehen lassen, bis er knapp unter den Rand des Backpapiers aufgegangen ist.

6 Den Panettone auf der unteren Schiene in 60–70 Minuten braun backen, dabei zwischendurch zwei- bis dreimal mit weicher Butter bestreichen. Sollte die Oberfläche zu stark bräunen, nach der halben Backzeit mit Backpapier bedecken. Am Ende der Backzeit unbedingt die Garprobe mit einem Holzstäbchen machen.

7 Panettone aus dem Ofen nehmen, 5 Minuten in der Form abkühlen lassen. Den Formrand lösen und den Kuchen auf einem Gitter auskühlen lassen. Papier erst kurz vor dem Aufschneiden ablösen. Konfitüre passieren, den Pannettone damit bestreichen. Puderzucker mit Zitronensaft verrühren, den Kuchen damit überziehen.

Cantuccini mit Cranberries

Diese italienischen Biscotti werden zweimal gebacken und sind dadurch hart und knusprig. Traditionell werden sie mit dem süßen Vin Santo oder mit Espresso zum Eintunken serviert.

Für 1 Backblech (20 Stück)
50 g geschälte Mandeln
1 großes Ei
80 g Zucker
1 Prise Salz
150 g Mehl, mehr zum Arbeiten
1/2 TL Backpulver
1 TL Zimtpulver
50 g getrocknete Cranberries

VORBEREITUNGSZEIT 30 MINUTEN
BACKZEIT 30–40 MINUTEN

1 Den Backofen auf 180 °C (Umluft 160 °C, Gas Stufe 2–3) vorheizen. Die Mandeln auf dem Backblech ausbreiten und 10 Minuten im Ofen rösten. Vom Blech nehmen und abkühlen lassen. Das Blech mit Backpapier belegen. Das Ei mit dem Zucker und dem Salz weißschaumig aufschlagen.

2 Das Mehl mit dem Backpulver und dem Zimtpulver auf die Ei-Zucker-Creme sieben und mit einem großen Schneebesen vorsichtig so darunter ziehen, dass die Creme nicht zusammenfällt. Zum Schluss die gerösteten Mandeln und die getrockneten Cranberries unter den Teig ziehen.

4 Den klebrigen Teig in einem langen Strang auf das Backblech geben und mit gut befeuchteten Händen zu einer etwa 25 × 6 cm großen Rolle formen. Die Rolle in 20–25 Minuten im vorgeheizten Ofen goldbraun backen. Aus dem Backofen nehmen, auf dem Blech 5 Minuten abkühlen lassen.

5 Die Teigrolle mit einem Brotmesser diagonal in 20 Scheiben schneiden. Diese auf das Backblech legen und im Ofen weitere 10–15 Minuten backen, bis die Schnittflächen goldbraun sind. Auf einem Kuchengitter abkühlen lassen. Die Cantuccini halten sich in verschlossenen Blechdosen 2 Wochen.

Spekulatius

Alte oder neue Holzmodel für Spekulatius findet man auf dem Weihnachtsmarkt. Wer keine Model besitzt, kann mit Plätzchenformen Spekulatius ausstechen.

Für 2 Backbleche (60 Stück)
200 g Weizenmehl Type 1050, mehr zum Arbeiten
1/4 TL Backpulver, 1 Prise Salz
100 g Butter, 100 g brauner Zucker
1 Eigelb, 1–2 EL Milch
1 TL Spekulatiusgewürz
1 Päckchen Vanillezucker
Mandelblättchen für die Bleche
Speisestärke zum Ausformen

VORBEREITUNGSZEIT 45 MINUTEN PLUS 30 MINUTEN KÜHLZEIT
BACKZEIT 10–15 MINUTEN PRO BLECH

1 Aus Mehl, Backpulver, Salz, Butter, Zucker, Eigelb, Milch, Spekulatiusgewürz und Vanillezucker einen Mürbeteig kneten. Den Teig zur Kugel formen, in Folie wickeln und 30 Minuten kühl stellen.

2 Den Backofen auf 180 °C (Umluft 160 °C, Gas Stufe 2–3) vorheizen; die Backbleche mit Backpapier belegen und mit Mandelblättchen bestreuen.

3 Die Arbeitsfläche dünn mit Mehl bestreuen. Den Teig darauf 4 mm dünn ausrollen und passend zu den Figuren im Spekulatiusbrett in Stücke schneiden. Das Spekulatiusbrett mit Speisestärke bestauben und den Teig in die Vertiefungen drücken.

4 Die Plätzchen durch Aufschlagen des umgedrehten Bretts herausfallen lassen. Auf die Bleche legen.

5 Zum Entfernen der Stärkereste die Oberflächen der Spekulatius mit wenig Wasser dünn bepinseln und die Plätzchen blechweise je nach Größe und Dicke in 10–15 Minuten im vorgeheizten Ofen goldgelb backen. Dann aus dem Ofen nehmen und auf einem Kuchengitter abkühlen lassen.

Spekulatius mit Marzipanfüllung

Praktisch: den fein gewürzten Teig einfach mit aromatisiertem Marzipan füllen und nach dem Backen in Rechtecke schneiden.

Für 1 Backblech (60 Stück)
350 g Mehl, mehr zum Arbeiten
2 TL Backpulver, 1 Prise Salz
150 g Butter
150 g brauner Zucker
2 Eier, 2 TL Spekulatiusgewürz
300 g geschälte, gemahlene Mandeln
300 g Marzipanrohmasse
200 g Puderzucker, 4–6 EL Orangensaft
1 TL abgeriebene Orangenschale
1 Eigelb, 30 geschälte Mandeln

VORBEREITUNGSZEIT 35 MINUTEN
BACKZEIT 40–45 MINUTEN

1 Mehl, Backpulver, Salz, Butter, Zucker, Eier, Spekulatiusgewürz und gemahlene Mandeln zu einem glatten Teig verkneten. Den Teig zu 2 Kugeln formen, etwas flach drücken, in Folie wickeln und kalt stellen.

2 Den Backofen auf 180 °C (Umluft 160 °C, Gas Stufe 2–3) vorheizen; das Blech mit Backpapier belegen. Die Marzipanrohmasse mit einer Gabel fein zerkleinern. Mit Puderzucker, Orangensaft und Orangenschale zu einer streichfähigen Masse verarbeiten. Für die Garnitur die geschälten Mandeln halbieren.

3 Die Arbeitsfläche dünn mit Mehl bestreuen. Den Teig darauf zu 2 Platten in Blechgröße ausrollen. 1 Teigplatte auf das Blech legen, die Marzipanmasse darauf streichen. Die zweite Teigplatte darauf legen und die Ränder zusammendrücken. Das Eigelb mit 2 TL Wasser verrühren und auf die Teigoberfläche streichen.

4 Den Teig mit einer Gabel mehrmals einstechen. Die Mandeln in gleichmäßigen Abständen darauf drücken und das Gebäck in 40–45 Minuten goldgelb backen. Noch warm in 60 rechteckige Stücke schneiden.

Schokoladenbrezeln

Damit die Brezeln gleichmäßig geformt sind, werden sie mit einer Schablone oder einer Ausstechform auf Backpapier gezeichnet. Den Teig dann entsprechend aufspritzen.

Für 4 Backbleche (100 Stück)
250 g weiche Butter
400 g Puderzucker
2 Päckchen Vanillezucker
1 Ei, 1 Eigelb
350 g Mehl
1 Prise Salz
2–3 EL dunkles Kakaopulver
10 g Kokosfett
nach Belieben 3–4 EL Kakaopulver zum Bestauben oder 2–3 EL Milchschokoladenstreusel zum Bestreuen

VORBEREITUNGSZEIT 35 MINUTEN
BACKZEIT 10–15 MINUTEN PRO BLECH

1 Für den Teig die Butter schaumig rühren. Nacheinander 100 g Puderzucker, den Vanillezucker, das Ei und das Eigelb dazugeben und unterrühren. Das Mehl mit dem Salz über den Teig sieben und darunter rühren.

2 Den Backofen auf 200 °C (Umluft 180 °C, Gas Stufe 3–4) vorheizen. 4 Stücke Backpapier in Blechgröße zuschneiden. Auf die Rückseite der Backpapierabschnitte mithilfe einer Schablone oder eines Ausstechförmchens mit einem Bleistift gleich große Brezeln zeichnen. Das Backpapier auf die Bleche legen. Den Teig in einen Spritzbeutel mit kleiner glatter Lochtülle füllen.

3 Auf jedes Blech Brezeln nach dem vorgezeichneten Muster spritzen. Die Brezeln blechweise in 10–15 Minuten goldgelb backen. Aus dem Ofen nehmen, auf ein Kuchengitter setzen und abkühlen lassen.

4 Für den Guss den restlichen Puderzucker mit Kakao, weichem Kokosfett und 2 EL kochend heißem Wasser verrühren. Die Brezeln in den Guss tauchen und auf einem mit Alufolie belegten Kuchengitter trocknen lassen. Nach Belieben, noch bevor der Guss getrocknet ist, Kakaopulver auf die Brezeln sieben oder die Brezeln dünn mit Schokoladenstreuseln bestreuen.

Der gute Tipp

Herber schmecken die kleinen Brezeln, wenn man sie statt mit einer Puderzucker-Kakao-Kokosfett-Mischung mit geschmolzener Zartbitterschokolade (Kakaoanteil 70 %) überzieht. Statt mit Salz wie bei Laugenbrezeln die kleinen süßen Brezeln mit etwas Hagelzucker bestreuen.

Walnusstaler

Für vollwertigere Plätzchen das Mehl durch 125 g Weizenvollkornmehl und 125 g Weizenmehl Type 1050, den weißen durch braunen Zucker ersetzen. Zusätzlich 1–2 Esslöffel Milch zum Teig geben.

Für 2 Backbleche (80 Stück)
250 g weiche Butter, 200 g Zucker
1 Päckchen Vanillezucker
250 g Mehl, mehr zum Arbeiten
250 g gemahlene Walnüsse
2 EL dunkles Kakaopulver
2 TL Zimtpulver
2 TL Backpulver, 1 Prise Salz
1 Eiweiß
80 Walnusshälften zum Garnieren

VORBEREITUNGSZEIT 30 MINUTEN
PLUS KÜHLZEIT ÜBER NACHT
BACKZEIT 12–15 MINUTEN PRO BLECH

1 Butter, Zucker und Vanillezucker mit den Schneebesen des Handrührgeräts schaumig schlagen. Das Mehl mit den Walnüssen, dem Kakaopulver, dem Zimtpulver, dem Backpulver und dem Salz vermischen. Zur Butter-Zucker-Masse geben und alles zu einem glatten Teig verkneten.

2 Aus dem Teig 8 etwa 40 cm lange Rollen formen. In Folie wickeln und über Nacht kühl stellen. Ofen auf 180 °C (Umluft 160 °C, Gas Stufe 2–3) vorheizen; die Backbleche mit Backpapier belegen.

3 Die Teigrollen auf der bemehlten Arbeitsfläche in 80 Stücke schneiden. Diese zu gleichmäßigen Kugeln formen, auf die Backbleche setzen. In jede Kugel mit angefeuchteter Fingerspitze eine Vertiefung drücken.

4 Das Eiweiß verschlagen, die Unterseiten der Walnusskernhälften hineintauchen. Die Walnusshälften in die Vertiefungen in den Plätzchen drücken. Die Walnusstaler blechweise in 12–15 Minuten goldbraun backen. Aus dem Ofen nehmen und auf einem Kuchengitter abkühlen lassen.

Vanillekipferln

Wenn es schnell gehen soll, kann man die Kipferln auch mit ungeschälten, gemahlenen Mandeln zubereiten und den Teig statt über Nacht 1–2 Stunden im Gefrierfach kühlen.

Für 2 Backbleche (80 Stück)
275 g Mehl, mehr zum Arbeiten
1 Prise Salz
200 g kalte Butter
100 g Zucker
100 g geschälte, gemahlene Mandeln
Für die Garnitur
50 g feiner Zucker
Mark von 1 Vanilleschote

Vorbereitungszeit 40 Minuten plus Kühlzeit über Nacht
Backzeit 10–12 Minuten pro Blech

1 Das Mehl mit dem Salz in eine Schüssel geben. Butter in Stückchen schneiden, mit dem Zucker und den Mandeln zum Mehl geben. Alles mit den Händen rasch zu einem krümeligen Teig verarbeiten.

2 Den Teig in einen Gefrierbeutel geben. Diesen verschließen und den Teig im Beutel mit einer Teigrolle zu einem daumendicken Rechteck formen. Über Nacht kühlen. Am nächsten Tag den Backofen auf 180 °C (Umluft 160 °C, Gas Stufe 2–3) vorheizen; die Backbleche mit Backpapier belegen.

3 Den Teig aus dem Gefrierbeutel nehmen und längs in 3 Streifen schneiden. Die Streifen quer in 80 fingerbreite Stücke schneiden. Die Teigstücke auf der leicht bemehlten Arbeitsfläche zu Kipferln formen. Die Kipferln mit etwa 2 cm Abstand voneinander auf die Bleche legen.

4 Die Kipferl blechweise 10–12 Minuten backen, bis sie blassgelb sind. Zucker und Vanillemark mischen. Die fertigen, noch heißen Kipferln vorsichtig darin wenden. Auf ein Kuchengitter setzen und abkühlen lassen.

Mandelspritzgebäck

Für dieses Gebäck muss der Rührteig gerade so weich sein, dass er sich leicht mit dem Spritzbeutel formen lässt. Ist er zu fest, noch etwas Milch unterarbeiten.

Für 2 Backbleche (70 Stück)
250 g weiche Butter
150 g Zucker
2 Eigelb, 1 EL Rum
1 Päckchen Vanillezucker
150 g geschälte, gemahlene Mandeln
350 g Mehl
1 Prise Salz
2–3 EL Milch
Für die Garnitur
150 g dunkle Kuvertüre, 5 g Kokosfett

Vorbereitungszeit 45 Minuten
Backzeit 12–15 Minuten pro Blech

1 Für den Teig die Butter mit dem Zucker, den Eigelben, dem Rum und dem Vanillezucker mit den Schneebesen des Handrührgeräts schaumig schlagen. Die Mandeln, das Mehl und das Salz abwechselnd mit der Milch dazugeben und unterrühren.

2 Den Backofen auf 180 °C (Umluft 160 °C, Gas Stufe 2–3) vorheizen; die Backbleche mit Backpapier belegen. Den Teig in einen Spritzbeutel mit mittlerer Sterntülle füllen.

3 Insgesamt 70 Kränzchen mit etwa 3 cm Abstand voneinander auf die Bleche spritzen: Je dicker der Teig gespritzt wird, um so geringer ist später die Bruchgefahr. Das Spritzgebäck blechweise in 12–15 Minuten goldgelb backen. Aus dem Ofen nehmen. 5 Minuten auf dem Blech abkühlen lassen, dann auf einem Kuchengitter vollständig auskühlen lassen.

4 Die Kuvertüre auf dem warmen Wasserbad schmelzen und das Kokosfett hineinrühren. Die Kränzchen je zur Hälfte in die flüssige Kuvertüre tauchen. Auf Backpapier legen und die Kuvertüre trocknen lassen.

Haferflockenmakronen

Trockenfrüchte, wie die Aprikosen oder Datteln in diesem Rezept, lassen sich leicht mit einem Messer zerkleinern, wenn man die Klinge vorher in Mehl taucht.

Für 2 Backbleche (35 Stück)
65 g Butter
150 g kernige Haferflocken
100 g getrocknete Aprikosen oder getrocknete entsteinte Datteln
1 Ei, 50 g brauner Zucker
1/2 TL Zimtpulver
1 Prise Nelkenpulver
1 Päckchen Vanillezucker
1 Prise Salz
1 TL abgeriebene Zitronenschale

VORBEREITUNGSZEIT 30 MINUTEN
BACKZEIT 18 MINUTEN PRO BLECH

1 Die Butter in einer großen Pfanne schmelzen lassen. Die Haferflocken darin unter ständigem Rühren hell rösten. Auf einen großen Teller geben und abkühlen lassen. Die Aprikosen oder die Datteln mit einem Messer in kleine Stücke schneiden.

2 Das Ei mit dem Zucker sowie Zimt- und Nelkenpulver, dem Vanillezucker und dem Salz mit den Schneebesen des Handrührgeräts sehr schaumig aufschlagen. Die Haferflocken, die Trockenfrüchte und die Zitronenschale zugeben und unterrühren.

3 Den Backofen auf 180 °C (Umluft 160 °C, Gas Stufe 2–3) vorheizen. Die Backbleche mit Backpapier belegen. Mit einem angefeuchteten Teelöffel 35 etwa walnussgroße Häufchen mit 4 cm Abstand voneinander auf die Bleche setzen – die Makronen laufen beim Backen etwas auseinander.

4 Die Haferflockenmakronen blechweise auf der oberen Schiene des vorgeheizten Backofens in 18 Minuten hellbraun backen. Aus dem Ofen nehmen, auf ein Kuchengitter setzen und abkühlen lassen.

Kokosbusserln

Die Busserln gelingen auch ohne Backoblaten: Die Masse einfach auf Backpapier spritzen und die gebackenen Makronen vorsichtig vom Papier abheben.

Für 2 Backbleche (50 Stücke)
50 Backoblaten (je 4 cm Ø)
3 Eiweiß
1 Prise Salz
75 g Zucker
1/2 TL Zitronensaft
75 g Puderzucker
200–225 g Kokosraspel
100 g dunkle Kuvertüre

VORBEREITUNGSZEIT 20 MINUTEN
BACKZEIT 12–15 MINUTEN PRO BLECH

1 Den Backofen auf 160 °C (Umluft 140 °C, Gas Stufe 1–2) vorheizen; die Bleche mit Backpapier belegen, die Backoblaten darauf verteilen.

2 Für die Baisermasse die Eiweiße mit dem Salz steif schlagen. Den Zucker und den Zitronensaft zufügen. Die Masse so lange schlagen, bis sie glänzt und sich der Zucker vollständig aufgelöst hat.

3 Den Puderzucker mit den Kokosraspeln mischen und vorsichtig portionsweise unter den Eischnee heben. Insgesamt so viel Kokosraspel unter die Baisermasse heben, dass die Masse weder bröselig noch flüssig ist. Mit einem Teelöffel 50 Teighäufchen auf die Oblaten setzen.

4 Die Busserln blechweise im vorgeheizten Ofen in 12–15 Minuten mehr trocknen lassen als backen. Sie sollen innen noch feucht sein, außen werden sie beim Abkühlen etwas fester.

5 Die Kokosbusserln aus dem Backofen nehmen, vorsichtig von den Blechen heben und auf einem Kuchengitter auskühlen lassen.

6 Die Kuvertüre auf dem warmen Wasserbad in einer Metallschüssel schmelzen. In einen Gefrierbeutel füllen. Eine sehr kleine Ecke unten am Beutel abschneiden und die flüssige Kuvertüre in feinen Streifen kreuz und quer auf die Busserln laufen lassen.

Pina-Colada-Busserln

Für Kokosbusserln mit Pina-Colada-Geschmack den Zitronensaft durch Limettensaft ersetzen und zu den Kokosraspeln noch 50 g klein gehackte getrocknete Ananas unter die Baisermasse ziehen.

Schwarz-weiße Kokosbusserln

Die Hälfte des Baiserteigs mit 1 EL Kakaopulver dunkel färben und die fertigen dunklen Makronen mit weißer Schokolade verzieren.

Springerle

Besonders hübsch sieht dieses traditionelle Gebäck aus, wenn Sie die gebackenen Figuren mit farbigem Zuckerguss bemalen.

Für 2 Backbleche (80 Stück)
2 Eier
250 g Zucker
2 Päckchen Vanillezucker
250 g Mehl, mehr zum Arbeiten
1 gute Messerspitze Hirschhornsalz
1 Prise Salz

VORBEREITUNGSZEIT 45 MINUTEN
PLUS 2 STUNDEN KÜHLZEIT
PLUS RUHEZEIT ÜBER NACHT
BACKZEIT 35 MINUTEN PRO BLECH

1 Die Eier, den Zucker und den Vanillezucker mit den Schneebesen des Handrührgeräts weißschaumig aufschlagen. Mehl, Hirschhornsalz und Salz vermischen und unter die Eier-Zucker-Masse heben. Ist der Teig zu klebrig, noch etwas Mehl zufügen.

2 Den Teig zugedeckt 2 Stunden kalt stellen. Die Backbleche mit Backpapier auslegen. Die Arbeitsfläche dünn mit Mehl bestreuen und den Teig darauf 5 mm dick ausrollen.

3 Einen Holzmodel auf der Bildseite mit Wasser befeuchten und sorgfältig mit Mehl bestauben. Den Model fest auf die Teigplatte drücken, damit sich das Bild abzeichnet, dann sofort abnehmen. So mit dem ganzen Teig verfahren. Den Model vor jedem erneutem Auflegen mit Mehl bestauben.

4 Die Springerle am Modelrand entlang aus dem Teig schneiden. Auf das Backblech legen und über Nacht trocknen lassen. Den Backofen auf 150 °C (Umluft 130 °C, Gas Stufe 1) vorheizen. Die Springerle nacheinander blechweise in etwa 35 Minuten im vorgeheizten Ofen backen, ohne dass sie bräunen. Auf ein Kuchengitter setzen und abkühlen lassen.

Belgrader Brot

Wer kein Zitronat und Orangeat mag, kann beide durch die entsprechende Menge getrockneter Papaya, Ananas oder Mango ersetzen.

Für 2 Backbleche (70 Stück)
1 Zitrone, 4 Eier, 6 Eigelb
500 g Zucker
500 g gemahlene Mandeln
30 g Zitronat, 30 g Orangeat
1 TL Zimtpulver
1 Messerspitze Nelkenpulver
2 Messerspitzen Pottasche
500 g Mehl, mehr zum Arbeiten
50 g Puderzucker, 1 EL Zitronensaft

VORBEREITUNGSZEIT 25 MINUTEN
PLUS 3 STUNDEN RUHEZEIT
BACKZEIT 20–25 MINUTEN PRO BLECH

1 Die Zitrone mit heißem Wasser waschen. Trockenreiben und die Hälfte der Schale fein abreiben und den Saft der gesamten Zitrone auspressen. Die Eier, die Eigelbe und den Zucker mit den Schneebesen des Handrührgeräts weißschaumig aufschlagen.

2 Die Mandeln zur Eiercreme geben und unterrühren. Zitronat und Orangeat fein hacken. Mit dem Zimtpulver, dem Nelkenpulver, der Zitronenschale und der Pottasche unter die Creme rühren. Das Mehl zufügen und alles zu einem glatten Teig verkneten.

3 Die Arbeitsfläche dünn mit Mehl bestreuen. Den Teig darauf etwa 0,5 cm dick ausrollen und in 4 × 8 cm große Rechtecke schneiden. Mit einem Tuch bedeckt 3 Stunden ruhen lassen.

4 Den Backofen auf 180 °C (Umluft 160 °C, Gas Stufe 2–3) vorheizen. Die Backbleche mit Backpapier belegen. Plätzchen mit 2 cm Abstand voneinander darauf legen, in 20–25 Minuten hellbraun backen. Auf einem Kuchengitter abkühlen lassen. Puderzucker und Zitronensaft verrühren und die Plätzchen damit bestreichen.

Tiroler Makronen

Für eine Luxusvariante dieser üppigen Makronen die fertig gebackenen, glasierten und abgekühlten Teilchen mit den Unterseiten in flüssige dunkle Kuvertüre tauchen. Die Glasur fest werden lassen.

Für 1 Backblech (30 Stück)
2 Eiweiß, 1 Prise Salz
90 g Zucker, 1 Päckchen Vanillezucker
75 g gemahlene Haselnüsse
75 g gemahlene Mandeln
75 g geriebene Edelbitterschokolade
75 g Sultaninen
1 TL abgeriebene Zitronenschale
1 EL Rum, 1/2 TL Zimtpulver
100 g Mehl
125 g Puderzucker, 2 EL Zitronensaft
15 rote Belegkirschen

Vorbereitungszeit 35 Minuten
Backzeit 12–15 Minuten

1 Den Backofen auf 160 °C (Umluft 140 °C, Gas Stufe 1–2) vorheizen, ein Backblech mit Backpapier belegen.

2 Für die Makronenmasse die Eiweiße mit dem Salz sehr steif schlagen. Die Hälfte des Zuckers zufügen. So lange schlagen, bis die Masse glänzt und sich der Zucker aufgelöst hat.

3 Anschließend den restlichen Zucker, den Vanillezucker, die Haselnüsse, die Mandeln, die Schokolade, die Sultaninen, die Zitronenschale, den Rum, den Zimt und das Mehl mit einem großen Schneebesen vorsichtig unter den Eischnee heben, ohne dass der Eischnee dabei zusammenfällt. Mit einem Teelöffel 30 walnussgroße Teighäufchen abstechen und auf das Backblech setzen.

4 Die Makronen 12–15 Minuten im vorgeheizten Ofen mehr trocknen als backen lassen; sie sollen innen noch weich sein.

5 Für die Glasur den Puderzucker mit dem Zitronensaft in einer kleinen Schüssel verrühren. Die Belegkirschen halbieren. Die noch heißen Makronen dünn mit der Glasur bestreichen und jeweils mit einer halben Belegkirsche garnieren.

Bunte Mürbeplätzchen

In der Adventszeit stehen die »Ausstecherle«, wie die einfachen Mürbeplätzchen auch genannt werden, bei Kindern hoch im Kurs: Hier können sie nach Herzenslust beim Backen helfen.

Für 2 Backbleche (50 Stück)
400 g Mehl, mehr zum Arbeiten
200 g Butter
100 g Puderzucker
1 Ei
1 Prise Salz
1 Eigelb
2 TL Schlagsahne
Belegkirschen, gehackte Mandeln und Zuckerperlen zum Garnieren

VORBEREITUNGSZEIT 30 MINUTEN PLUS 30 MINUTEN KÜHLZEIT
BACKZEIT 10–15 MINUTEN PRO BLECH

1 Das Mehl auf die Arbeitsfläche sieben und eine Mulde in die Mitte drücken. Die Butter in Stücke schneiden und mit dem Puderzucker, dem Ei und dem Salz in die Mulde geben. Alle Zutaten mit den Händen von der Mitte aus zu einem glatten Teig verkneten. Den Teig zu einer Kugel formen, in Folie wickeln und 30 Minuten kühl stellen.

2 Den Backofen auf 200 °C (Umluft 180 °C, Gas Stufe 3–4) vorheizen; die Backbleche mit Backpapier belegen. Die Arbeitsfläche dünn mit Mehl bestreuen. Den Teig darauf dünn ausrollen und mit beliebigen Förmchen verschiedene Motive ausstechen.

3 Die Plätzchen mit 2 cm Abstand voneinander auf die Bleche legen. Eigelb und Schlagsahne in einer Tasse verquirlen und das Gebäck damit bestreichen. Die Plätzchen mit Belegkirschen, Mandeln und Zuckerstreuseln verzieren. Blechweise in 10–15 Minuten goldgelb backen. Auf einem Kuchengitter erkalten lassen.

Der gute Tipp

Auch gut schmecken die Plätzchen, wenn man sie nach dem Backen mit einem Guss aus 150 g Puderzucker und 2 EL Zitronensaft überzieht.

Hefe-Nikolause

Frisch gebacken zum Kaffee oder zur heißen, mit Zimt gewürzten Schokolade sind diese niedlichen Kerlchen schnell vernascht. Am besten gleich die doppelte Menge backen und eine Portion ohne Guss einfrieren. Diese kurz vor dem Servieren antauen lassen, mit Guss verzieren und kurz aufbacken.

Für 2 Backbleche (14 Stück)
4 EL Öl
1 TL Salz
500 g Mehl, mehr zum Arbeiten
200 ml Milch, mehr zum Bestreichen
42 g Hefe (1 Würfel)
3 EL Zucker
1 Päckchen Vanillezucker
2 Eier
Für die Garnitur
Cashewnüsse
Kürbiskerne
Haselnüsse
Mohnsamen
Mandeln
Für den Guss
200 g Puderzucker
1 EL Johannisbeergelee
2–3 Tropfen rote Speisefarbe
1 Eiweiß
1 Prise Salz

VORBEREITUNGSZEIT 1 STUNDE
PLUS 1 1/2 STUNDEN RUHEZEIT
BACKZEIT 15–20 MINUTEN PRO BLECH

1 Die Backbleche mit Backpapier belegen. Für den Hefeteig das Öl mit dem Salz und dem Mehl in einer Schüssel mischen. Die Milch lauwarm erhitzen, 150 ml davon mit der Hefe, dem Zucker, dem Vanillezucker und den Eiern verrühren und zu der Mehlmischung gießen.

2 Alles mit den Knethaken des Handrührgeräts zu einem glatten Teig verkneten. Dabei nach Bedarf noch so viel Milch zugeben, dass der Teig schön weich ist und nur wenig klebt. Den Teig zu einer Kugel formen, mit einem Tuch bedecken und an einem warmen Ort 30 Minuten gehen lassen.

3 Den Hefeteig auf der leicht bemehlten Arbeitsfläche 5 Minuten kneten und schlagen. Dann zu 2 großen Rechtecken (je 15 × 30 cm) ausrollen. Daraus 14 gleiche Dreiecke schneiden und diese auf die Bleche verteilen.

4 Die Teigdreiecke mit Milch bepinseln. Aus Nüssen, Kernen, Samen und Mandeln Gesichter dekorieren. Zugedeckt 30–40 Minuten gehen lassen.

5 Den Backofen auf 200 °C (Umluft 180 °C, Gas Stufe 3–4) vorheizen Die Nikolause blechweise in 15–20 Minuten goldbraun backen. Anschließend aus dem Ofen nehmen und auf einem Kuchengitter auskühlen lassen.

6 Aus 50 g Puderzucker, dem Johannisbeergelee und wenigen Tropfen roter Speisefarbe einen Guss rühren. Damit die Nikolausmützen aufmalen. Das Eiweiß mit dem Salz sehr steif schlagen und den restlichen Puderzucker darunter schlagen, bis die Masse stark glänzt und Spitzen bildet.

7 Den Guss in einen Spritzbeutel oder in eine aus Pergamentpapier gedrehte Spitztüte füllen. Die Nikolause damit dekorieren. Zunächst die Bärte, dann nach Belieben an beiden Seiten die Hände und zum Schluss die Pelzsäume an den roten Nikolausmützen mit verschlungenen Linien aufspritzen. Die Nikolause bei Raumtemperatur oder im 50 °C warmen Backofen trocknen lassen. Die Hefe-Nikolause frisch servieren.

Weckmänner für St. Martin

Den Teig wie im Hauptrezept beschrieben zubereiten. 2,5 cm dick ausrollen und 4 Weckmänner ausschneiden. Mit Rosinen Augen, Mund und Knöpfe markieren. Die Weckmänner mit einer Mischung aus 4 EL Milch und 1 EL Zucker bestreichen. Wie im Hauptrezept angegeben im vorgeheizten Ofen 15–20 Minuten backen.

Sonnenblumentaler

Diese Plätzchen schmecken nicht nur in der Weihnachtszeit: Sie bieten rund ums Jahr gesunde Knabberfreuden!

Für 2 Backbleche (60 Stück)
250 g Weizenmehl Type 1050, mehr zum Arbeiten
1 Prise Salz
1 TL abgeriebene Zitronenschale
1 EL Honig
200 g kalte Butter
1 Ei
150 g Sonnenblumenkerne
100 g Honig
2–3 EL Schlagsahne
1 EL Zitronenzesten

VORBEREITUNGSZEIT 40 MINUTEN
PLUS 30 MINUTEN KÜHLZEIT
BACKZEIT 12–15 MINUTEN PRO BLECH

1 Das Mehl mit dem Salz, der Zitronenschale, dem Honig, 150 g Butter und dem Ei in eine große Schüssel geben. Mit den Knethaken des Handrührgeräts zu einem krümeligen Teig verarbeiten. Anschließend mit den Händen zu einem glatten Teig verkneten. Den Teig zur Kugel formen, in Folie wickeln und etwa 30 Minuten kühl stellen.

2 Für den Belag die Sonnenblumenkerne mit dem Honig, der restlichen Butter und der Sahne in einem Topf leicht rösten. Den Topf vom Herd nehmen und die Kerne abkühlen lassen. Den Backofen auf 180 °C (Umluft 160 °C, Gas Stufe 2–3) vorheizen; die Backbleche mit Backpapier belegen.

3 Den Teig portionsweise auf der bemehlten Arbeitsfläche ausrollen. 4–5 cm große runde Plätzchen mit gebogenen Rändern ausstechen. Auf die vorbereiteten Bleche legen. Auf jedes Plätzchen 1 TL des Belags geben und das Gebäck blechweise im vorgeheizten Ofen in 12–15 Minuten goldbraun backen.

4 Die Plätzchen aus dem Ofen nehmen, auf ein Kuchengitter setzen und sofort die Zitronenzesten darauf streuen. Die Taler abkühlen lassen und luftdicht verpackt aufbewahren, damit sie nicht feucht und weich werden.

Der gute Tipp

Anstelle von Sonnenblumenkernen können auch Kürbiskerne, grob gehackte Hasel- oder Walnüsse oder Mandelstifte zum Belegen dieser Taler verwendet werden.

Spitzbuben

Man kann für jeden Spitzbuben auch drei unterschiedlich große Sterne oder Kreise ausstechen, die großen und mittleren mit Gelee bestreichen und dann alle drei zusammensetzen.

Für 2 Backbleche (60–80 Stück)
400 g Mehl, mehr zum Arbeiten
50 g gemahlene Mandeln
100 g Zucker
1 Päckchen Vanillezucker
1 Prise Salz
200 g Butter
3 Eigelb
200 g Johannisbeer- oder Kirschgelee
2–3 EL Puderzucker

VORBEREITUNGSZEIT 30 MINUTEN
PLUS 30 MINUTEN KÜHLZEIT
BACKZEIT 10–12 MINUTEN PRO BLECH

1 Für den Mürbeteig das Mehl mit den gemahlenen Mandeln, dem Zucker, dem Vanillezucker und dem Salz mischen. Die Butter in Flöckchen darauf geben und die Eigelbe zufügen.

2 Alle Zutaten 1 Minute mit den Schneebesen des Handrührgeräts mischen, dann mit den Händen zusammendrücken. Den Teig in 3 Stücke teilen; diese zu Kugeln formen und jeweils in Folie gewickelt 30 Minuten in den Kühlschrank stellen.

3 Den Teig auf der bemehlten Arbeitsfläche oder zwischen 2 Lagen Backpapier 3–4 mm dick ausrollen. Aus dem Teig Sterne mit etwa 6 cm Ø ausstechen.

4 Aus einer Hälfte der Teigsterne kleinere Sterne herausstechen. Den Backofen auf 200 °C (Umluft 180 °C, Gas Stufe 3–4) vorheizen. Die Bleche mit Backpapier belegen und die Plätzchen darauf legen. Im vorgeheizten Ofen 10–12 Minuten backen, herausnehmen und auf einem Kuchengitter auskühlen lassen.

5 Die ungelochten Plätzchen dünn mit Gelee bestreichen, auf die anderen dick Puderzucker sieben. Auf jedes mit Gelee bestrichene je 1 mit Puderzucker bestaubtes Plätzchen setzen. Die übrig gebliebenen kleinen Sterne nach Belieben mit Zucker- oder Schokoladenglasur verzieren.

Kletzenbrot

In Alufolie verpackt und mit einem Weihnachtsbändchen umwickelt, ist das Brot aus Trockenfrüchten ein passendes Mitbringsel in der Advents- und Weihnachtszeit.

Für 1 Brot
200 g getrocknete Birnen
100 g getrocknete Feigen
50 g frische Datteln
250 g Haselnüsse
je 75 g Zitronat und Orangeat
50 g Sultaninen
6 EL Birnenschnaps
je 1 TL Zimtpulver und Pfefferkuchengewürz
je 1/4 TL Fenchel- und Anissamen
1/2 TL Korianderpulver
100 g Roggenvollkornmehl
50 g Weizenvollkornmehl, mehr zum Arbeiten
1/8 l Milch
1 TL Zucker
42 g Hefe (1 Würfel)
2 EL Butter, mehr für das Backblech
1 EL Zitronensaft
1 TL Vanillezucker
1 Prise Salz
25 g ungeschälte Mandeln

EINWEICHZEIT ÜBER NACHT
VORBEREITUNGSZEIT 1 STUNDE
PLUS 2 1/4 STUNDEN RUHEZEIT
BACKZEIT 1 STUNDE

1 Das Trockenobst in einen Topf füllen und mit 3/8 l Wasser begießen. Über Nacht stehen lassen. Am nächsten Tag das Obst 20 Minuten kochen. Abgießen, dabei das Kochwasser auffangen und beiseite stellen.

2 Das Trockenobst in nicht zu kleine Stücke schneiden. Die Datteln vom Kern befreien und der Länge nach in Streifen schneiden. Haselnüsse grob, Zitronat und Orangeat fein hacken.

3 Alle Zutaten in eine Schüssel geben. Mit den Sultaninen, dem Birnenschnaps, Zimt, Pfefferkuchengewürz, Fenchelsamen, Anissamen und Korianderpulver mischen. Zudecken und ruhen lassen.

4 Roggen- und Weizenvollkornmehl in einer Schüssel mischen. In die Mitte eine Mulde drücken. Die Milch lauwarm erhitzen. 2 EL Milch und 1 TL Zucker verrühren. Die Hefe hineinbröckeln, 5 Minuten stehen lassen, bis sie sich aufgelöst hat. Einmal umrühren.

5 Die aufgelöste Hefe in die Mulde gießen und mit etwas Mehl bedecken. Mit einem Tuch bedecken und an einem warmen Ort etwa 15 Minuten gehen lassen.

6 Die Butter in einem Topf zerlassen. Die restliche Milch, die Butter, Zitronensaft, Vanillezucker und Salz zur Mehl-Hefe-Mischung geben. Alles zu einem glatten Teig verkneten, bis er sich vom Schüsselrand löst. Den Teig zudecken und etwa 1 1/2 Stunden an einem warmen Ort gehen lassen, bis sich sein Volumen verdoppelt hat.

7 Die Obstmischung unter den Teig kneten. Die Arbeitsfläche bemehlen. Den Teig darauf legen und zu einem Laib formen. Nochmals 30 Minuten gehen lassen.

8 Den Backofen auf 180 °C (Umluft 160 °C, Gas Stufe 2–3) vorheizen. Ein Backblech ausfetten. Die Mandeln in kochendes Wasser geben, kurz darin ziehen lassen, dann häuten. Das Mandelkochwasser aufheben.

9 Den Brotlaib dekorativ mit den Mandeln belegen, die Mandeln in den Teig drücken. Das Kletzenbrot mit etwas Mandelwasser bestreichen und im vorgeheizten Ofen auf der unteren Schiene 1 Stunde backen, dabei mehrmals mit Mandelwasser bestreichen.

Der gute Tipp

Das Kletzenbrot schmeckt am besten, wenn Sie es nach dem Backen in Alufolie wickeln und etwa 1 Woche ruhen lassen.

Brot und Frühstücksgebäck für jeden Tag

Aromatisch una

kerngesund

Bagels

Die in Wasser vorgegarten und dann im Ofen gebackenen Hefekringel schmecken lauwarm, mit Frischkäse und geräuchertem Lachs gefüllt, am allerbesten. So bekommt man sie als Snack in New York überall angeboten.

Für 1 Backblech (12 Stück)
450 g Weizenmehl Type 1050, mehr zum Arbeiten
1 TL Salz
1 Päckchen Trockenhefe
3 Eier
1 TL Honig
2 TL Sonnenblumenöl

VORBEREITUNGSZEIT 35 MINUTEN
PLUS 1 STUNDE RUHEZEIT
BACKZEIT 14–15 MINUTEN

1 Das Mehl in eine Schüssel geben. Salz und Hefe untermischen und in die Mitte eine Mulde drücken. In einer Schüssel 2 Eier mit dem Honig und dem ÖL verquirlen, diese Mischung in die Mulde gießen.

2 Etwa 200 ml lauwarmes Wasser zu den Zutaten in der Schüssel gießen. Alles mit den Knethaken des Handrührgeräts zu einem klebrigen Teig verarbeiten.

3 Die Arbeitsfläche dünn mit Mehl bestreuen. Den Teig darauf geben und mit den Händen etwa 10 Minuten kräftig kneten und schlagen, bis er elastisch ist und nicht mehr an den Händen klebt. Den Teig in eine Schüssel geben, zudecken und an einem warmen Ort etwa 40 Minuten gehen lassen, bis sich sein Volumen gut verdoppelt hat.

4 Den Teig anschließend auf der Arbeitsfläche leicht zusammenkneten, zu einer Rolle formen und diese in 12 etwa gleich große Stücke schneiden. Aus jedem Stück eine 20 cm lange Rolle formen, diese zu einem Kringel zusammenlegen. Die Enden leicht mit Wasser befeuchten und fest zusammendrücken.

5 Den Backofen auf 200 °C (Umluft 180 °C, Gas Stufe 3–4) vorheizen. Das Backblech mit Backpapier belegen. Die rohen Bagels auf das Blech legen und mit einem Tuch bedeckt 20 Minuten gehen lassen.

6 Reichlich leicht gesalzenes Wasser in einem großen Topf aufkochen. Die Bagels nacheinander mit dem Schaumlöffel in das kochende Wasser gleiten lassen und jeweils 20 Sekunden vorgaren. Aus dem Wasser nehmen und auf das Backblech setzen.

7 Das dritte Ei leicht verquirlen. Die vorgegarten Bagels dünn damit bestreichen. Die Bagels im vorgeheizten Ofen in 14–15 Minuten goldbraun backen. Aus dem Ofen nehmen, auf ein Kuchengitter setzen und lauwarm oder vollständig abkühlen lassen. Die Bagels halten sich in einer geschlossenen Dose bis zu 3 Tage frisch.

Party-Hefegebäck

Nichts geht über frisch gebackene Brötchen zur Käseplatte, zu Salaten und anderen Büfett-Hits. Die Brötchen am besten schon am Vortag backen und am nächsten Tag kurz aufbacken.

Für 2 Backbleche (20 Stück)
500 g Mehl, mehr zum Arbeiten
1 TL Salz, 3 EL Öl
1 Messerspitze Pfeffer
1 Messerspitze geriebene Muskatnuss
220–280 ml Milch
42 g Hefe (1 Würfel), 1/2 TL Zucker, 1 Ei
Für die Garnitur
1 Eigelb und 2 EL Milch zum Bepinseln
grobes Salz, Kümmel- oder Mohnsamen zum Bestreuen

Vorbereitungszeit 30 Minuten plus 1 Stunde Ruhezeit
Backzeit 15–18 Minuten pro Blech

1 Mehl, Salz, Öl, Pfeffer und geriebene Muskatnuss in eine Schüssel geben. Die Milch lauwarm erhitzen, mit der Hefe, dem Zucker und dem Ei gut verschlagen und zur Mehlmischung gießen.

2 Die Zutaten mit den Knethaken des Handrührgeräts zu einem klebrigen Teig verkneten. Den Teig zugedeckt an einem warmen Ort 30 Minuten gehen lassen.

3 Die Backbleche mit Backpapier belegen. Den Teig auf der bemehlten Arbeitsfläche 10 Minuten kneten und schlagen. Zur Rolle formen und in 20 Stücke schneiden. Daraus Brezeln, runde Brötchen oder kleine Kringel formen und diese auf die Bleche legen.

4 Das Eigelb mit der Milch verquirlen, die Teigstücke damit bestreichen. Mit Salz, Kümmel oder Mohn bestreuen. Große Brötchen kreuzweise einschneiden. Die Teiglinge zugedeckt 30 Minuten gehen lassen. Den Backofen auf 200 °C (Umluft 180 °C, Gas Stufe 3–4) vorheizen.

5 Das Gebäck blechweise 15–18 Minuten im vorgeheizten Ofen backen. Auf einem Kuchengitter etwas abkühlen lassen. Warm servieren.

Roggenbrötchen

Diese herzhaften Brötchen schmecken besonders gut zu kräftigem Käse und geräuchertem Schinken. Wer sie kerniger mag, kann das Roggenmehl durch Roggenschrot Type 1800 ersetzen.

Für 2 Backbleche (12 Stück)
1 EL Sonnenblumenöl, 1 TL Salz
250 g Roggenmehl Type 1150
250 g Mehl, mehr zum Arbeiten
25 g Sauerteig-Extrakt (1/2 Päckchen)
21 g Hefe (1/2 Würfel)
1 TL Zucker
Kümmel-, Koriander-, Mohn- oder Sesamsamen oder Roggenschrot zum Bestreuen

VORBEREITUNGSZEIT 30 MINUTEN
PLUS 1 1/2 STUNDEN RUHEZEIT
BACKZEIT 20–25 MINUTEN PRO BLECH

1 Für den Teig das Öl mit dem Salz und dem Mehl in eine Schüssel geben. 250 ml lauwarmes Wasser mit dem Sauerteig-Extrakt, der Hefe und dem Zucker verrühren. Zur Mehlmischung gießen. Alles mit den Knethaken des Handrührgeräts verkneten, bis sich der Teig vom Schüsselrand löst. Den Teig zugedeckt an einem warmen Ort 30 Minuten gehen lassen.

2 Die Backbleche mit Backpapier belegen. Den Teig auf der bemehlten Arbeitsfläche 10 Minuten kneten und schlagen. Eine Teigrolle formen und in 12 Stücke schneiden. Die Teigstücke mit bemehlten Händen zu Brötchen formen und auf die Bleche legen.

3 Die Brötchen mit Wasser bepinseln. Nach Belieben Kümmel, Koriander, Mohn, Sesam oder Roggenschrot darüberstreuen und leicht andrücken. Die Brötchen zugedeckt etwa 1 Stunde bei Raumtemperatur gehen lassen. Den Backofen auf 220 °C (Umluft 200 °C, Gas Stufe 4–5) vorheizen.

4 Die Roggenbrötchen blechweise im vorgeheizten Ofen in 20–25 Minuten goldbraun und knusprig backen. Dabei eine Schale mit heißem Wasser auf den Ofenboden stellen, damit die Brötchen eine schöne Kruste bekommen. Die Brötchen aus dem Ofen nehmen, auf ein Kuchengitter setzen und abkühlen lassen.

Butterhörnchen

Damit selbst gemachter Blätterteig gelingt, müssen Butter und Wasser eiskalt sein. Den Teig am besten auf einer Marmorplatte ausrollen und eine Teigrolle aus Metall verwenden, die man vor Gebrauch in den Kühlschrank legen kann.

Für 8 Stück
250 g kalte Butter
250 g Mehl, mehr zum Arbeiten
1 Prise Salz
1 EL Zucker
1 Eigelb

VORBEREITUNGSZEIT 25 MINUTEN
PLUS 2 STUNDEN KÜHLZEIT
BACKZEIT 20 MINUTEN

1 Die Butter in kleine Stücke schneiden. Mit den Händen rasch 80 g Mehl in die Butter einarbeiten. Die Arbeitsfläche dünn mit Mehl bestreuen. Die Buttermischung darauf mit einer Teigrolle zu einem Rechteck von etwa 10 × 15 cm ausrollen.

2 Das restliche Mehl mit 250 ml eiskaltem Wasser, Salz und Zucker schnell zu einem glatten, elastischen Teig verkneten.

3 Den Teig auf der bemehlten Arbeitsfläche zu einem nicht zu dünnen Rechteck ausrollen. Das Butter-Mehl-Stück in die Mitte legen. Den Teig so von allen Seiten darüber schlagen, dass es ganz in Teig eingehüllt ist.

4 Den Teig mit der Nahtstelle nach unten vorsichtig zu einem langen Band ausrollen – dabei mehr klopfen als rollen. Die beiden schmalen Enden dann wie ein Buch einschlagen und zusammenklappen, sodass 4 Teigschichten übereinander liegen. In Folie wickeln und 20 Minuten kalt stellen.

5 Den Teig wieder zu einem Band ausrollen, dann einschlagen, zusammenklappen und kühl stellen wie in Schritt 4 beschrieben. Diesen Vorgang zwei bis vier Mal wiederholen.

6 Ein Backblech mit Backpapier belegen. Den Backofen auf 180 °C (Umluft 160 °C, Gas Stufe 2–3) vorheizen. Den Teig zu einem dünnen Rechteck ausrollen, halbieren und in Dreiecke schneiden. Jedes Teigdreieck von der breiten Seite her aufrollen und zu einem Hörnchen biegen. Die Hörnchen mit Eigelb bepinseln und in 20 Minuten goldgelb backen.

Schinkenhörnchen

Den Teig wie im Hauptrezept beschrieben zubereiten, ausrollen und in Dreiecke schneiden. Jedes Teigdreieck mit 1 kleinen Scheibe gekochtem Schinken und 1 kleinen Scheibe Emmentaler belegen. Die Dreiecke zu Hörnchen aufrollen. Wie im Rezept beschrieben backen. Warm servieren.

Der gute Tipp

Nehmen Sie die doppelte Menge der Zutaten, und frieren Sie den Blätterteig ein. Dazu rollen Sie ihn aus und schneiden ihn in kleine Platten, zwischen die Sie Butterbrotpapier legen.

Brioches

Wenn der Hefeteig nicht mehr klebt und sich wie ein Ohrläppchen anfühlt, ist er genau richtig für das beliebte französische Frühstücksgebäck. Ist der Teig zu trocken, noch etwas lauwarmes Wasser, ist er zu klebrig, beim Kneten nach und nach etwas Mehl zugeben.

Für 20 Brioche-Förmchen
350 g Weizenmehl Type 550, mehr zum Arbeiten
1/2 TL Salz
100 g weiche Butter
10 g Hefe (1/4 Würfel)
1 1/2 EL Zucker
3–5 EL Milch
3 Eier
Fett für die Förmchen
1 Eigelb zum Bestreichen

VORBEREITUNGSZEIT 35 MINUTEN
PLUS 3–4 STUNDEN RUHEZEIT
BACKZEIT 15–20 MINUTEN

1 Für den Teig das Mehl mit dem Salz und der Butter in eine Schüssel geben. Die Hefe mit dem Zucker, 3–5 EL lauwarmer Milch und den Eiern verquirlen, zur Mehlmischung geben. Alles mit den Knethaken des Handrührgeräts 4–5 Minuten kneten, bis sich der Teig vom Schüsselrand löst. Den Teig zugedeckt an einem nicht zu warmen Ort 2 Stunden gehen lassen.

2 Danach den Teig erneut mit den Knethaken des Handrührgeräts 5 Minuten durchkneten. Zudecken; 30–50 Minuten gehen lassen, bis sich das Teigvolumen verdoppelt hat. Die Förmchen ausfetten.

3 Die Arbeitsfläche dünn mit Mehl bestreuen. Den Teig zusammenkneten, zu einer Rolle formen und in 25 Scheiben schneiden. Aus 20 Scheiben Kugeln formen und diese in die Förmchen drücken.

4 In die Mitte jeder Kugel mit dem Zeigefinger ein tiefes Loch drücken. Die übrigen 5 Scheiben jeweils in 4 Stücke schneiden. Daraus kleine Kugeln formen und jeweils an einer Stelle einen spitzen Kegel aus den kleinen Kugeln ziehen. Diese Spitze tief in die Löcher der großen Teigkugeln drücken, dabei die Teigränder der großen Kugeln etwas zur Seite drücken.

5 Das Eigelb mit 2 EL Wasser verschlagen und das Gebäck damit bestreichen. Die Brioches mit einem Küchentuch bedecken und 30–50 Minuten gehen lassen, bis sich ihr Volumen verdoppelt hat.

6 Den Backofen auf 220 °C (Umluft 200 °C, Gas Stufe 4–5) vorheizen. Die Brioches in den Förmchen auf dem Rost des vorgeheizten Ofens in 15–20 Minuten goldgelb backen.

Briochebrot

Den Teig wie im Hauptrezept beschrieben zubereiten. Eine Kastenform von 26 cm Länge sorgfältig ausfetten und den Teig hineingeben. Den Teig wie im Rezept beschrieben gehen lassen. Dann mit der Eigelb-Wasser-Mischung bestreichen und mit einem scharfen Messer mehrmals schräg einschneiden. Das Briochebrot in 25–30 Minuten goldgelb backen.

Der gute Tipp

Bei großen Eiern genügen 2 Eier und 1 Eigelb für den Teig, sonst wird er zu flüssig. Die Brioches sind gar, wenn sie sich leicht aus den Förmchen lösen lassen.

Rosinenbrötchen

Besonders köstlich schmecken sie, wenn man sie nach dem Backen aufschneidet, goldgelb toastet und mit Butter und Konfitüre bestreicht.

Für 2 Backbleche (10 Stück)
250 g Weizenmehl Type 1050, mehr zum Arbeiten
250 g Weizenvollkornmehl
1 TL Salz, 60 g Butter
1 Päckchen Trockenhefe
30 g brauner Zucker
je 80 g Sultaninen und Korinthen
1/2 TL Zimtpulver
350 ml lauwarme Milch
Milch zum Bestreichen

Vorbereitungszeit 25 Minuten plus 2 Stunden Ruhezeit
Backzeit 10–15 Minuten pro Blech

1 Beide Mehlsorten und das Salz vermischen. Die Butter in Stückchen hinzufügen. Alles mit den Händen zu Streuseln verreiben. Hefe, Zucker, Sultaninen, Korinthen und Zimt unter die Streusel mengen.

2 In die Mitte der Streusel eine Mulde drücken. Die Milch hineingießen und alles mit den Knethaken des Handrührgeräts verkneten.

3 Die Arbeitsfläche dünn mit Mehl bestreuen, den Teig darauf mit den Händen gut 10 Minuten kräftig kneten und schlagen, bis er elastisch ist und nicht mehr klebt. Mit einem Tuch bedecken und an einem warmen Ort 1 Stunde gehen lassen, bis sich sein Volumen verdoppelt hat.

4 Den Teig auf der bemehlten Arbeitsfläche 2–3 Minuten kräftig kneten. Zu einer Rolle formen, diese in 10 Stücke teilen. Jedes Stück zu einem Brötchen formen. Die Backbleche mit Backpapier belegen und die Brötchen darauf verteilen. Zugedeckt an einem warmen Ort 1 Stunde gehen lassen.

5 Den Backofen auf 220 °C (Umluft 200 °C, Gas Stufe 4–5) vorheizen. Die Brötchen mit Milch bestreichen. Blechweise in 10–15 Minuten goldbraun backen. Auf einem Kuchengitter abkühlen lassen.

Irisches Sodabrot

Ein einfaches Brot, das schnell vorbereitet und gebacken ist. Anstelle von Hefe wird Backnatron verwendet. Ofenwarm, mit gesalzener Butter bestrichen, schmeckt das Brot am allerbesten.

Für 1 Brot
250 g Mehl, mehr zum Arbeiten
250 g Weizenvollkornmehl
1 TL Backnatron
1/2 TL Salz
300 ml Buttermilch

VORBEREITUNGSZEIT 10 MINUTEN
BACKZEIT 30 MINUTEN

1 Den Backofen auf 200 °C (Umluft 180 °C, Gas Stufe 3–4) vorheizen; ein Backblech mit Backpapier belegen. Beide Mehlsorten mit Backnatron und Salz in einer Schüssel gut vermischen.

2 In die Mitte eine Mulde drücken, die Buttermilch hineingießen. Mit den Knethaken des Handrührgeräts alle Zutaten zu einem Teig verarbeiten.

3 Die Arbeitsfläche mit Mehl bestreuen und den Teig daraufgeben. Den Teig mit den Händen durchkneten, zu einer Kugel formen und auf das Blech legen. Etwas flach drücken, bis ein Laib mit etwa 20 cm Ø entstanden ist.

4 Mit einem sehr scharfen Messer den Brotlaib kreuzweise tief einschneiden, ohne ihn dabei durchzuschneiden. Das Brot mit etwas Vollkornmehl bestreuen.

5 Im vorgeheizten Ofen in 30 Minuten goldbraun backen. Das Sodabrot ist gar, sobald es hohl klingt, wenn man auf die Brotunterseite klopft. Klingt es dumpf und schwer, das Brot weitere 3–5 Minuten backen.

6 Das gebackene Brot aus dem Ofen nehmen und zum Abkühlen auf ein Kuchengitter setzen. Frisch oder getoastet servieren.

Sonntagsbrötchen

Wecken Sie Ihre Lieben mit dem Duft dieser selbst gebackenen Brötchen! Sie werden feststellen: Schon bald sitzen alle am Frühstückstisch, um das warme Gebäck zu genießen.

Für 2 Backbleche (12 Stück)
500 g Mehl, mehr zum Arbeiten
1 Prise Salz
1/4 l Milch
3 EL Zucker
42 g Hefe (1 Würfel)
160 g weiche Butter
2 Eier
1/2 TL Kardamompulver
1 Messerspitze Zimtpulver
80 g Korinthen
2 EL Milch
2 EL Puderzucker

Vorbereitungszeit 40 Minuten plus 1 Stunde Ruhezeit
Backzeit 20–25 Minuten pro Blech

1 Das Mehl in eine Schüssel geben, das Salz darüber streuen und in die Mitte eine Mulde drücken. Die Milch mit dem Zucker lauwarm erhitzen und die Hefe darin auflösen. Die Hefemilch in die Mulde gießen. Die Butter in Flöckchen, die Eier sowie Kardamom und Zimt auf dem Rand verteilen.

2 Alle Zutaten mit den Knethaken des Handrührgeräts von der Mitte aus verkneten, bis ein zähflüssiger, klebriger Teig entstanden ist.

3 Den Teig zudecken und an einem warmen Ort 30 Minuten gehen lassen. Dann die Korinthen zugeben und den Teig in der Schüssel etwa 10 Minuten kräftig kneten und schlagen, bis er nicht mehr am Schüsselrand haftet und kaum noch klebt.

4 Die Backbleche mit Backpapier belegen. Mit leicht bemehlten Händen aus dem sehr klebrigen Hefeteig 12 Brötchen formen und diese mit jeweils 6 cm Abstand voneinander auf die Backbleche setzen. Zugedeckt weitere 30 Minuten bei Raumtemperatur gehen lassen.

5 Den Backofen auf 180 °C (Umluft 160 °C, Gas Stufe 2–3) vorheizen. Die Milch mit dem Puderzucker verrühren. Die Brötchen damit bestreichen und blechweise in 20–25 Minuten goldbraun backen. Zum Abkühlen auf ein Kuchengitter setzen.

Rosinenbrötchen

Den Teig wie im Hauptrezept beschrieben zubereiten. Anstelle von 80 g Korinthen jedoch 100 g Korinthen, 100 g Sultaninen, 50 g gehacktes Zitronat und 100 g Mandelstifte unter den Teig kneten. Die Brötchen wie im Hauptrezept beschrieben fertig stellen.

Der gute Tipp

Statt runder können Sie auch eckige Brötchen formen. Dazu den Teig 2 cm dick ausrollen. Quadrate von 15 cm Kantenlänge ausschneiden und die Ecken zur Mitte einschlagen. Mit Eigelb glasieren und backen.

Indische Naan-Brote

Die flachen Brote werden traditionell an den Wänden der Tandoori-Lehmöfen gebacken. Aber auch unter dem Elektrogrill gelingen sie hervorragend.

Für 4 Stück
250 g Mehl, mehr zum Arbeiten
1/2 TL Salz
1 TL Backnatron
170 g Joghurt
2 TL Sonnenblumenöl

VORBEREITUNGSZEIT 20 MINUTEN
BACKZEIT 12–16 MINUTEN

1 Mehl, Salz und Natron mischen. Den Joghurt zur Mehlmischung geben. Alles zu einem klebrigen Teig verarbeiten. Die Arbeitsfläche dünn mit Mehl bestreuen. Den Teig darauf 5–7 Minuten mit den Händen kneten, bis er elastisch und weich ist.

2 Den Backofengrill auf höchste Stufe vorheizen. 4 Stücke Alufolie (je etwa 28 × 30 cm) mit ein wenig Öl bestreichen. Den Teig in 4 gleich große Teile teilen. Jedes Viertel zu einem etwa 25 cm langen und 18 cm breiten Fladen ausrollen und diesen auf 1 Stück Alufolie legen.

3 Die Fladenbrote nacheinander unter dem Grill backen. Dafür je 1 Brot auf der Folie unter den Grill legen und etwa 2 Minuten backen, bis die Oberfläche Blasen wirft und stellenweise bräunt. Das Naan-Brot umdrehen und von der anderen Seite 1–2 Minuten backen. Vorsicht, das Brot wird schnell zu dunkel!

4 Das fertig gebackene Brot zum Warmhalten sofort in ein Geschirrtuch wickeln. Die Naan-Brote passen zu allen indischen Currygerichten, aber genauso gut auch zu mediterranen Eintöpfen.

Focaccia

Das italienische Fladenbrot wird mit Hefe und Olivenöl zubereitet – ein idealer Begleiter zu Fleischgerichten, knackigen Salaten oder einfach nur zu Käse, Oliven und Rotwein.

Für 1 Brot
500 g Weizenmehl Type 1050, mehr zum Arbeiten
1 TL Salz
42 g Hefe (1 Würfel)
4 EL bestes Olivenöl
1/2 TL grobes Meersalz, nach Belieben

VORBEREITUNGSZEIT 15 MINUTEN
PLUS 1 STUNDE RUHEZEIT
BACKZEIT 15 MINUTEN

1 Das Mehl mit dem Salz in einer Schüssel vermischen. Die Hefe in 300 ml lauwarmem Wasser auflösen und mit 3 EL Olivenöl zur Mehlmischung geben. Alles mit den Knethaken des Handrührgeräts zu einem klebrigen Teig verarbeiten. Zugedeckt an einem warmen Ort 30 Minuten gehen lassen.

2 Den Teig auf der bemehlten Arbeitsfläche etwa 10 Minuten kräftig kneten und schlagen, bis er nicht mehr klebt und elastisch ist. Falls nötig noch etwas Mehl unterkneten, jedoch nur so viel, dass der Teig nicht mehr klebt.

3 Ein Backblech mit Backpapier belegen. Den Teig zur Kugel formen, auf das Blech legen und mit den Händen zu einem 2 cm dicken Fladen mit etwa 20 cm Ø ausziehen. Zugedeckt 30 Minuten gehen lassen.

4 Den Backofen auf 230 °C (Umluft 210 °C, Gas Stufe 5) vorheizen. Mit angefeuchteten Fingerspitzen tiefe Löcher in die Oberfläche des aufgegangenen Teigfladens drücken.

5 Den Fladen mit dem restlichen Olivenöl bestreichen. Nach Belieben mit grobem Salz bestreuen. Im vorgeheizten Ofen in 15 Minuten goldbraun backen. Das Brot zum Abkühlen etwa 15 Minuten auf ein Kuchengitter legen, dann in ein Geschirrtuch wickeln, damit die Kruste weich wird. Warm oder ausgekühlt servieren.

Buchteln mit Konfitüre

Egal ob einfach so zum Kaffee oder als süße Hauptspeise: Frisch aus dem Ofen, mit warmer Vanillesauce serviert, kommen die Buchteln immer gut an. Statt mit Kirschkonfitüre kann man sie auch mit Pflaumenmus oder mit einer Quarkcreme füllen.

Für 1 Reine (24 Stück)
500 g Mehl, mehr zum Arbeiten
1 Prise Salz
3 EL Zucker
1/4 l Milch
42 g Hefe (1 Würfel)
abgeriebene Schale von 1 Zitrone
170 g weiche Butter
1 Ei
250 g Kirschkonfitüre
Fett für die Form
Puderzucker zum Bestauben, nach Belieben

VORBEREITUNGSZEIT 35 MINUTEN
PLUS 1 STUNDE RUHEZEIT
BACKZEIT 45 MINUTEN

1 Das Mehl in eine Schüssel geben, Salz und Zucker darüber streuen. In die Mitte eine Mulde drücken.

2 Die Milch lauwarm erhitzen und die Hefe darin auflösen. Die Hefemilch in die Mulde gießen. Zitronenschale, 70 g Butter und das Ei auf dem Rand verteilen. Alles mit den Knethaken des Handrührgeräts von der Mitte aus zu einem glatten Teig verkneten.

3 Die Arbeitsfläche mit Mehl bestreuen. Den Teig darauf mit den Händen 10 Minuten kräftig kneten und schlagen, bis er nicht mehr klebt und schön elastisch ist. Den Teig zugedeckt an einem warmen Ort 30 Minuten gehen lassen, bis sich sein Volumen verdoppelt hat.

4 Den Hefeteig auf der bemehlten Arbeitsfläche zusammenkneten; 0,5 cm dick ausrollen und in 24 Quadrate von 10 cm Seitenlänge schneiden. In die Mitte jedes Teigquadrats ½ TL Kirschkonfitüre geben.

5 Die Teigecken über die Füllung schlagen und zusammendrücken. Eine Reine oder einen Bräter großzügig ausfetten. Die Buchteln mit den Nähten nach unten und mit 2–3 cm Abstand voneinander in die Reine oder den Bräter legen. Zugedeckt etwa 30 Minuten an einem warmen Ort gehen lassen, bis die Buchteln schön aufgegangen sind.

6 Den Backofen auf 200 °C (Umluft 180 °C, Gas Stufe 3–4) vorheizen; die Buchteln 45 Minuten backen. In der Zwischenzeit die restliche Butter zerlassen. Die Buchteln aus dem Ofen nehmen und mit der Butter bestreichen. Warm servieren oder abkühlen lassen. Nach Belieben mit Puderzucker bestauben.

Rohrnudeln mit Zwetschgen

Den Teig wie im Hauptrezept beschrieben zubereiten. 24 Zwetschgen waschen, trockentupfen und entsteinen. In jede Zwetschge 1 Zuckerwürfel stecken. Die Früchte anstelle der Kirschkonfitüre in den Teig einschlagen. Die Reine mit 100 g Butter dick ausfetten, mit 4 EL Zucker ausstreuen und die Rohrnudeln mit den Nähten nach unten hineinsetzen. Wie im Hauptrezept beschrieben backen und warm oder kalt servieren. Diese Rohrnudeln vor dem Servieren nicht mit Butter bestreichen!

Mexikanische Tortillafladen

Als Beilage zu saucigen Gerichten oder mit Salat und pikanten Zutaten gefüllt – die dünnen flachen Brote haben mittlerweile die Welt erobert.

Für 10 Stück
250 g Mehl, mehr zum Arbeiten
60 g Schweineschmalz
1 TL Salz

VORBEREITUNGSZEIT 25 MINUTEN
PLUS 1 STUNDE KÜHLZEIT
BACKZEIT 10 MINUTEN

1 Das Mehl in eine Schüssel geben. Das Schmalz in Stückchen schneiden, zum Mehl geben und mit den Fingerspitzen gleichmäßig unterarbeiten. Salz zufügen, 130 ml warmes Wasser zugeben und alles zu einem weichen Teig verarbeiten.

2 Die Arbeitsfläche dünn mit Mehl bestreuen. Den Teig darauf geben und 2–3 Minuten kneten. Zu einer Kugel formen, in Folie wickeln und etwa 1 Stunde kühl stellen.

3 Den Teig zu einer Rolle formen, diese in 10 Stücke teilen. Jedes zu einer Kugel formen und auf der bemehlten Arbeitsfläche zu einem hauchdünnen Fladen mit 15 cm Ø ausrollen.

4 Die Fladen übereinander stapeln, dabei zwischen die Fladen jeweils 1 Bogen Backpapier legen.

5 Eine gusseiserne Pfanne stark erhitzen. Die Tortillas darin nacheinander von jeder Seite 20–30 Sekunden backen, bis sie oben Blasen bilden und leicht bräunen.

6 Die fertigen Tortillas auf einem Teller übereinander stapeln und zum Warmhalten mit einem Geschirrtuch bedecken. Noch warm servieren.

Pitta-Brote

Ob pur oder mit Füllung: Diese Brote schmecken am besten frisch gebacken. Zum Füllen bis zur Hälfte einschneiden, dann noch ein bisschen tiefer aufreißen, damit Taschen entstehen.

Für 2 Backbleche (10 Stück)
500 g Weizenmehl Type 1050, mehr zum Arbeiten
1 TL Salz
1/2 TL Zucker
42 g Hefe (1 Würfel)

VORBEREITUNGSZEIT 30 MINUTEN PLUS 2 STUNDEN RUHEZEIT
BACKZEIT 8–10 MINUTEN PRO BLECH

1 Mehl, Salz und Zucker in einer Schüssel mischen. Die Hefe in 330 ml lauwarmem Wasser auflösen und zur Mehlmischung geben. Alles zu einem klebrigen Teig verarbeiten. Zugedeckt 30 Minuten gehen lassen.

2 Den Teig auf der bemehlten Arbeitsfläche etwa 10 Minuten kräftig kneten und schlagen, bis er nicht mehr klebt und elastisch ist. Falls nötig etwas Mehl unterkneten, jedoch nur so viel, dass der Teig nicht mehr klebt.

3 Den Teig zu einer Kugel formen. Zugedeckt 1 Stunde gehen lassen, bis sich sein Volumen verdoppelt hat.

4 Den Teig 2–3 Minuten kneten, zu einer Rolle formen und diese in 10 Stücke teilen. Jedes Stück zu einem 0,5 cm dicken Fladen ausrollen und zugedeckt 30 Minuten gehen lassen.

5 Den Backofen auf 230 °C (Umluft 210 °C, Gas Stufe 5) vorheizen. Ein Backblech im Ofen miterhitzen. Das Blech aus dem Ofen nehmen, mit Backpapier belegen, 5 Pittas darauf legen. In 8–10 Minuten blassbraun backen. Aus dem Ofen nehmen und auf ein Kuchengitter setzen. Die übrigen Pitta-Brote auf das Blech legen und ebenso backen.

Klassischer Hefezopf

Wer das Hefegebäck frisch zum Frühstück servieren will, kann den Hefeteig bereits am Abend zuvor bis Schritt 4 vorbereiten. In einer großen Schüssel, mit Frischhaltefolie bedeckt, kann der Teig über Nacht in Ruhe im Kühlschrank gehen.

Für 1 Zopf
500 g Mehl, mehr zum Arbeiten
1/4 l Milch
80 g Zucker
42 g Hefe (1 Würfel)
80 g weiche Butter
1/2 TL Salz
1 Ei
50 g Sultaninen
abgeriebene Schale von 1 Zitrone
50 g Mandelstifte
1 Eigelb zum Bestreichen
50 g gehackte Mandeln zum Bestreuen

VORBEREITUNGSZEIT 40 MINUTEN
PLUS 65 MINUTEN RUHEZEIT
BACKZEIT 35 MINUTEN

1 Das Mehl in eine Schüssel geben; etwas Mehl beiseite stellen. In die Mitte eine Mulde drücken. 2 EL Milch lauwarm erhitzen, mit 1 TL Zucker zufügen, dann die Hefe darin auflösen. Die Hefemilch in die Mulde gießen und dünn mit Mehl bedecken.

2 Den Vorteig mit einem Tuch bedecken und an einem warmen Ort 15 Minuten gehen lassen, bis sich in der Mehldecke Risse bilden. Die restliche Milch, den restlichen Zucker, die Butter in Flocken, das Salz und das Ei zufügen.

3 Alles mit den Knethaken des Handrührgeräts zu einem glatten Teig verkneten. Den Teig auf der bemehlten Arbeitsfläche mit den Händen 10 Minuten kräftig kneten und schlagen, bis er schön elastisch ist und nicht mehr klebt. Den Teig zu einer Kugel formen, in die Schüssel legen, mit einem Tuch bedecken und an einem warmen Ort 30 Minuten gehen lassen.

4 Inzwischen die Sultaninen in lauwarmem Wasser einweichen, dann abtropfen lassen. Den Teig auf der bemehlten Arbeitsfläche kneten. Dabei die Zitronenschale, die Sultaninen und die Mandeln unterarbeiten.

5 Ein Backblech mit Backpapier belegen. Den Teig in 3 gleich große Stücke teilen; die Stücke zu gleich langen Strängen rollen und zu einem Zopf flechten. Die Teigenden zusammendrücken und knapp unter den Zopf schlagen. Den Zopf auf das Backblech legen, mit einem Tuch bedecken und 20 Minuten gehen lassen.

6 Den Backofen auf 200 °C (Umluft 180 °C, Gas Stufe 3–4) vorheizen. Das Eigelb mit 2 EL Wasser verquirlen. Den Zopf damit bestreichen und mit den gehackten Mandeln bestreuen. Im vorgeheizten Ofen etwa 35 Minuten backen. Falls der Hefezopf zu dunkel wird, diesen mit einem Stück Alufolie bedecken.

Osternest

Den Teig wie im Hauptrezept beschrieben zubereiten und in 5 Stücke teilen. Die Stücke zu Strängen rollen und einen fünffachen Zopf flechten. Diesen zu einem Kranz biegen und die Enden so ineinander stecken, dass sie nicht mehr zu sehen sind. In die Mitte des Kranzes und zwischen die geflochtenen Stränge gefärbte, hart gekochte Eier stecken. Den Kranz im vorgeheizten Ofen genauso lange wie den Zopf backen.

Der gute Tipp

Achten Sie darauf, dass die Hefe, die Sie verwenden, wirklich frisch ist. Grau verfärbte oder bröckelige Hefe hat keine Triebkraft mehr.

Sonnenblumen-Kartoffelbrot

Herzhaft und kernig und dank der Kartoffeln auch schön saftig ist dieses Brot. Vor dem Anschneiden am besten über Nacht vollständig abkühlen lassen.

Für 1 Kastenform (30 cm lang)
250 g mehlig kochende Kartoffeln
1 TL Salz, 2 EL Sonnenblumenöl
300 g Weizenvollkornmehl, mehr zum Arbeiten
je 100 g zarte und kernige Haferflocken
2 EL Anissamen
42 g Hefe (1 Würfel)
100 g Sonnenblumenkerne, mehr zum Bestreuen
Fett für die Form

VORBEREITUNGSZEIT 40 MINUTEN
PLUS 35 MINUTEN RUHEZEIT
BACKZEIT 1 STUNDE

1 Die Kartoffeln schälen, waschen und vierteln. In 250 ml gesalzenem Wasser weich kochen. Die Kartoffeln durch die Kartoffelpresse drücken, das Öl unterrühren und alles vollständig abkühlen lassen.

2 Das Kartoffelpüree in eine Schüssel geben und mit dem Mehl, den Haferflocken und dem Anis verrühren. Die Hefe darüber bröckeln. Alles mit den Knethaken des Handrührgeräts zu einem glatten Teig verkneten. Mit einem Geschirrtuch bedecken und etwa 20 Minuten an einem warmen Ort gehen lassen.

3 Den Backofen auf 200 °C (Umluft 180 °C, Gas Stufe 3–4) vorheizen. Die Form ausfetten. Den Teig auf der bemehlten Arbeitsfläche kneten, dabei die Sonnenblumenkerne zugeben.

4 Den Teig in die Form geben und zugedeckt 15 Minuten gehen lassen. Mit Wasser bestreichen und die restlichen Sonnenblumenkerne darüber streuen. Das Sonnenblumen-Kartoffelbrot auf der unteren Schiene des Backofens etwa 1 Stunde backen. Herausnehmen, 20 Minuten in der Form stehen lassen. Auf einem Kuchengitter abkühlen lassen.

Früchtebrot

Nicht mehr ganz so frisches Früchtebrot in Scheiben schneiden. Diese goldgelb toasten und dazu Butter und Honig zum Bestreichen servieren.

Für 1 Brot
400 g Weizenmehl Type 1050, mehr zum Arbeiten
1/2 TL Salz
abgeriebene Schale von 1/2 Zitrone
1 Päckchen Trockenhefe
je 80 g getrocknete Aprikosen, Birnen, Pflaumen und Feigen
50 g Mandeln, Haselnüsse oder Walnüsse

VORBEREITUNGSZEIT 50 MINUTEN
PLUS 2 1/2–3 STUNDEN RUHEZEIT
BACKZEIT 30–40 MINUTEN

1 Mehl, Salz, Zitronenschale und Hefe in einer großen Schüssel vermischen. Die Trockenfrüchte und die Nüsse grob hacken. Mit 250 ml lauwarmem Wasser zur Mehlmischung geben. Alles mit den Knethaken des Handrührgeräts zu einem klebrigen Teig verarbeiten.

2 Den Teig auf der bemehlten Arbeitsfläche mit den Händen gut 10 Minuten kräftig kneten und schlagen, bis er schön elastisch ist und nicht mehr klebt. In eine Schüssel geben, mit einem Tuch bedecken und an einem warmen Ort 1 1/2–2 Stunden gehen lassen, bis sich sein Volumen verdoppelt hat.

3 Den Teig gut kneten und zu einer Kugel formen. Ein Backblech mit Backpapier belegen; die Teigkugel darauf setzen und mit einem feuchten, lauwarmen Tuch bedecken. 1 Stunde gehen lassen, bis der Teig auf die doppelte Größe aufgegangen ist.

4 Den Backofen auf 200 °C (Umluft 180 °C, Gas Stufe 3–4) vorheizen. Das Brot in 30–40 Minuten backen, bis es schön braun ist und hohl klingt, wenn man auf die Unterseite klopft. Sollte es zu dunkel werden, mit Alufolie bedecken. Das Früchtebrot zum Abkühlen auf ein Kuchengitter setzen. Luftdicht aufbewahrt hält es sich etwa 5 Tage frisch.

Roggensauerteigbrot

Das Ansetzen des Sauerteigs können Sie sich ersparen, indem Sie auf flüssigen Sauerteig im Folienbeutel zurückgreifen. Den gibt's im Backregal des Supermarkts. Ebenfalls gut eignet sich Sauerteigpulver, das im Bioladen erhältlich ist.

Für 1 Brot
Für den Sauerteigansatz
1 kleine Zwiebel
50 g Roggenmehl Type 1150
Für den Brotteig
1 TL Öl
2 TL Meersalz
250 g feines Weizenschrot Type 1700, mehr zum Arbeiten
750 g feines Roggenschrot Type 1800
1 TL Fenchel- oder Kümmelsamen
750 ml Buttermilch
50 g angesetzten Sauerteig
42 g Hefe (1 Würfel)
1 TL Zucker
Weizenschrot zum Bestreuen

VORBEREITUNGSZEIT 45 MINUTEN
PLUS 2–3 TAGE FÜR DEN SAUERTEIGANSATZ
PLUS 3–5 STUNDEN RUHEZEIT
BACKZEIT 1 1/2 STUNDEN

1 Für den Sauerteigansatz die Zwiebel schälen und fein reiben. Mit dem Roggenmehl und 4 EL Wasser verrühren. Mit einem zusammengelegten feuchten Tuch bedecken und 2–3 Tage stehen lassen. Ab und zu umrühren und das Tuch zwischendurch immer wieder anfeuchten.

2 Ein Backblech mit Mehl bestauben. Für den Teig das Öl mit Salz, Roggenschrot und Fenchel- oder Kümmelsamen in einer Schüssel mischen.

3 Die Buttermilch lauwarm erhitzen. Mit dem abgewogenen Sauerteigansatz, der Hefe und dem Zucker gut verrühren. Alles zur Mehlmischung gießen und mit den Knethaken des Handrührgeräts 5 Minuten zu einem klebrigen Teig verarbeiten.

4 Den Teig anschließend mit gut bemehlten Händen 5 Minuten kräftig durchkneten und ihn zwischendurch mehrmals auf die bemehlte Arbeitsplatte schlagen. Den Teig mit Mehl bestauben und zugedeckt an einem warmen Ort 2–3 Stunden gehen lassen, bis sich sein Volumen verdoppelt hat.

5 Den Teig erneut durchkneten, dann zu einem länglichen Laib formen und auf das Blech legen. Zugedeckt 1–2 Stunden gehen lassen, bis sich das Teigvolumen verdoppelt hat.

6 Den Backofen auf 200 °C (Umluft 180 °C, Gas Stufe 3–4) vorheizen. Ein feuerfestes Gefäß mit heißem Wasser auf den Boden des Backofens stellen. Das Brot an der Oberfläche längs einritzen und mit Wasser bepinseln. Im vorgeheizten Ofen 1 1/2 Stunden backen. Jeweils nach 30 und 50 Minuten das Brot erneut mit Wasser bepinseln, damit es knusprig wird.

7 Das Brot ist gar, sobald es sich vom Blech lösen lässt, keine Teigreste am Hölzchen haften bleiben und hohl klingt, wenn man auf die Brotunterseite klopft.

Der gute Tipp

Sauerteig gelingt nur bei Temperaturen zwischen 30 und 35 °C; außerdem verträgt er keine Zugluft. Deshalb sollten Sie den mit einem feuchten Tuch bedeckten Teig im ausgeschalteten Backofen stehen lassen.

Pikant gefüllte Weizenbrotrolle

Die Füllung aus Paprika und Käse wird gleich mitgebacken! Sie verleiht dem Gebäck nicht nur sein unvergleichliches Aroma, sondern macht es auch zu einem idealen Picknick-Brot! Wer mag, kann außerdem noch Parmaschinken in den Teig wickeln.

Für 1 Kastenform (30 cm lang)
250 g Weizenmehl Type 1050
250 g Weizenvollkornmehl, mehr zum Arbeiten
1 TL Salz
1/2 TL Zucker
1 EL Fenchelsamen
300 ml Milch
42 g Hefe (1 Würfel)
30 g weiche Butter
2 rote oder gelbe Paprikaschoten
6 in Öl eingelegte getrocknete Tomatenhälften
1 kleine rote Zwiebel
3 EL geriebener Parmesan
1 EL bestes Olivenöl
Öl für die Form

VORBEREITUNGSZEIT 35 MINUTEN
PLUS 1 1/2–2 STUNDEN RUHEZEIT
BACKZEIT 35–40 MINUTEN

1 Beide Mehlsorten, Salz, Zucker und Fenchelsamen in einer großen Schüssel mischen. Die Milch lauwarm erhitzen und die Hefe darin auflösen. Hefemilch und Butter zur Mehlmischung geben und alles mit den Knethaken des Handrührgeräts zu einem klebrigen Teig verarbeiten. Zugedeckt an einem warmen Ort 30 Minuten gehen lassen.

2 Den Teig auf der leicht bemehlten Arbeitsfläche mit den Händen etwa 10 Minuten kräftig kneten und schlagen, bis er nicht mehr klebt und schön elastisch ist. Den Teig zu einer Kugel formen und mit einem Tuch bedeckt 1 Stunde gehen lassen, bis sich sein Volumen gut verdoppelt hat.

3 In der Zwischenzeit die Paprikaschoten halbieren, putzen und waschen. Den Backofengrill auf die höchste Stufe einschalten. Die Paprikahälften mit den Hautseiten nach oben auf eine Lage Alufolie legen, unter den Grill schieben und grillen, bis die Schale schwarz wird und Blasen wirft.

4 Die Paprikahälften in einen Gefrierbeutel geben, diesen verschließen und die Schoten abkühlen lassen. Die Paprika häuten und in lange Streifen schneiden. Die getrockneten Tomaten abtropfen lassen und sehr fein hacken. Die Zwiebel schälen und in dünne Ringe schneiden.

5 Den Teig auf der leicht bemehlten Arbeitsfläche kneten. Zu einem Rechteck von 20 × 33 cm ausrollen und mit den gehackten getrockneten Tomaten bestreichen, dabei rundum einen Rand von 1 cm frei lassen. Die Paprikastreifen und die Zwiebelringe auf dem Teig verteilen und 2 EL Parmesan darüber streuen.

6 Die Form mit Öl fetten. Den Teig von der schmalen Seite her locker aufrollen, die Enden unterschlagen. Die Teigrolle mit der Nahtseite nach unten in die Form legen. Mit einem Tuch bedecken, 30 Minuten gehen lassen.

7 Den Backofen auf 230 °C (Umluft 210 °C, Gas Stufe 5) vorheizen. Das Brot mit einem scharfen Messer mehrmals schräg einschneiden. Mit Olivenöl bestreichen und mit dem restlichen Parmesan bestreuen. Im vorgeheizten Ofen 15 Minuten backen, dann die Temperatur auf 200 °C (Umluft 180 °C, Gas Stufe 3–4) senken und das Brot in weiteren 20–25 Minuten goldbraun backen.

8 Das Brot aus dem Ofen, dann aus Form nehmen und auf die Unterseite klopfen: Klingt es hohl, ist es gar. Die Weizenbrotrolle auf einem Kuchengitter abkühlen lassen.

Artischocken-Kapern-Brot

Den Teig statt mit Fenchelsamen mit 1 TL getrocknetem Oregano würzen. Die ausgerollte Teigplatte mit 2 EL Pesto bestreichen und mit 5 gehackten in Öl eingelegten Artischockenherzen sowie 2 TL kleinen Kapern bestreuen. Den Teig aufrollen, in die Form legen und wie im Hauptrezept beschrieben backen.

Glutenfreies Brot

Die Zutaten für das Spezialbrot bekommt man im Bioladen oder im Reformhaus. Hefe, Backnatron und Weinsteinpulver sorgen dafür, dass es schön aufgeht.

Für 1 Kastenform (26 cm lang)
200 g braunes Reismehl
200 g Kartoffelmehl
100 g Sojamehl
1 TL Salz
1 Päckchen Trockenhefe
1 1/2 TL Honig
1 TL Olivenöl
1 TL Backnatron
2 TL Weinsteinpulver
Fett für die Form

VORBEREITUNGSZEIT 10 MINUTEN PLUS 30 MINUTEN RUHEZEIT
BACKZEIT 25–30 MINUTEN

1 Reis-, Kartoffel- und Sojamehl in einer Schüssel mischen; etwa ein Viertel davon abnehmen und beiseite stellen. Salz und Hefe unter die restliche Mehlmischung geben; eine Mulde in die Mitte drücken.

2 Honig, Olivenöl und 400 ml lauwarmes Wasser in die Mulde geben. Alles mit den Knethaken des Handrührgeräts zu einem glatten, dickflüssigen Teig verarbeiten.

3 Die Schüssel mit Frischhaltefolie bedecken und den Teig an einem warmen Ort 30 Minuten gehen lassen. Den Ofen auf 200 °C (Umluft 180 °C, Gas Stufe 3–4) vorheizen. Die Kastenform ausfetten.

4 Natron und Weinsteinpulver zur beiseite gestellten Mehlmischung geben. Diese Mischung unter den Hefeteig rühren, bis ein schaumiger Teig entstanden ist. Teig in die Form füllen.

5 Das Brot in 25–30 Minuten im vorgeheizten Ofen goldbraun backen. Auf einem Kuchengitter abkühlen lassen. Es hält sich 2 Tage frisch; getoastet schmeckt es besonders gut.

Dunkles glutenfreies Brot

Für ein dunkles Brot nur 50 g Sojamehl verwenden und das Kartoffelmehl durch Buchweizenmehl ersetzen. Mit Kardamom-, Kümmel- und Korianderpulver würzen.

Lockeres Weißbrot

Besonders saftig wird das Brot, wenn man eine Pellkartoffel (ohne Schale) vom Vortag fein reibt und unter den Teig knetet.

Für 1 Brot
500 g Weizenmehl Type 1050, mehr zum Arbeiten
1 TL Salz
1 TL Öl
250–300 ml Buttermilch
1 TL Zucker
42 g Hefe (1 Würfel)

VORBEREITUNGSZEIT 30 MINUTEN
PLUS 30 MINUTEN RUHEZEIT
BACKZEIT 30 MINUTEN

1 Mehl, Salz und Öl in eine Schüssel geben. Die Buttermilch mit dem Zucker lauwarm erhitzen, die Hefe hineinbröckeln und darin auflösen.

2 Die Hefebuttermilch zur Mehlmischung geben. Alles mit den Knethaken des Handrührgeräts zu einem glatten Teig verarbeiten.

3 Die Arbeitsfläche dünn mit Mehl bestreuen und den Teig darauf geben. Mit den Händen 10 Minuten kräftig kneten und schlagen, bis er elastisch ist und nicht mehr klebt.

4 Ein Backblech mit Backpapier belegen. Den Teig zu einem Brotlaib formen, auf das Blech legen und mit Wasser benetzen. Mit einem scharfen Messer dreimal schräg einschneiden.

5 Das Brot zugedeckt an einem warmen Ort 30 Minuten gehen lassen, bis sich sein Volumen verdoppelt hat. Den Ofen auf 250 °C (Umluft 230 °C, Gas Stufe 6) vorheizen. Das Brot in 30 Minuten goldbraun backen. Nach 15 Minuten die Ofentemperatur auf 200 °C (Umluft 180 °C, Gas Stufe 3–4) senken und das Brot mit Wasser bestreichen.

Helles Mehrkornbrot

Köstlich schmeckt das Brot zu einer herzhaften Suppe oder einfach nur zu Käse und sauer eingelegtem Gemüse. Für ein Nussbrot die Samen und Kerne durch gehackte Nüsse ersetzen.

Für 1 Brot
300 g Weizenmehl Type 1050
200 g Weizenvollkornmehl, mehr zum Arbeiten
100 g Buchweizenmehl
75 g Polenta (grober Maisgrieß)
2 TL Salz
1 Päckchen Trockenhefe
1 TL brauner Zucker
3 EL Sonnenblumenkerne
2 EL Kürbiskerne
2 EL Leinsamen
2 EL Sonnenblumenöl
Milch zum Bestreichen

VORBEREITUNGSZEIT 30 MINUTEN
PLUS 2 STUNDEN RUHEZEIT
BACKZEIT 30–35 MINUTEN

1 Die Mehlsorten in eine Schüssel geben und mischen. Polenta, Salz, Hefe und Zucker unterrühren.

2 Sonnenblumen- und Kürbiskerne sowie Leinsamen in einer Tasse mischen, 1 EL abnehmen und beiseite stellen. Den Rest unter die Mehlmischung rühren.

3 In die Mitte der Mehlmischung eine Mulde drücken. Das Öl und 400 ml lauwarmes Wasser hineingeben. Alles mit den Knethaken des Handrührgeräts zu einem klebrigen Teig verarbeiten. Sollte der Teig zu trocken sein, noch 50 ml lauwarmes Wasser zugeben.

4 Die Arbeitsfläche dünn mit Mehl bestreuen, den Teig darauf geben. Den Teig mit den Händen 10 Minuten kräftig kneten und schlagen, bis er schön elastisch ist und nicht mehr klebt. Den Teig zu einer Kugel formen, in die Schüssel legen, mit einem Tuch bedecken und an einem warmen Ort 1½ Stunden gehen lassen, bis sich das Teigvolumen verdoppelt hat.

5 Den Teig auf die leicht bemehlte Arbeitsfläche geben und kneten. Dann zu einem Laib mit 20 cm Ø formen. Ein Backblech mit Backpapier belegen und den Laib darauf setzen. Mit etwas Mehl bestreuen, mit einem Geschirrtuch bedecken und 30 Minuten gehen lassen.

6 Den Backofen auf 230 °C (Umluft 210 °C, Gas Stufe 5) vorheizen. Den Brotlaib mit einem Messer viermal kreuzweise so einschneiden, dass Achtel markiert werden. Die Oberfläche mit Milch bestreichen und mit den beseite gestellten Kernen bestreuen.

7 Das Mehrkornbrot 15 Minuten im vorgeheizten Ofen backen. Dann die Temperatur auf 200 °C (Umluft 180 °C, Gas Stufe 3–4) senken. Das Brot in weiteren 15–20 Minuten fertig backen. Es ist durchgebacken, sobald es hohl klingt, wenn man auf die Unterseite klopft. Das Brot auf einem Kuchengitter abkühlen lassen und anschließend sofort servieren.

Brötchenkranz

Den Teig zu einer Rolle formen und diese in 8 Stücke teilen. Jedes Stück zu einer Kugel rollen. Die Teigkugeln zu einem Kranz aneinander legen und wie im Hauptrezept beschrieben backen; jedoch zum Schluss bei 200 °C in nur 10–15 Minuten fertig backen.

Dunkles Weizenbrot

Dieses Rezept rettet Sie, wenn Sie in Brot-Not sind! Den Teig nur einmal kurz durchkneten, dann aufgehen lassen und backen – fertig ist das Weizenbrot. Die Zutaten dafür hat man fast immer im Vorrat.

Für 1 Kastenform (30 cm lang)
500 g Weizenvollkornmehl
1 TL Salz
2 TL Trockenhefe
1 TL brauner Zucker
Fett für die Form
Weizenmehl Type 1050 zum Bestauben

VORBEREITUNGSZEIT 10 MINUTEN PLUS 30 MINUTEN RUHEZEIT
BACKZEIT 30–40 MINUTEN

1 Die Kastenform sorgfältig ausfetten und beiseite stellen. Das Mehl und das Salz in eine große Schüssel geben und vermischen. Die Hefe darunter rühren und in die Mitte der Mischung eine Mulde drücken. Den Zucker in 500 ml lauwarmem Wasser verrühren und die Lösung in die Mulde gießen.

2 Mit den Knethaken des Handrührgeräts oder mit einem Holzlöffel von der Mitte aus alle Zutaten zu einem klebrigen, ziemlich flüssigen Teig verarbeiten. Etwa 2 Minuten kräftig rühren, bis sich der Teig vom Schüsselrand löst.

3 Den Teig in die vorbereitete Form füllen. Mit einem lauwarm angefeuchteten Geschirrtuch bedecken und an einem warmen Ort etwa 30 Minuten gehen lassen.

4 Den Backofen auf 200 °C (Umluft 180 °C, Gas Stufe 3–4) vorheizen. Das Brot dünn mit Mehl bestauben. Im vorgeheizten Ofen in 30–40 Minuten goldbraun backen.

5 Das Brot aus der Form nehmen und auf die Unterseite klopfen. Klingt es hohl und fühlt es sich leicht und luftig an, ist das Brot gar. Auf den Backofenrost legen und backen, bis die Seiten gebräunt und knusprig sind.

6 Das Brot auf einem Kuchengitter auskühlen lassen. Es hält sich bis zu 5 Tage frisch.

Gewürzbrot

Dafür den Teig mit 2–3 TL Salz, 1 EL Korianderpulver, 1 TL Kümmelpulver und 1 TL Fenchelpulver würzen. Nur 1 Prise Zucker zugeben.

Dinkelbrot

Anstelle von Weizenvollkornmehl Dinkelmehl verwenden. Dadurch wird das Brot etwas lockerer und bekommt zudem ein angenehm nussiges Aroma.

Der gute Tipp

Aus dem Teig können Sie – in entsprechenden Formen – auch 2 kleine Brote backen. Die Backzeit beträgt 30–35 Minuten.

Herzhafte
Teilchen
für jede
Gelegenheit
Originell und

unwiderstehlich

Bayerische Fleischtaschen

Mit einem Salat dazu ergeben die mit Fleisch und Kräutern gefüllten Taschen ein köstliches Hauptgericht. Frieren Sie ein paar ein: Aufgetaut und kurz aufgebacken, sind sie im Nu serviert.

Für 2 Backbleche (20 Stück)
Für den Teig
42 g Hefe (1 Würfel)
500 g Mehl, mehr zum Arbeiten
120 g Butter
1 Ei
1 TL Salz
Für die Füllung
2 weiße Zwiebeln
150 g rohes Schweineschnitzel oder Bratenreste
1/2 Bund Petersilie
2 EL Sonnenblumenöl
2 EL Brühe
2 EL Crème fraîche
1 TL getrockneter Majoran
1 TL edelsüßes Paprikapulver
Salz
schwarzer Pfeffer
1 Ei zum Bestreichen

Vorbereitungszeit 50 Minuten plus 10 Minuten Ruhezeit
Backzeit 15 Minuten pro Blech

1 In einem kleinen Topf 150 ml Wasser lauwarm erhitzen. Die Hefe hineinkrümeln und auflösen, dabei einmal umrühren. Das Mehl in eine Schüssel geben.

2 Die Butter schmelzen, dann abkühlen lassen, bis sie lauwarm ist. Das Hefe-Wasser, die Butter, das Ei und das Salz zum Mehl geben. Alles mit den Knethaken des Handrührgeräts zu einem klebrigen Teig verarbeiten.

3 Die Arbeitsfläche dünn mit Mehl bestreuen. Den Teig darauf geben und mit den Händen etwa 10 Minuten kräftig kneten und schlagen, bis er elastisch ist und nicht mehr klebt. Den Teig zurück in die Schüssel geben, zudecken und an einem warmen Ort etwa 30 Minuten gehen lassen.

4 Inzwischen für die Füllung die Zwiebeln abziehen und fein würfeln. Schnitzel oder Bratenreste in kleine Würfel schneiden. Die Petersilie waschen und trockentupfen, die Blättchen abzupfen und fein hacken.

5 Das Öl in einer Pfanne erhitzen. Zwiebel und Schnitzelwürfel darin unter Rühren anbraten, bis die Zwiebeln glasig sind und das Fleisch rundum gebräunt ist. Werden Bratenreste verwendet, diese erst zugeben, wenn die Zwiebeln glasig sind, und nur kurz miterwärmen.

6 Die Pfanne vom Herd nehmen. Brühe, Crème fraîche, Petersilie, Majoran, Paprikapulver, Salz und Pfeffer unter die Fleischmischung rühren.

7 Den Backofen auf 200 °C (Umluft 180 °C, Gas Stufe 3–4) vorheizen; die Backbleche mit Backpapier belegen. Den Teig auf der leicht bemehlten Arbeitsfläche 1 cm dick ausrollen. Mit einem Trinkglas Kreise mit etwa 8 cm Ø ausstechen. Jeweils etwa 1 TL von der Füllung in die Mitte der Teigkreise setzen.

8 Das Ei trennen. Das Eigelb beiseite stellen. Die Teigränder mit dem Eiweiß bestreichen, die Teigkreise halbmondförmig zusammenlegen, die Ränder zusammendrücken. Die Teigtaschen mit dem Eigelb bestreichen und auf die Backbleche legen. 10 Minuten gehen lassen. Blechweise in etwa 15 Minuten goldgelb backen.

Blätterteigtaschen

Anstelle von Hefeteig 300 g TK-Blätterteig verwenden. Die Blätterteigplatten nebeneinander auf die bemehlte Arbeitsfläche legen und auftauen lassen. Für die Füllung 3 Zwiebeln abziehen und fein hacken. 1 Bund Schnittlauch in feine Röllchen schneiden. 250 g Schweinefleisch würfeln und in 2 EL heißem Öl rundum scharf anbraten. Zwiebeln, Schnittlauch, 20 g Butter, 2 EL Mehl, 150 g Schlagsahne, Salz und Pfeffer zum Fleisch in der Pfanne geben, rühren und kurz aufkochen lassen. Die Teigplatten übereinanderlegen und ausrollen. Wie im Hauptrezept beschrieben ausstechen, füllen, mit Eigelb bestreichen und backen.

Griechische Fetataschen

Wer wenig Zeit hat, kann die Füllung statt mit frischen Kräutern auch mit 2 Esslöffeln gemischten Kräutern aus dem Tiefkühlfach und 2 Teelöffeln Pesto aus dem Glas zubereiten.

Für 2 Backbleche (20 Stück)
300 g gekühlter oder TK-Blätterteig
Mehl zum Arbeiten
Für die Füllung und den Guss
100 g Feta (griechischer Schafskäse)
je 1/4 Bund Dill und glatte Petersilie
2 Zweige Basilikum
schwarzer Pfeffer
1 Eigelb
1 EL Milch

VORBEREITUNGSZEIT 20 MINUTEN
PLUS 20 MINUTEN KÜHLZEIT
BACKZEIT 15–20 MINUTEN PRO BLECH

1 TK-Blätterteigplatten nebeneinander auf der bemehlten Arbeitsfläche auftauen lassen. Die Backbleche mit Backpapier belegen.

2 Den Feta mit einer Gabel fein zerkrümeln. Dill und Petersilie waschen, trockenschütteln und fein hacken. Die Basilikumblättchen in Streifen schneiden. Die Kräuter mit dem Käse verkneten. Mit Pfeffer würzen.

3 Den Blätterteig dünn ausrollen und in 12 Quadrate von je etwa 12 cm Seitenlänge schneiden. Die Käsemischung mit einem Teelöffel auf die Mitte der Teigquadrate geben.

4 Das Eigelb mit der Milch verrühren und die Teigränder damit bestreichen. Die Teigquadrate jeweils zu einem Dreieck falten, die Kanten zusammendrücken. Mit den Zinken einer Gabel dicht an dicht ein Muster in die Teigränder drücken.

5 Die Täschchen auf die Backbleche legen, mit der restlichen Ei-Milch bestreichen und etwa 20 Minuten kühl stellen. Inzwischen den Backofen auf 220 °C (Umluft 200 °C, Gas Stufe 4–5) vorheizen. Die Fetataschen in 15–20 MInuten goldbraun backen. Heiß oder lauwarm servieren.

Orientalische Gemüseecken

Reichen Sie das angenehm würzige Gebäck als Appetizer oder mit einem Salat als leichtes Abendessen. Dazu schmeckt Mango-Chutney oder Knoblauch-Minze-Joghurt.

Für 1 Backblech (12 Stück)
Für den Teig
350 g Weizenmehl Type 550, mehr zum Arbeiten
1/4 TL Salz, 1 Ei, 3 EL Öl, 1 EL Essig
Für die Füllung
4 Frühlingszwiebeln, 150 g Kürbis
150 g Kartoffeln, 100 g TK-Brokkoli
2 Knoblauchzehen, 2 EL Öl
1 EL milde Currypaste, 2 TL Zitronensaft
Salz, schwarzer Pfeffer
1 Eigelb, 3 EL Schlagsahne
Öl und 1 Eiweiß zum Bestreichen
Sesamsamen zum Bestreuen

Vorbereitungszeit 50 Minuten
Backzeit 25 Minuten

1 Für den Teig Mehl, Salz, Ei, Öl und Essig mit den Knethaken des Handrührgeräts verkneten. Teig auf die Arbeitsfläche geben, 10 Minuten mit den Händen kneten, dann zur Kugel formen. Eine Keramikschüssel anwärmen, über die Teigkugel stülpen und den Teig 30 Minuten quellen lassen

2 Inzwischen die Frühlingszwiebeln putzen, waschen und hacken. Kürbis und Kartoffeln schälen und raspeln. Den TK-Brokkoli antauen lassen, hacken. Knoblauch abziehen und hacken. Das Öl erhitzen. Das Gemüse 5 Minuten andünsten. Mit Curry, Zitronensaft, Salz und Pfeffer würzen. Eigelb und Sahne unterrühren.

3 Den Teig in 12 Stücke teilen. Jedes Stück zu einem etwa 8 × 30 cm großen dünnen Rechteck ausziehen und mit Öl bestreichen. Den Backofen auf 220 °C (Umluft 200 °C, Gas Stufe 4–5) vorheizen; das Backblech mit Backpapier belegen.

4 Auf das obere Ende jedes Teigstücks 1 EL Füllung geben. Die Teigenden mehrmals diagonal so darum wickeln, dass fest verschlossene Dreiecke entstehen. Die Gemüseecken großzügig mit Öl bestreichen. Auf das Blech legen und 20 Minuten backen. Die Teigecken mit Eiweiß bestreichen, mit Sesamsamen bestreuen und weitere 5 Minuten backen.

Tomatengalettes mit Basilikum

Diese Törtchen nach mediterranem Vorbild gelingen schnell und einfach. Dank Knoblauch, Basilikum, getrockneter Tomaten und Pinienkernen schmecken sie angenehm pikant. Am besten warm mit gemischtem Blattsalat servieren.

Für 1 Backblech (6 Stück)
Für den Teig
120 g Mehl, mehr zum Arbeiten
80 g Weizenvollkornmehl
1 TL Backpulver
1 Prise Salz
30 g kalte Butter
25 g geriebener Parmesan
120 ml Milch
Für den Belag
3 TL Olivenöl
1 Knoblauchzehe
6 getrocknete, in Öl eingelegte Tomatenhälften
1/2 Bund Basilikum
3 große Eiertomaten
30 g Pinienkerne
Basilikumblätter zum Garnieren

VORBEREITUNGSZEIT 20 MINUTEN
BACKZEIT 10–12 MINUTEN

1 Den Backofen auf 220 °C (Umluft 200 °C, Gas Stufe 4–5) vorheizen; das Backblech mit Backpapier belegen. Für den Teig beide Mehlsorten mit dem Backpulver und dem Salz in eine Schüssel geben.

2 Die Butter hacken und zur Mehlmischung geben. Mit den Fingerspitzen alles zu Streuseln verreiben. Den Parmesan unterrühren. In die Mehlmischung eine Mulde drücken und die Milch hineingießen. Alles mit den Händen zu einem weichen, aber nicht klebrigen Teig verkneten.

3 Die Arbeitsfläche dünn mit Mehl bestreuen und den Teig darauf etwa 0,5 cm dick ausrollen. 6 runde Teigstücke mit je 10 cm Ø mit einem Förmchen oder einem umgedrehten Glas ausstechen. Die Teigstücke mit jeweils 6 cm Abstand voneinander auf das Backblech legen. Mit den Zinken einer Gabel rundum ein Rillenmuster in die Teigränder drücken.

4 Die Törtchen mit 2 TL Olivenöl bestreichen. Den Knoblauch abziehen und fein hacken. Die getrockneten, eingelegten Tomaten abtropfen lassen und ebenfalls fein hacken. Vom Basilikum die Blättchen abzupfen und in feine Streifen schneiden. 1 TL Olivenöl mit dem Knoblauch, den Tomaten und dem Basilikum mischen. Auf die Törtchen streichen, dabei einen schmalen Rand frei lassen.

5 Die Tomaten waschen, in dünne Scheiben schneiden und auf den Törtchen anrichten. Die Galettes 7 Minuten im vorgeheizten Ofen backen, dann die Pinienkerne darauf streuen. Weitere 3–5 Minuten backen. Aus dem Ofen nehmen, mit Basilikumblättern garnieren und heiß oder lauwarm servieren.

Zwiebelgalettes

500 g rote Zwiebeln abziehen und in dünne Ringe schneiden. 2 EL Olivenöl in einer Pfanne erhitzen und die Zwiebeln darin unter gelegentlichem Rühren weich dünsten. 2 TL Balsamico-Essig und 1 TL braunen Zucker unterrühren. Den Zucker unter Rühren in 4–5 Minuten karamellisieren lassen. Die Mischung mit Salz, Pfeffer und Thymian abschmecken. Abkühlen lassen. Den Teig wie im Hauptrezept beschrieben zubereiten. Die Zwiebelmasse auf die Törtchen verteilen und mit je 1 TL geriebenem Emmentaler bestreuen. 10–12 Minuten im 220 °C (Umluft 200 °C, Gas Stufe 4–5) heißen Ofen backen.

Der gute Tipp

Besonders schnell sind die Galettes gemacht, wenn man sie mit rotem Pesto aus dem Glas bestreicht.

Lachstarteletts

Der Fischbelag ist so luftig und locker wie ein Soufflé und kommt ganz ohne Fett aus. Servieren Sie die Tarteletts sofort nach dem Backen, damit der Belag nicht zusammenfällt.

Für 6 Förmchen (je 9 cm Ø)
Für den Teig
120 g Mehl, mehr zum Arbeiten
1 Prise Salz
60 g kalte Butter, mehr für die Förmchen
Für den Belag
25 g Speisestärke
150 ml Milch
200 g geräuchertes Lachsfilet (am Stück)
1/2 Bund Dill
1/2 Bund Schnittlauch
2 Eier
Salz
schwarzer Pfeffer
1 EL Zitronensaft
Trockenerbsen zum Blindbacken
Für die Garnitur
Friséesalatblätter
rote Paprikastreifen

Vorbereitungszeit 40 Minuten plus 30 Minuten Kühlzeit
Backzeit 15 Minuten plus 15 Minuten

1 Für den Teig das Mehl mit dem Salz in eine Schüssel geben. Die Butter in Stücke schneiden und mit dem Mehl zu Streuseln verreiben. 2 EL kaltes Wasser darüber träufeln und alles zu einem glatten Teig verkneten. Zur Kugel formen, in Folie wickeln und 30 Minuten kalt stellen.

2 Für den Belag die Speisestärke mit 2 EL Milch verrühren. Die übrige Milch in einem Topf aufkochen. Etwas von der kochenden Milch zur Stärkemischung gießen und verrühren, dann alles in die kochende Milch mischen. Unter Rühren aufkochen. Die Sauce bei mittlerer Hitze 2 Minuten unter ständigem Rühren köcheln lassen; den Topf vom Herd nehmen.

3 Das Lachsfilet in Stücke schneiden. Dill und Schnittlauch waschen und trockenschütteln. Den Dill hacken und den Schnittlauch in Röllchen schneiden. Die Eier trennen. Lachs, Kräuter und Eigelbe unter die Sauce rühren. Alles mit Salz, Pfeffer und Zitronensaft abschmecken und beiseite stellen.

4 Den Backofen auf 200 °C (Umluft 180 °C, Gas Stufe 3–4) vorheizen; die Böden der Förmchen dünn fetten. Den Teig dünn ausrollen und die Förmchen damit auskleiden.

5 Die Teigböden mit einer Gabel mehrmals einstechen; mit Backpapier und Trockenerbsen belegen. Die Tarteletts 10 Minuten im vorgeheizten Ofen blindbacken. Herausnehmen. Backpapier und Trockenerbsen entfernen und die Tarteletts noch 5 Minuten backen. Tarteletts abkühlen lassen und vorsichtig aus den Förmchen lösen. Ein Backblech mit Backpapier belegen, die Tarteletts darauf setzen.

6 Die Eiweiße steif schlagen und unter die Lachssauce ziehen. Auf die Tarteletts verteilen, 15 Minuten backen. Mit Salatblättern und Paprikastreifen garnieren und servieren.

Spinat-Parmesan-Tarteletts

Teig und Sauce wie beschrieben zubereiten; die Tarteletts vorbacken. 125 g TK-Blattspinat auftauen lassen und 2 Minuten dünsten. Gut ausdrücken. Spinat grob hacken und mit geriebener Muskatnuss würzen. Anstelle von Lachs und Kräutern unter die Sauce rühren. Die Eigelbe und 30 g frisch geriebenen Parmesan zugeben, den Eischnee unterheben. Die Sauce auf die Tarteletts verteilen; 15 Minuten im auf 200 °C (Umluft 180 °C, Gas Stufe 3–4) vorgeheizten Ofen backen.

Parmesanmuffins

Die pikanten Küchlein ersetzen das Brot zu Suppe, gegrilltem Gemüse oder Salat. Ganz wichtig: Servieren Sie die Teilchen noch warm, frisch aus dem Ofen.

Für 1 Muffinblech (12 Stück)
220 g Mehl, 2 TL Backpulver
1/2 TL Salz
5 Zweige Thymian
1 Hand voll Basilikumblätter
3 Frühlingszwiebeln
75 g Polentagrieß, mehr zum Bestreuen
60 g geriebener Parmesan
4 EL Olivenöl
150 g Joghurt
160 ml Milch, 2 Eier
Papierförmchen

VORBEREITUNGSZEIT 15 MINUTEN
BACKZEIT 20 MINUTEN

1 Den Backofen auf 190 °C (Umluft 170 °C, Gas Stufe 3) vorheizen; die Papierförmchen in die Mulden des Muffinblechs setzen.

2 Mehl, Backpulver und Salz in einer Schüssel mischen. Thymian und Basilikum waschen, trockentupfen und fein hacken. Die Frühlingszwiebeln putzen, waschen und in feine Ringe schneiden. Kräuter, Polentagrieß und Parmesan in die Mehlmischung geben.

3 In einer zweiten Schüssel das Olivenöl mit dem Joghurt, der Milch und den Eiern kräftig verquirlen. Die flüssige Mischung zur Mehlmischung geben und alles mit einem großen Schneebesen nur so lange miteinander verrühren, bis alle Zutaten gerade vermischt sind.

4 Jeweils 3 TL Teig in eine Muffinmulde füllen, dann mit etwas Polentagrieß bestreuen. Die Muffins in 20 Minuten im vorgeheizten Ofen goldgelb backen. Herausnehmen, in dem Blech auf einem Kuchengitter 10 Minuten abkühlen lassen. Dann aus den Mulden lösen und lauwarm abkühlen lassen. Sofort servieren.

Kräuterscones mit Ricotta

Tipp zum Ausprobieren: den Ricotta durch Ziegenfrischkäse, die Kräuter durch 1 Esslöffel gehackten Oregano und 2 Esslöffel gehackte schwarze Oliven ersetzen.

Für 1 Backblech (8 Stück)
450 g Mehl, mehr zum Arbeiten
1 EL Backpulver
1 TL Salz, schwarzer Pfeffer
220 g weicher Ricotta
1 Ei
3 EL fein gehackte Kräuter (Petersilie, Thymian, Rosmarin, Basilikum, Majoran und Minze)
200–250 ml Milch, mehr zum Bestreichen
1 EL Sesamsamen zum Bestreuen

VORBEREITUNGSZEIT 20 MINUTEN
BACKZEIT 20–25 MINUTEN

1 Den Backofen auf 190 °C (Umluft 170 °C, Gas Stufe 3) vorheizen; das Backblech mit Backpapier belegen. Das Mehl mit dem Backpulver, dem Salz und 1 guten Prise Pfeffer in eine Schüssel geben und alles gut miteinander vermischen.

2 In einer zweiten Schüssel den Ricotta mit dem Ei und den Kräutern glatt verrühren. Diese Creme unter die Mehlmischung kneten. Dabei so viel Milch zufügen, dass ein weicher, aber nicht klebriger Teig entsteht. Die Arbeitsfläche dünn mit Mehl bestreuen, den Teig darauf geben.

3 Den Teig gut durchkneten, zu einer Rolle formen und diese in 8 Stücke teilen. Jedes Stück zu einer Kugel formen, auf das Backblech setzen und etwas flach drücken.

4 Die Scones mit Milch bestreichen und mit Sesamsamen bestreuen. Im vorgeheizten Ofen 20–25 Minuten backen, bis sie leicht gebräunt sind. Die Scones sind gar, sobald es hohl klingt, wenn man auf die Unterseiten klopft. Zum Abkühlen auf ein Kuchengitter setzen. Am besten lauwarm zu einer cremigen Suppe oder zu einem gemischten Blattsalat servieren.

Reis-Gemüse-Päckchen

Geräucherter Schinken, Pilze und Reis verbergen sich in einer knusprigen Hülle aus Filloteig. Die delikaten Päckchen lassen sich bestens vorbereiten: die Füllung am Vortag zubereiten und im Kühlschrank aufbewahren.

Für 1 Backblech (4 Stück)
5 Lagen frischer oder TK-Filloteig
30 g Butter
2 TL Mohnsamen
Für die Füllung
60 g Basmatireis
40 g Wildreis
300 ml Hühnerfond
1 rote Zwiebel
100 g frische Shiitakepilze oder Egerlinge
2 kleine dünne Zucchini
150 g Schwarzwälder Schinken oder ein anderer geräucherter Schinken
1 EL Olivenöl
1 Zweig frischer Estragon
Salz
schwarzer Pfeffer

VORBEREITUNGSZEIT 40 MINUTEN
BACKZEIT 10 MINUTEN

1 Für die Füllung beide Reissorten mit dem Hühnerfond aufkochen. Den Reis bei schwacher Hitze zugedeckt etwa 20 Minuten garen.

2 Die Zwiebel abziehen und klein würfeln. Die Shiitakepilze oder die Egerlinge mit Küchenpapier abreiben. Harte Stiele oder die Stielenden entfernen und die Pilze in dünne Scheiben schneiden. Die Zucchini waschen, putzen, längs vierteln und in Scheiben schneiden.

3 Den Schinken klein würfeln. Das Olivenöl in einer beschichteten Pfanne erhitzen. Zwiebel, Pilze und Zucchini darin zugedeckt unter gelegentlichem Rühren 6–8 Minuten dünsten. Dann vom Herd nehmen und abkühlen lassen.

4 Den Backofen auf 190 °C (Umluft 170 °C, Gas Stufe 3) vorheizen; das Backblech mit Backpapier belegen. 4 Lagen Filloteig übereinander auf die Arbeitsfläche legen. Die fünfte Lage bedeckt lassen, damit sie nicht austrocknet. Die Fillolagen längs halbieren, dann jede Hälfte in 3 Quadrate schneiden, sodass 24 Teigquadrate entstehen.

5 Die Butter schmelzen. 4 Teigquadrate mit einem Abstand von 4 cm auf das Backblech legen, dünn mit Butter bestreichen. Auf jedes Quadrat leicht versetzt 1 weiteres Teigquadrat legen, ebenfalls mit Butter bestreichen. So weiter verfahren, bis jeweils 6 Teigquadrate in einem unregelmäßigen Stapel übereinanderliegen.

6 Schinkenwürfel und gekochten Reis unter die abgekühlte Pilzmischung rühren. Den Estragon waschen; die Blättchen fein hacken und ebenfalls zur Pilzmischung geben. Alles mit Salz und Pfeffer herzhaft abschmecken. Auf die Mitte jedes Teigstapels etwas Füllung häufen. Die Ecken der Quadrate über der Füllung zusammenfassen und vorsichtig so verdrehen, dass eine kleine Öffnung oben frei bleibt.

7 Das fünfte Filloteigblatt mit der restlichen Butter bestreichen. Längs halbieren und in schmale Streifen schneiden. Immer mehrere Teigstreifen auf die Öffnungen der Filloteigtäschchen legen. Den Mohn darüber streuen und die Reis-Gemüse-Säckchen im vorgeheizten Ofen in 10 Minuten goldbraun backen.

Reis-Oliven-Täschchen

Für die Füllung 100 g Risottoreis in 300 ml Hühnerfond wie im Hauptrezept beschrieben garen. 100 g Chorizo (spanische Paprikawurst) abziehen und in kleine Würfel schneiden. 1 rote Zwiebel abziehen und fein würfeln. 1 kleine rote Paprikaschote halbieren, putzen, waschen und in kleine Würfel schneiden. Die Zwiebel in 1 EL Olivenöl glasig dünsten. Paprika und Chorizo zugeben und zugedeckt 8 Minuten dünsten. 10 grüne entsteinte Oliven in dünne Scheiben schneiden, unter die Gemüsemischung rühren. Vom Herd nehmen. Wie im Hauptrezept beschrieben fertig stellen, jedoch mit Oregano statt mit Estragon würzen.

Der gute Tipp

Besonders schnell gelingen die Päckchen, wenn man sie mit übrig gebliebenem Ragout oder Gulasch und Reis oder auch Nudeln vom Vortag füllt.

Ziegenkäsetarteletts

Die zartcremigen Tarteletts harmonieren mit Rucola-Frisée-Salat. Zum Backen am besten antihaftbeschichtete Förmchen mit herausnehmbaren Böden verwenden.

Für 6 Tartelettförmchen
Für den Teig
120 g Mehl, mehr zum Arbeiten
40 g zarte Haferflocken, 1 Prise Salz
80 g kalte Butter, mehr für die Form
Für die Füllung
3 Eier, 120 g Joghurt, 300 ml Milch
Salz, schwarzer Pfeffer
4 EL Preiselbeerkompott
3 EL Schnittlauchröllchen
90 g Ziegenfrischkäse

VORBEREITUNGSZEIT 30 MINUTEN PLUS 30 MINUTEN KÜHLZEIT
BACKZEIT 20 MINUTEN PLUS 25–30 MINUTEN

1 Für den Teig Mehl, Haferflocken und Salz in eine Schüssel geben. Die Butter hacken, mit der Mehlmischung zu Streuseln verreiben. 3 EL Wasser zugeben und alles glatt verkneten. Den Teig zur Kugel formen, in Folie wickeln und 30 Minuten kühlen.

2 Den Backofen auf 190 °C (Umluft 170 °C, Gas Stufe 3) vorheizen, die Förmchen ausfetten. Den Teig dünn ausrollen und die Förmchen damit auskleiden. Die Teigböden mit einer Gabel mehrmals einstechen, mit Backpapier und Trockenerbsen belegen und 12 Minuten blindbacken.

3 Backpapier und Trockenerbsen entfernen. Die Tartelettböden in 8 Minuten goldgelb backen. Die Ofentemperatur auf 180 °C (Umluft 160 °C, Gas Stufe 2–3) senken.

4 Inzwischen die Eier verschlagen. Joghurt, Milch, Salz und Pfeffer zufügen und unterrühren. 2 TL Preiselbeerkompott auf jedes Tartelett streichen. Dann Schnittlauch und Ziegenkäse auf den Preiselbeeren verteilen. Darauf die Eiermischung verteilen und die Tarteletts 25–30 Minuten im vorgeheizten Ofen backen, bis die Füllung leicht gebräunt ist.

Fillotörtchen mit Garnelen

Der hauchdünne Filloteig lässt sich besonders gut mit einer Küchenschere in Form schneiden. Die Körbchen können vorgebacken und erst unmittelbar vor dem Servieren gefüllt werden.

Für 1 Muffinblech (12 Stück)
2 EL Öl, mehr für das Blech
3 Lagen frischer oder TK-Filloteig
2 TL Sesamöl
1 Knoblauchzehe
3 Frühlingszwiebeln, 1 Möhre
75 g Zuckerschoten
1 kleine Pak-Choi-Staude
75 g Mungobohnensprossen
1 EL fein gehackter frischer Ingwer
300 g geschälte rohe Garnelen
1 EL Sojasauce
frischer Koriander zum Garnieren

VORBEREITUNGSZEIT 40 MINUTEN
BACKZEIT 5–7 MINUTEN

1 Den Backofen auf 200 °C (Umluft 180 °C, Gas Stufe 3–4) vorheizen. Die Mulden des Muffinblechs dünn ausfetten. Die Filloteiglagen übereinander auf die Arbeitsfläche legen. Den Stapel längs in 3 Streifen und jeden Streifen in 4 Quadrate schneiden.

2 In jede Mulde des Muffinblechs 1 Teigquadrat legen. Beide Öle mischen, die Teigquadrate damit dünn bestreichen. Auf jedes Quadrat leicht versetzt ein weiteres legen, ebenfalls mit wenig Öl bestreichen. Dann noch jeweils ein drittes Teigquadrat darauflegen und mit Öl bestreichen. Die Teigkörbchen 5–7 Minuten im vorgeheizten Ofen backen.

3 Für die Füllung den Knoblauch abziehen und fein hacken. Frühlingszwiebeln, Möhre, Zuckerschoten und Pak Choi waschen. Gemüse in Ringe oder Streifen schneiden. Sprossen waschen und abtropfen lassen.

4 Die restliche Ölmischung im Wok erhitzen. Knoblauch, Frühlingszwiebeln und Ingwer darin unter Rühren anbraten. Dann die Möhren zugeben, 2 Minuten mitgaren. Garnelen zugeben, weitere 2 Minuten garen. Zuckerschoten, Pak Choi und Sprossen unterrühren, 2–3 Minuten garen. Alles mit Sojasauce abschmecken. Die Mischung in die Teigkörbchen füllen, garnieren und sofort servieren.

Kohlrabipiroggen

Nach russischem Vorbild werden Hefeteigfladen mit einer fleischlosen, aromatischen Kohl-Käse-Creme bestrichen und zu Taschen geschlossen. Praktisch zum Mitnehmen ins Büro oder fürs Picknick.

Für 1 Backblech (12 Stück)
Für den Teig
500 g Weizenmehl Type 1050, mehr zum Arbeiten
42 g Hefe (1 Würfel)
125 ml Sonnenblumenöl
1 Eigelb
1/2 TL Salz
Für die Füllung
1 kg Kohlrabi
200 g Schichtkäse
2 Bund Petersilie
2 Bund Schnittlauch
1 Bund Dill
4 Zweige frische Minze
150 g Gruyère
3 EL Crème fraîche
2 Eier
Salz
1 Prise Cayennepfeffer
1 Prise geriebene Muskatnuss
1 EL Schlagsahne

Vorbereitungszeit 1 Stunde
plus 1 Stunde Ruhezeit
Backzeit 40 Minuten

1 Für den Teig das Mehl in eine Schüssel geben. In die Mitte eine Mulde drücken. Die Hefe zerkrümeln, in die Mulde geben, mit 2 EL lauwarmem Wasser und etwas Mehl vom Rand mischen. Diesen Vorteig zugedeckt an einem warmen Ort 15 Minuten gehen lassen.

2 Zum Vorteig 120 ml lauwarmes Wasser, das Öl, das Eigelb und das Salz geben. Alles mit den Knethaken des Handrührgeräts zu einem klebrigen Teig verarbeiten. Die Arbeitsfläche mit Mehl bestreuen. Den Teig darauf geben und mit den Händen 10 Minuten kräftig kneten und schlagen, bis der Teig schön elastisch ist und nicht mehr klebt. Den Teig in die Schüssel geben, mit einem Tuch bedecken und 1 Stunde an einem warmen, zugfreien Ort gehen lassen, bis sich sein Volumen verdoppelt hat.

3 Inzwischen für die Füllung die Kohlrabi schälen und grob raspeln. Den Schichtkäse mit einer Gabel zerdrücken. Die Kräuter waschen, trockenschütteln und fein hacken, dann mit dem Schichtkäse, dem Gruyère, der Crème fraîche und 1 Ei verrühren. Herzhaft mit Salz, Cayennepfeffer und Muskat abschmecken.

4 Den Teig auf der bemehlten Arbeitsfläche zusammenkneten und in 12 Stücke teilen. Jedes zu einem dünnen Fladen mit etwa 18 cm Ø ausrollen. Zugedeckt auf der Arbeitsfläche weitere 15 Minuten gehen lassen. Den Backofen auf 200 °C (Umluft 180 °C, Gas Stufe 3–4) vorheizen.

5 Das zweite Ei trennen. Das Eigelb mit der Sahne verquirlen und zum Bestreichen der Piroggen beiseite stellen. Jede Teigplatte jeweils zur Hälfte mit der Kohlrabifüllung belegen; dabei einen etwa 1 cm breiten Rand frei lassen und diesen mit dem Eiweiß bestreichen. Die Teigplatten zu Halbmonden zusammenklappen, die Ränder gut zusammendrücken. Die Piroggen mit einem Holzstäbchen mehrmals einstechen.

6 Das Backblech mit Backpapier belegen. Die Piroggen mit mindestens 3 cm Abstand voneinander auf die Bleche legen und mit der Eigelb-Sahne-Mischung bestreichen. Die Piroggen in etwa 40 Minuten goldgelb backen. Zum Abkühlen auf ein Kuchengitter setzen.

Der gute Tipp

Je nach Saison eignen sich anstelle von Kohlrabi blanchierte Spitzkohlstreifen, geraspelte Pellkartoffeln oder gedünsteter Brokkoli wunderbar für die Füllung.

Empanadas mit Putenfleisch

Das Putenfleisch für die Füllung kaufen Sie am besten am Stück. Erst kurz vor der Zubereitung sollten Sie es durch die grobe Scheibe des Fleischwolfs drehen oder mit einem schweren Messer fein hacken.

Für 1 Backblech (5 Stück)
Für den Teig
1 Packung TK-Pizza- oder -Hefeteig
Mehl zum Arbeiten
1 Ei zum Bestreichen
Paprikapulver zum Bestreuen
Für die Füllung
1 Zwiebel
1 Knoblauchzehe
1 frische rote Chilischote
1 große Möhre
30 g abgezogene Mandeln
300 g gepellte gegarte Kartoffeln
1 EL Sonnenblumenöl
250 g gehacktes Putenfleisch
je 1/2 TL Zimt-, Koriander- und Kreuzkümmelpulver
4 EL Weißwein
45 g Rosinen
2 EL Tomatenmark
5 Zweige Koriandergrün
Salz, schwarzer Pfeffer

Vorbereitungszeit 40 Minuten
plus 20–30 Minuten Ruhezeit
Backzeit 25 Minuten

1 Den TK-Teig auftauen lassen. Die Zwiebel und den Knoblauch abziehen. Den Knoblauch durch die Presse drücken, die Zwiebel klein würfeln. Die Chilischote längs halbieren, putzen, waschen und sehr fein hacken. Die Möhre schälen und raspeln. Die Mandeln grob hacken und in einer Pfanne rösten. Die Kartoffeln in 1 cm große Würfel schneiden.

2 Das Öl in einer großen beschichteten Pfanne erhitzen. Zwiebel, Knoblauch und Chili darin unter Rühren 2 Minuten anbraten. Das gehackte Putenfleisch zugeben und unter Rühren 4–5 Minuten anbraten. Die Gewürze zugeben, unterrühren und kurz mit anbraten. Alles mit dem Wein ablöschen und 2 Minuten einkochen lassen.

3 Kartoffeln, Möhre, Rosinen, Mandeln und Tomatenmark unter die Fleischmischung rühren. Koriandergrün waschen, trockenschütteln und hacken, ebenfalls unter die Fleischmischung rühren. Alles mit Salz und Pfeffer würzen. Die Pfanne mit der Fleischmischung vom Herd nehmen.

4 Den Backofen auf 220 °C (Umluft 200 °C, Gas Stufe 4–5) vorheizen; das Backblech mit Backpapier belegen. Die Arbeitsfläche dünn mit Mehl bestreuen und den Teig darauf verkneten. In 5 Stücke teilen; jedes Teigstück zu einem Kreis mit 20 cm Ø ausrollen.

5 Die Putenfleischfüllung auf die Mitte der Teigfladen geben. Das Ei verquirlen und die Ränder der Teigfladen damit bestreichen. Die Teigkreise zur Hälfte über die Füllung schlagen. Die Ränder fest zusammendrücken, dann schmal einschlagen.

6 Die Teigtaschen auf das Backblech legen. Mit einem Tuch bedecken und an einem warmen Ort 20–30 Minuten gehen lassen. Dann mit dem restlichen Ei bestreichen und mit Paprikapulver bestreuen. Die Empanadas 10 Minuten im vorgeheizten Ofen backen. Dann die Backofentemperatur auf 180 °C (Umluft 160 °C, Gas Stufe 2–3) senken und die Empanadas in weiteren 15 Minuten fertig backen, bis sie goldgelb sind. Sofort mit Tomaten-Zwiebel-Salat servieren.

Der gute Tipp

Dazu schmeckt eine scharfe kalte Tomatensauce: Den Inhalt von 1 kleinen Dose gehackte Tomaten mit 1 fein gewürfelten frischen Chilischote, 1 gehackten Knoblauchzehe, etwas Kreuzkümmel, Pfeffer und Salz verrühren. Mit Weißweinessig und Olivenöl abschmecken.

Sesam-Käse-Stangen

Wenn die Chips aus der Tüte weggeputzt sein sollten, ist dieses schnell gemachte Gebäck die ideale Knabber-Alternative!

Für 1 Backblech (40 Stück)
100 g Weizenvollkornmehl
100 g Weizenmehl Type 1050, mehr zum Arbeiten
1/2 TL Salz
50 g Butter
50 g geriebener Parmesan
1 großes Ei
2 EL Milch
1 TL Paprikapulver
1 EL Sesamsamen

VORBEREITUNGSZEIT 15 MINUTEN
BACKZEIT 15 MINUTEN

1 Den Backofen auf 180 °C (Umluft 160 °C, Gas Stufe 2–3) vorheizen; das Backblech mit Backpapier belegen. Beide Mehlsorten mit dem Salz in einer Schüssel mischen. Die Butter zugeben und alles zu Streuseln verreiben. Den Parmesan untermischen.

2 Das Ei mit der Milch verquirlen, 1 EL abnehmen und beiseite stellen. Den Rest zur Mehlmischung gießen und alles zu einem glatten Teig verkneten. Die Arbeitsfläche dünn mit Mehl bestreuen und den Teig darauf kurz durchkneten.

3 Das Paprikapulver über das Mehl auf die Arbeitsfläche streuen und den Teig darauf zu einem Quadrat von etwa 20 cm Seitenlänge ausrollen. Die Teigplatte mit der beiseite gestellten Ei-Milch bestreichen; Sesamsamen darüber streuen und leicht eindrücken.

4 Das Teigquadrat halbieren. Jede Hälfte in etwa 1 cm breite Streifen schneiden. Die Teigstreifen leicht verdrehen und auf das Backblech legen. Dabei die Teigenden leicht auf das Blech drücken, damit sie sich während des Backens nicht hochbiegen.

5 Die Stangen im vorgeheizten Ofen in etwa 15 Minuten knusprig backen. Aus dem Ofen nehmen, nur kurz auf dem Blech abkühlen lassen, warm servieren. Die Stangen halten sich in einer Dose etwa 5 Tage.

Italienische Pizzacracker

Natürlich können Sie die Cracker auch aus selbst gemachtem Hefeteig zubereiten. Das Rezept dafür finden Sie auf Seite 14.

Für 2 Backbleche (36 Stück)
Für den Teig
400 g TK-Pizzateig
1 Eigelb
Mehl zum Arbeiten
Für die Garnitur
Kümmelsamen
gehackte Mandeln
Mohnsamen
Sonnenblumenkerne

VORBEREITUNGSZEIT 15 MINUTEN
BACKZEIT 10–15 MINUTEN PRO BLECH

1 Den TK-Pizzateig bei Raumtemperatur auftauen lassen. Die Bleche mit Backpapier belegen. Den Backofen auf 200 °C (Umluft 180 °C, Gas Stufe 3–4) vorheizen.

2 Den aufgetauten Pizzateig auf der leicht bemehlten Arbeitsfläche etwa 4 mm dick ausrollen. Das Eigelb mit 2 EL Wasser kräftig verquirlen. Die Teigplatte damit bestreichen und in etwa 6 × 6 cm große Quadrate schneiden.

3 Die Teigquadrate mit einer Mischung aus Kümmel, Mandeln, Mohn und Sonnenblumenkernen bestreuen und auf die Bleche legen. im vorgeheizten Ofen in 10–15 Minuten blechweise goldgelb backen. Vom Blech nehmen, kurz abkühlen lassen, warm servieren.

Türkische Schafskäseteilchen

400 g aufgetauten TK-Blätterteig zu einer dünnen Platte ausrollen. Diese zur Hälfte mit zerkrümeltem Schafskäse bestreuen. Die unbestreute Hälfte darüber klappen. Bei 200 °C (Umluft 180 °C, Gas Stufe 3–4) 20–25 Minuten backen. Aus dem Ofen nehmen, in Stücke schneiden, servieren.

Zwiebelpastetchen mit Salat

Bestechend schlicht sind die warmen Blätterteigtörtchen mit Zwiebelfüllung, die am allerbesten frisch aus dem Ofen schmecken. Der herzhafte Salat ergänzt sie aufs Beste.

Für 1 Backblech (4 Stück)
250 g TK-Blätterteig
2 kleine rote Zwiebeln
4 große Schalotten
1 Ei
12 Zweige Thymian
4 EL Olivenöl
Salz
schwarzer Pfeffer
Für den Salat
80 g junge Spinatblätter
80 g Brunnenkresse
25 g Walnussstücke
40 g Blauschimmelkäse (z. B. Saint Agur, Gorgonzola oder Stilton)
3 EL Schlagsahne
1 EL Walnussöl
1 TL Sherryessig
Pfeffer

VORBEREITUNGSZEIT 20 MINUTEN
BACKZEIT 20 MINUTEN

1 Die Blätterteigplatten nebeneinander legen und auftauen lassen. Die roten Zwiebeln und die Schalotten abziehen. Die Zwiebeln in dünne Scheiben, die Schalotten in Viertel schneiden; beiseite stellen. Den Backofen auf 220 °C (Umluft 200 °C, Gas Stufe 4–5) vorheizen; das Backblech mit Wasser benetzen.

2 Auf der leicht bemehlten Arbeitsfläche die Hälfte der Blätterteigplatten zu einem 30 × 15 cm großen Rechteck ausrollen. Die übrigen Teigplatten genauso ausrollen. Mithilfe einer Untertasse aus jedem Rechteck 2 Kreise mit je 13–15 cm Ø ausstechen. Die 4 Kreise auf das Backblech setzen.

3 Das Ei mit einer Gabel verquirlen und mit einem Pinsel auf die Teigkreise streichen. Auf jede Teigscheibe ein Viertel der Zwiebeln und Schalotten häufen, dabei rundherum einen etwa 2 cm breiten Rand lassen.

4 Thymian waschen und trockentupfen. 3 Zweige in jedes Zwiebelhäufchen stecken. Zwiebeln und Schalotten mit etwas Olivenöl beträufeln, mit Salz und Pfeffer bestreuen.

5 Die Zwiebelpastetchen im vorgeheizten Ofen etwa 20 Minuten backen, bis sie goldbraun und die Ränder schön aufgegangen sind.

6 Inzwischen den Salat zubereiten. Die Spinatblätter und die Brunnenkresse waschen und trockenschütteln; in eine Salatschüssel geben. Die Walnussstücke grob hacken und unter den Salat mischen.

7 Die Rinde des Blauschimmelkäses mit einem scharfen Messer entfernen und den Käse in eine kleine Schale krümeln. Die Sahne zugeben und beides gut miteinander vermischen. Walnussöl und Sherryessig hineinrühren. Mit Pfeffer abschmecken.

8 Den Salat mit dem Dressing anmachen. Die Zwiebelpastetchen auf Teller verteilen und mit dem Salat als Beilage servieren.

Große Zwiebelpastete

Den Blätterteig zu einer blechgroßen Teigplatte ausrollen. Mit Zwiebeln und Schalotten wie im Hauptrezept belegen und backen. Aus dem Ofen nehmen, kurz abkühlen lassen und in beliebig große Stücke schneiden.

Der gute Tipp

Verrühren Sie Blauschimmelkäse und Sahne am besten mit einem Kochlöffel aus Holz.

Filloteigecken mit Mangosalsa

Ob Sie mildes oder scharfes Currypulver zum Würzen der Füllung nehmen, bleibt Ihrem Geschmack überlassen. Die Farbe des Pulvers hängt von seiner Zusammensetzung ab: Curry ist eine Mischung aus vielen verschiedenen Gewürzen.

Für 1 Backblech (12 Stück)
2 Lagen frischer oder TK-Filloteig
1 EL Sonnenblumenöl
1/2 TL grob zerstoßene Korianderkörner
Für die Füllung
1 Kartoffel (etwa 200 g)
1 kleine Möhre
50 g TK-Erbsen
1 EL Currypulver
1 EL gehacktes Koriandergrün oder Petersilie
Salz, Pfeffer
Für die Salsa
1 reife, feste Mango
1/2 TL frische geriebene Ingwerwurzel
1 TL Zitronensaft
1 TL Zucker
1/2 TL Chilliflocken
1 TL Sonnenblumenöl

VORBEREITUNGSZEIT 35 MINUTEN
BACKZEIT 10–15 MINUTEN

1 Für die Füllung die Kartoffel und die Möhre schälen und klein würfeln. In etwas Wasser zugedeckt 5 Minuten dünsten. Die Erbsen zugeben und weitere 3 Minuten mitdünsten. Das Gemüse abgießen, gut abtropfen lassen und in eine Schüssel geben.

2 Das Currypulver und den Koriander unter das Gemüse rühren, dabei alles leicht zerdrücken. Die Füllung mit Salz und Pfeffer abschmecken, abkühlen lassen.

3 Den Backofen auf 200 °C (Umluft 180 °C, Gas Stufe 3–4) vorheizen; das Backblech mit Backpapier belegen. 1 Lage Filloteig auf die Arbeitsfläche legen und in 6 Streifen von etwa 30 cm Länge schneiden. Die Streifen dünn mit Öl bestreichen.

4 Auf das Ende eines Streifens mittig 1 guten TL von der Füllung setzen. Den Teig an der freien Ecke so über die Füllung schlagen, dass ein Dreieck entsteht. Dabei die Füllung leicht flach drücken. Nun bis zum Ende des Teigstreifens die Füllung auf diese Weise dreieckig einwickeln. Mit den restlichen Teigstreifen und mit der zweiten Filloteiglage ebenso verfahren.

5 Die Teigdreiecke mit den Nahtstellen nach unten auf das Backblech legen, mit Öl bestreichen und mit dem geschroteten Koriander bestreuen. Die Teigtaschen in 10–15 Minuten goldbraun backen.

6 Für die Salsa die Mango schälen und das Fruchtfleisch in kleinen Würfeln vom Stein schneiden. In einer Schüssel mit dem Ingwer, dem Zitronensaft, dem Zucker, den Chiliflocken und dem Öl verrühren und zu den heißen Teigdreiecken servieren.

Röllchen mit Hähnchenfüllung

Unter die Curry-Gemüse-Mischung noch 150 g fein gewürfeltes gegartes Hähnchenfleisch mischen. Die in Streifen geschnittenen und mit Füllung belegten Teigblätter aufrollen. Die Enden fest zusammendrücken, die Röllchen wie im Hauptrezept angegeben backen.

Der gute Tipp

Falls Teigtaschen übrig bleiben, können sie im 190 °C heißen Ofen (Umluft 170 °C, Gas Stufe 3) in 10 Minuten aufgewärmt werden.

Schinkenkipferln

Die Hörnchen lassen sich beliebig füllen: Versuchen Sie einmal eine Mischung aus feinen Lauchstreifen und gekochten Schinkenwürfeln!

Für 1 Backblech (12 Stück)
Für den Blätterteig
250–300 g TK-Blätterteig
Mehl zum Arbeiten
Für die Füllung
50 g magerer roher Schinken
50 g magerer gekochter Schinken
1 kleine Gewürzgurke
Für den Guss
2 EL Schlagsahne

VORBEREITUNGSZEIT 30 MINUTEN
PLUS 20 MINUTEN KÜHLZEIT
BACKZEIT 10–15 MINUTEN

1 Die TK-Blätterteigplatten nebeneinander legen und auftauen lassen. Das Blech mit Backpapier belegen.

2 Den Teig auf der bemehlten Arbeitsfläche oder zwischen 2 Lagen Backpapier 3–4 mm dick zu einer runden Platte ausrollen. Diese wie eine Torte in 8–12 dreieckige lange Stücke schneiden.

3 Die Spitzen der Stücke etwa 2 cm zur Mitte hin einschneiden, dann etwas auseinander ziehen. Für die Füllung den Schinken und die Gewürzgurke in feine Streifen bzw. kleine Stücke schneiden und mischen.

4 Die Segmente an der breiten Seite mit etwas Füllung belegen und von da aus zu Kipferln aufrollen. Die Kipferln leicht biegen, dann auf das Blech legen. 20 Minuten kühl stellen. Den Backofen auf 220 °C (Umluft 200 °C, Gas Stufe 4–5) vorheizen.

5 Die Sahne mit 2 EL Wasser verrühren und die Kipferln damit bepinseln. Im vorgeheizten Ofen in 10–15 Minuten goldbraun backen. Kurz auf dem Blech abkühlen lassen, dann lauwarm servieren.

Olivenschnecken

Mit einer aromatischen Paste bestrichen, wird Blätterteig im Handumdrehen zu einer überaus köstlichen Knabberei.

Für 2 Backbleche (24 Stück)
300 g TK-Blätterteig
Mehl zum Arbeiten
Für die Füllung
2 eingelegte Sardellenfilets
4 Knoblauchzehen
150 g entsteinte schwarze Oliven
1 getrocknete Chilischote
6 Salbeiblättchen, 1 EL Kapern
1 TL Zitronensaft, je 1/2 TL getrockneter Rosmarin und Thymian
100 ml Olivenöl
schwarzer Pfeffer, Salz

VORBEREITUNGSZEIT 15 MINUTEN PLUS 70 MINUTEN KÜHLZEIT
BACKZEIT 10–15 MINUTEN PRO BLECH

1 Die Blätterteigplatten nebeneinander legen und auftauen lassen. Die Backbleche mit Backpapier belegen. Den Teig zwischen 2 Lagen Backpapier oder auf einer leicht bemehlten Arbeitsfläche zu einem Rechteck ausrollen.

2 Für die Füllung die Sardellenfilets kalt abspülen und abtropfen lassen. Knoblauch abziehen. Sardellen, Knoblauch, Oliven, Chilischote, Salbeiblättchen und Kapern sehr fein hacken. Mit Zitronensaft, Rosmarin, Thymian und Olivenöl zu einer pastenartigen Creme verrühren; salzen und pfeffern.

3 Paste auf den Teig streichen, dabei an einer Längsseite einen 2 cm breiten Rand frei lassen. Die Platte von der Längsseite her locker aufrollen. Teigrolle in Folie wickeln, 40–50 Minuten ins Gefriergerät legen, zwischendurch ein- bis zweimal wenden.

4 Die Rolle in 3–4 mm dicke Scheiben schneiden. Die Schnecken mit etwas Abstand voneinander auf die Bleche legen; 20 Minuten kühl stellen.

5 Den Backofen auf 220 °C (Umluft 200 °C, Gas Stufe 4–5) vorheizen. Die Olivenschnecken mit Wasser besprengen und blechweise im vorgeheizten Ofen in 10–15 Minuten hell backen. Ofentemperatur auf 140 °C senken, das Gebäck weitere 5–10 Minuten im Ofen trocknen lassen. Herausnehmen, abkühlen lassen.

Tunesische Briks mit Thunfisch

Diese Teigtaschen erfüllen alle Bedingungen, die man an einen Snack an heißen Tagen stellt: Sie liegen nicht schwer im Magen, haben eine aromatisch-frische Füllung und liefern ausreichend Energie.

Für 1 Backblech (8 Stück)
8 Frühlingszwiebeln
200 g zarte Spinatblätter
3 EL Olivenöl
4 Lagen frischer oder TK-Filloteig
200 g Thunfisch aus der Dose
2 hart gekochte Eier
1 Spritzer Tabasco
Salz
schwarzer Pfeffer
Zum Servieren
4 Tomaten
1/2 Salatgurke
1 EL Zitronensaft
4 EL Mango- oder Aprikosenchutney

VORBEREITUNGSZEIT 30 MINUTEN
BACKZEIT 12–15 MINUTEN

1 Die Frühlingszwiebeln waschen, putzen und in dünne Ringe schneiden. Den Spinat waschen, abtropfen lassen und grob hacken. In einer beschichteten Pfanne 1 EL Olivenöl erhitzen und die Frühlingszwiebeln darin glasig dünsten. Spinat zugeben, den Deckel aufsetzen und den Spinat in 2–3 Minuten zusammenfallen lassen, zwischendurch umrühren. Das Gemüse in ein Sieb zum Abtropfen und Abkühlen geben.

2 Aus demTeig 24 Kreise mit je 12 cm Ø schneiden. Dafür mit einem passenden umgedrehten Glas oder einer Schüssel die Kreise markieren, mit einem scharfen Messer oder einer Küchenschere ausschneiden. Die Teigkreise übereinanderstapeln und in Frischhaltefolie wickeln, damit sie nicht austrocknen.

3 Das abgekühlte Gemüse gut ausdrücken und in eine Schüssel geben. Den Thunfisch abtropfen lassen und zerpflücken. Die Eier pellen und fein hacken. Beides zum Gemüse geben und unterrühren; mit Tabasco, Salz und Pfeffer würzen.

4 Den Backofen auf 200 °C (Umluft 180 °C, Gas Stufe 3–4) vorheizen; das Backblech mit Backpapier belegen. 1 Teigscheibe dünn mit Öl bestreichen, eine zweite darauf legen, ebenfalls mit Öl bestreichen. Obenauf eine dritte Teigscheibe legen, mit Öl bestreichen.

5 In die Mitte der vorbereiteten Kreise 1 gehäuften EL der Füllung geben, die Kreise zum Halbmond zusammenklappen. Den Rand schmal einschlagen und mit den Fingerspitzen in kurzen Abständen so einkneifen, dass ein Wellenmuster entsteht. Die Brik-Teigtasche auf das Backblech setzen, den restlichen Teig und die restliche Füllung ebenso verarbeiten.

6 Die fertigen Thunfisch-Briks dünn mit dem restlichen Olivenöl bestreichen. Im vorgeheizten Ofen in 12–15 Minuten knusprig und goldbraun backen.

7 Die Tomaten und die Gurke waschen. In Stücke schneiden, mit Zitronensaft, Salz und Pfeffer würzen. Die heißen Briks mit Salat und Chutney servieren.

Türkische Börek-Taschen

4 Lagen Filloteig in 24 Quadrate von je 12 cm Seitenlänge schneiden. Für die Füllung 200 g Schafskäse mit einer Gabel zerkrümeln. 3 Eiertomaten halbieren und entkernen, das Fruchtfleisch grob hacken. Mit dem Schafskäse, 2 EL fein gehackter Petersilie, 1 EL fein gehackter Minze, ein paar Paprikaflocken und 2 EL in feine Ringe geschnittenen Frühlingszwiebeln vermischen. Für jede Teigtasche 3 Teigquadrate wie beschrieben (Schritt 4) mit Öl bestreichen und übereinanderlegen. In die Mitte jeder Tasche 1 EL Füllung geben. Die Teigecken über der Füllung zusammendrücken, leicht verdrehen. Die Börek-Taschen auf das Blech setzen und im auf 200 °C (Umluft 180 °C, Gas Stufe 3–4) vorgeheizten Ofen wie im Hauptrezept angegeben backen.

Windbeutel mit Guacamole

Die beliebte mexikanische Avocadocreme schmeckt herrvorragend als Füllung in großen oder kleinen Windbeuteln. Wer möchte, kann die pürierten Bohnen für die Guacomole durch 200 g Frischkäse ersetzen.

Für 1 Backblech (5 Stück)
Für den Teig
60 g Butter
1 Prise Salz
80 g Mehl
2 Eier
Für die Füllung
1 Dose große weiße Bohnenkerne (etwa 410 g Inhalt)
2 kleine Avocados
Saft von 1 Limette
1 große Tomate
1 kleine rote Zwiebel
1/4 Salatgurke
1 Knoblauchzehe
2 EL gehacktes Koriandergrün
Salz
Cayennepfeffer
Für die Garnitur
Salatblätter

VORBEREITUNGSZEIT 40 MINUTEN
BACKZEIT 18–20 MINUTEN PLUS 5 MINUTEN

1 Für den Teig 150 ml Wasser, die Butter und das Salz in einem Topf aufkochen. Das Mehl auf einmal dazuschütten. So lange rühren, bis sich der Teig als Kloß vom Topfboden löst und sich dabei ein weißer Film auf dem Topfboden bildet.

2 Den Topf vom Herd nehmen und die Brandteigmasse kurz abkühlen lassen. Dann nach und nach mit den Knethaken des Handrührgeräts die Eier unterrühren, bis der Teig glatt und glänzend ist.

3 Den Backofen auf 220 °C (Umluft 200 °C, Gas Stufe 4–5) vorheizen; das Backblech mit Backpapier belegen. Mit zwei Esslöffeln 5 Teigportionen mit je etwa 7,5 cm Ø und 3 cm Höhe auf das Backblech setzen.

4 Die Windbeutel im vorgeheizten Ofen in 18–20 Minuten goldbraun backen. Aus dem Ofen nehmen und in jeden Windbeutel an der Seite mit einer Messerspitze oder einem Spießchen hineinstechen. Die Windbeutel wieder in den Ofen schieben und in 5 Minuten fertig backen. Herausnehmen und auf einem Kuchengitter abkühlen lassen.

5 Für die Füllung die Bohnen abtropfen lassen. Im Mixer pürieren. Die Avocados halbieren und entsteinen, das Fruchtfleisch mit einem Esslöffel aus der Schale heben. In einer Schüssel mit einer Gabel grob zerdrücken. Das Bohnenmus und den Limettensaft zufügen und unterrühren.

6 Die Tomate waschen, halbieren und entkernen. Das Fruchtfleisch klein würfeln. Die Zwiebel abziehen und fein hacken. Die Gurke gründlich waschen, trockenreiben und in kleine Würfel schneiden. Den Knoblauch abziehen und durch die Presse drücken. Gemüse, Knoblauch und Koriandergrün zur Bohnen-Avocado-Creme geben, unterrühren und mit Salz und Cayennepfeffer abschmecken.

7 Die Windbeutel mit einer Schere quer aufschneiden und mit der Bohnen-Guacamole füllen. Mit Salatblättern garnieren und sofort servieren.

Windbeutel mit Hummus

Für die orientalische Kichererbsencreme den Inhalt von 1 großen Dose Kichererbsen abspülen und abtropfen lassen. Im Mixer pürieren. Dabei 1 EL Tahin (Sesampaste), 1 zerdrückte Knoblauchzehe und den Saft von 1 Zitrone zufügen. Dann noch 1 Stück fein gewürfelte Salatgurke, 1 geraspelte Möhre und 2 fein gehackte Frühlingszwiebeln sowie 1 kleine, fein gewürfelte rote Paprikaschote untermischen. Alles mit Kreuzkümmel, Salz und Pfeffer pikant abschmecken.

Pizza, Quiche und pikante Kuchen

Herzhaft

und lohnend

Brokkolikuchen mit Lachs

Wenn es besonders schnell gehen soll, kann man diesen Kuchen mit Hefeteig und Brokkoli aus dem Tiefkühlfach herstellen. Mit einem Blattsalat als warme Mahlzeit serviert, reicht der Kuchen für 5–6 Personen. Gut dazu passt ein gut gekühlter Riesling oder ein Pinot grigio.

Für 1 Tarteform (28 cm Ø)
Für den Teig
100 g Magerquark
2 Eier
1 EL Sonnenblumenöl
1 Prise Salz
220 g Mehl, mehr zum Arbeiten
3 g Trockenhefe (1/2 Päckchen)
Butter für die Form
Für den Belag
500 g Brokkoli
200 g Räucherlachs (am Stück)
1 Bund Dill
200 g Crème fraîche
3 Eier
1 EL Speisestärke
Salz, schwarzer Pfeffer
1 Prise geriebene Muskatnuss
1 TL geriebener Meerrettich
1–2 TL Zitronensaft

Vorbereitungszeit 45 Minuten
Backzeit 35–45 Minuten

1 Für den Teig Quark, Eier, Öl und Salz in einer großen Schüssel glatt verrühren. Das Mehl und die Trockenhefe mischen und zur Quarkmasse geben. Alles mit den Knethaken des Handrührgeräts zu einem klebrigen Teig verarbeiten. Den Teig zugedeckt an einem warmen Ort 30 Minuten gehen lassen.

2 Inzwischen für die Füllung den Brokkoli waschen und putzen. Die Röschen von den Stielen lösen. Die dicken Stiele dünn schälen und in große Stücke schneiden.

3 Brokkoliröschen und -stiele in einen Siebeinsatz geben, diesen in einen passenden Topf setzen. 250 ml Wasser angießen und aufkochen. Das Gemüse zugedeckt etwa 8 Minuten dämpfen. Die Brokkoliröschen aus dem Siebeinsatz nehmen und beiseite stellen. Die Brokkolistiele in einem Rührbecher mit dem Kochwasser fein pürieren. Abkühlen lassen.

4 Den Lachs in schmale Streifen schneiden. Den Dill waschen, trockentupfen und fein hacken. Crème fraîche, Eier und Speisestärke verquirlen, den Dill unterrühren und alles mit dem Brokkolipüree vermischen. Mit Salz, Pfeffer, Muskat, Meerrettich und Zitronensaft herzhaft abschmecken.

5 Den Backofen auf 200 °C (Umluft 180 °C, Gas Stufe 3–4) vorheizen; die Form ausfetten. Den Teig auf der bemehlten Arbeitsfläche ausrollen. Die Form damit auskleiden. Brokkoliröschen und Lachsstreifen auf dem Teig verteilen, die Sauce darüber gießen.

6 Den Kuchen 35–45 Minuten im vorgeheizten Ofen backen, bis der Teigrand schön knusprig und der Belag leicht gebräunt ist. In 12 Stücke schneiden und warm servieren.

Spargelkuchen mit Lachs

Den Teig wie im Hauptrezept beschrieben zubereiten und die Tarteform damit auskleiden. Statt Brokkoli 500 g grünen Spargel waschen, putzen und falls nötig an den Stielenden dünn schälen. Den Spargel in 5 cm lange Stücke schneiden und im Siebeinsatz über 250 ml Wasser in 5–8 Minuten bissfest garen. 2 Schalotten schälen und fein würfeln. 20 g Butter erhitzen und die Schalottenwürfel darin glasig dünsten. 1 EL Mehl darüber streuen und anschwitzen. Mit einem Schneebesen das Spargelkochwasser klümpchenfrei unterrühren. Alles aufkochen, bis die Sauce andickt. Vom Herd nehmen, 3 Eier und 100 g Crème fraîche unterrühren. Die Sauce mit Salz, Pfeffer, Muskatnuss und Zitronensaft abschmecken. 2 EL fein gehackte Petersilie unterrühren. 200 g in Streifen geschnittenen Räucherlachs und den Spargel auf dem Teigboden verteilen, die Sauce darüber gießen. Den Kuchen wie im Hauptrezept beschrieben backen und warm servieren.

Kürbiskuchen

Weil er ohne Boden gebacken wird, ist dieser Kürbiskuchen schnell gemacht. Wer mag, gibt frische Kräuter wie Petersilie, Majoran, Thymian, Kerbel oder Sauerampfer in den Teig.

Für 1 Tarteform (28 cm Ø)
800 g Muskat- oder Hokaidokürbis
125 ml Gemüsebrühe
100 g Pellkartoffeln
150 g mittelalter Gouda
3 EL geriebener Parmesan
40 g Semmelbrösel, 2 EL Olivenöl
2 Eier, 1 EL Mehl
Salz, schwarzer Pfeffer
1–2 TL Zitronensaft
1 Prise geriebene Muskatnuss
Butter für die Form

VORBEREITUNGSZEIT 30 MINUTEN
BACKZEIT 30–35 MINUTEN

1 Den Kürbis schälen, die Kerne und das faserige Innere entfernen. Das Fruchtfleisch in große Würfel schneiden. In der Brühe in 10 –15 Minuten weich kochen. Den Topf vom Herd nehmen und die Kürbiswürfel abkühlen lassen. Den Backofen auf 200 °C (Umluft 180 °C, Gas Stufe 3–4) vorheizen; die Form mit Butter ausfetten.

2 Die Kartoffeln pellen und in Stücke schneiden. Den Gouda entrinden und reiben. Kartoffeln, beide Käse, Semmelbrösel, Olivenöl und Kürbis mitsamt der Brühe in eine hohe Schüssel geben. Mit dem Mixstab fein pürieren.

3 Die Eier mit dem Mehl aufschlagen und unter die Kürbismasse rühren. Die Masse mit Salz, Pfeffer, Zitronensaft und Muskatnuss herzhaft abschmecken.

4 In die Form füllen und glatt streichen. Den Kuchen im vorgeheizten Ofen in 30–35 Minuten goldbraun backen. Sollte der Kuchen zu schnell dunkel werden, die Oberfläche nach der Hälfte der Backzeit mit Alufolie bedecken.

5 Den Kürbiskuchen warm servieren. Gut passt dazu gemischter Salat oder Ratatouille.

Pilz-Pie

Nehmen Sie für die Füllung eine Mischung aus Champignons, Austernpilzen, Pfifferlingen, Stein- und Shiitakepilzen.

Für 1 Pieform (28 cm Ø)
Für den Teig
500 g Weizenmehl Type 1050, mehr zum Arbeiten
42 g frische Hefe (1 Würfel)
100 g weiche Butter, 1 Ei, 1 TL Salz
Für die Füllung
500 g gemischte Pilze
500 g Zwiebeln, 2 Knoblauchzehen
20 g Butter, 250 g Schlagsahne
4 EL gehackte Petersilie, 1 TL gehackter frischer Thymian
Salz, Pfeffer, 1 EL Zitronensaft, 1 Ei
1 Eigelb und 2 EL Milch, verquirlt

Vorbereitungszeit 1 1/4 Stunden
Backzeit 60–70 Minuten

1 Das Mehl in eine Schüssel geben. Die Hefe in 250 ml lauwarmem Wasser auflösen. Mit Butter, Ei und Salz zum Mehl geben. Alles mit den Knethaken des Handrührgeräts verkneten und zugedeckt an einem warmen Ort 30 Minuten gehen lassen.

2 In der Zwischenzeit die Pilze putzen, mit Küchenpapier säubern und grob hacken. Zwiebeln und Knoblauch abziehen. Die Zwiebeln klein würfeln, den Knoblauch hacken. Die Butter in einer Pfanne erhitzen und die Zwiebeln darin glasig dünsten. Knoblauch und Pilze zugeben und 5 Minuten mitdünsten. Die Sahne unterrühren und 2 Minuten einkochen lassen.

3 Petersilie und Thymian unter die Pilzmischung rühren. Alles mit Salz, Pfeffer und Zitronensaft abschmecken. Vom Herd nehmen und das Ei unterrühren. Den Backofen auf 200 °C (Umluft 180 °C, Gas Stufe 3–4) vorheizen; die Form ausfetten.

4 Teig auf der bemehlten Arbeitsfläche 10 Minuten kneten. 5 mm dick ausrollen. Die Form umgedreht auf den Teig setzen, einen Kreis ausschneiden, der etwas größer als die Form ist. Ein Loch in die Mitte stechen. Restlichen Teig ausrollen, die Form damit auslegen. Die Pilzmischung einfüllen. Deckel auflegen, am Formrand andrücken. Mit Eiermilch bestreichen. 60–70 Minuten backen.

Kartoffel-Zucchini-Kuchen

Statt Zucchini schmecken Möhren, Kohlrabi oder Lauch. Möhren und Kohlrabi schälen und grob raspeln. Lauch in dünne Ringe schneiden. Das Gemüse in 1 EL Butter in einer Pfanne kurz dünsten, dann wie beschrieben weiter verarbeiten.

Für 1 Pieform (24 cm Ø)
1 weiße Zwiebel
1 Knoblauchzehe
3 EL Olivenöl
200 g vorwiegend fest kochende Kartoffeln
2 feste Zucchini
1 TL abgeriebene Zitronenschale
1/2 Bund glatte Petersilie
je 3 Zweige frischer Majoran, Thymian und Zitronenthymian
1 TL getrockneter Oregano
2 Eier
3 EL Speisestärke
2 EL Crème fraîche
50 g geriebener Emmentaler
Salz
schwarzer Pfeffer
2 EL frisch geriebener Parmesan
2 EL gemahlene Haselnüsse
Butter für die Form

VORBEREITUNGSZEIT 40 MINUTEN
BACKZEIT 35 MINUTEN

1 Die Zwiebel und die Knoblauchzehe abziehen. Zwiebel in kleine Würfel schneiden, Knoblauch hacken. In einer Pfanne 2 EL Olivenöl erhitzen. Zuerst die Zwiebelwürfel, dann den Knoblauch darin glasig dünsten. Vom Herd nehmen und abkühlen lassen.

2 Die Kartoffeln waschen, schälen und fein reiben. Die Zucchini waschen; die Enden abschneiden und die Zucchini raspeln. Kartoffeln, Zucchini und Zitronenschale in eine Schüssel geben und mischen.

3 Den Backofen auf 210 °C (Umluft 190 °C, Gas Stufe 4) vorheizen; die Form mit Butter ausfetten. Die Kräuter abbrausen und trockenschütteln. Die Blättchen von den Stielen zupfen und fein hacken. Mit dem getrockneten Oregano zur Kartoffel-Zucchini-Mischung geben.

4 Die Eier, die Speisestärke, 1 EL Olivenöl, die Crème fraîche und den geriebenen Emmentaler zur Kartoffel-Zucchini-Mischung geben und unterrühren. Alles mit Salz und Pfeffer herzhaft würzen.

5 Den Kartoffel-Zucchini-Teig in die Form füllen und glatt streichen. Mit Parmesan und Haselnüssen bestreuen. Den Kuchen im vorgeheizten Ofen in 35 Minuten goldbraun backen. Warm servieren.

Kartoffel-Zucchini-Kuchen mit Bacon

150 g Bacon in dünne Streifen schneiden und in 1 EL Olivenöl kross anbraten. Zwiebel und Knoblauch zugeben, glasig werden lassen. Den Teig wie im Hauptrezept beschrieben zubereiten, die Bacon-Mischung untermengen. Den Teig nur sparsam salzen, da der Bacon recht salzig ist. Die Form mit 100 g Baconscheiben auslegen und den Teig hineinfüllen. Wie im Hauptrezept beschrieben backen.

Der gute Tipp

Besonders locker wird der Kuchen, wenn man die Eier trennt und zunächst nur die Eigelbe unter den Teig mischt. Die Eiweiße mit 1 Prise Salz steif schlagen und zum Schluss mit einem großen Schneebesen vorsichtig unter den Teig ziehen.

Kartoffel-Lauch-Quiche

Wer oft Tartes oder Quiches backt, für den lohnt sich eine spezielle Form mit herausnehmbarem und schnittfestem Boden.

Für 1 Tarteform (20 cm Ø)
170 g Mehl, mehr zum Arbeiten
1 TL Paprikapulver, 1/2 TL Salz
3 Zweige frischer Thymian
4 EL Sonnenblumenöl, 1 Ei
Für die Füllung
350 g Pellkartoffeln
250 g Lauch
60 g geriebener Gruyère
2 EL Schnittlauchröllchen
60 g gehackter Rucola, 2 Eier
150 ml Milch, Salz, schwarzer Pfeffer
1 TL Paprikaflocken, Fett für die Form

VORBEREITUNGSZEIT 30 MINUTEN
BACKZEIT 45 MINUTEN

1 Für den Teig Mehl, Paprikapulver und Salz mischen. Thymian abbrausen und trockentupfen, die Blättchen abzupfen und fein hacken. Mit dem Öl, dem Ei und 1 EL Wasser zur Mehlmischung geben. Alles zu einem glatten Teig verkneten. Den Teig zur Kugel formen, in Folie wickeln und 30 Minuten ruhen lassen.

2 Inzwischen für die Füllung die Kartoffeln pellen und in Scheiben schneiden. Die Lauchstangen putzen und waschen. In schmale Streifen schneiden und in 50 ml Wasser in 5 Minuten bissfest garen. Abgießen und abkühlen lassen.

3 Den Backofen auf 200 °C (Umluft 180 °C, Gas Stufe 3–4) vorheizen; die Form ausfetten. Den Teig dünn ausrollen und die Form damit auskleiden. 30 g Käse auf den Teigboden streuen.

4 Die Kartoffeln abwechselnd mit Lauch, Schnittlauch, Rucola und dem restlichen Käse in die Form schichten. Eier mit Milch, Salz, Pfeffer und Paprikaflocken verquirlen, über die Füllung gießen.

5 Die Quiche 10 Minuten im vorgeheizten Ofen backen. Die Temperatur auf 180 °C (Umluft 160 °C, Gas Stufe 2–3) senken, Quiche in 35 Minuten fertig backen. Warm servieren.

Lauchkuchen mit Pinienkernen

Richtig deftig wird der Kuchen, wenn man ihn statt mit Pinienkernen mit 100 g gewürfeltem Speck und 2 EL fein gehackter Petersilie zubereitet.

Für 1 Springform (26 cm Ø)
100 g Magerquark, 4 Eier
Salz, 5 EL Olivenöl
180 g Mehl, mehr zum Arbeiten
2 TL Backpulver, 1 kg Lauch
2 EL Butter, mehr für die Form
100 ml Milch, 200 g weicher Ricotta
2 EL Crème fraîche mit Kräutern
60 g Pinienkerne
schwarzer Pfeffer
1 Prise geriebene Muskatnuss

Vorbereitungszeit 50 Minuten
Backzeit 40 Minuten

1 Den Quark, 1 Ei, 1 Prise Salz und 3 EL Olivenöl verrühren. Mehl und Backpulver mischen, unter die Quarkmasse kneten und den Teig zugedeckt stehen lassen.

2 Den Lauch putzen, waschen, abtropfen lassen und in feine Streifen schneiden. 2 EL Olivenöl mit der Butter in einem weiten Topf erhitzen. Den Lauch zugeben und glasig dünsten. 1 EL Mehl darüber streuen, unterrühren und die Milch zugießen.

3 Alles aufkochen, den Topf vom Herd nehmen und das Gemüse abkühlen lassen. Den Ricotta mit 3 Eiern, der Crème fraîche und etwa zwei Dritteln der Pinienkerne unter das Lauchgemüse rühren. Die Masse mit Salz, Pfeffer und Muskatnuss abschmecken.

4 Den Backofen auf 200 °C (Umluft 180 °C, Gas Stufe 3–4) vorheizen; die Form ausfetten. Den Teig auf der leicht bemehlten Arbeitsfläche dünn ausrollen, dann die Form damit auskleiden. Die Lauchmasse in die Form füllen und mit den restlichen Pinienkernen bestreuen.

5 Den Lauchkuchen im vorgeheizten Ofen etwa 40 Minuten backen, bis er Farbe angenommen hat.

Festliche Hackfleischpastete

Die Hackfleischmasse kann auch in einer großen Kastenform gebacken und dann in dünne Scheiben geschnitten werden. Köstlich schmeckt dazu eine kalte Sauce mit Preiselbeeren oder eine feurig-scharfe Tomatensauce.

Für 1 Springform (26 cm Ø)
Für den Teig
2 Scheiben TK-Blätterteig
200 g Mehl, mehr zum Arbeiten
100 g kalte Butter, mehr für die Form
1 Ei
Salz
1 Eigelb
1 EL Milch
Für die Füllung
600 g Hackfleisch vom Schwein
125 ml trockener Weißwein
2 Lorbeerblätter
2 Zwiebeln
1 Knoblauchzehe
80 g geräucherter Speck
1 Möhre
40 g Knollensellerie
80–100 ml Hühnerbrühe
1 Bund glatte Petersilie
je 4 Zweige frischer Majoran und Oregano
2 Eier
50 g Semmelbrösel
2 TL eingelegte grüne Pfefferkörner
schwarzer Pfeffer
1 Prise geriebene Muskatnuss
1 Prise Pimentpulver
2 TL getrockneter Thymian
1/2 TL edelsüßes Paprikapulver

Vorbereitungszeit 70 Minuten
plus 12 Stunden Kühlzeit
Backzeit 65–70 Minuten

1 Für die Füllung die Hälfte des Hackfleischs mit dem Wein übergießen, die Lorbeerblätter dazulegen und alles zugedeckt im Kühlschrank über Nacht stehen lassen.

2 Am nächsten Tag die Blätterteigscheiben nebeneinander legen und auftauen lassen. Für den Teig das Mehl in eine große Schüssel geben, in die Mitte eine Mulde drücken. Die Butter in Stückchen schneiden und um die Mulde verteilen. 1 Ei, Salz und 1–2 EL Wasser in die Mulde geben. Alles von der Mitte aus zu einem glatten Teig verkneten. Den Teig zur Kugel formen, in Folie wickeln und 1 Stunde in den Kühlschrank stellen.

3 Inzwischen für die Füllung die Zwiebeln und die Knoblauchzehe abziehen. Die Zwiebeln fein würfeln, den Knoblauch durch die Presse drücken. Den Speck von der Schwarte befreien und klein würfeln. Möhre und Sellerie schälen und in kleine Würfel schneiden.

4 Die Brühe aufkochen, Möhre und Sellerie darin in 6–8 Minuten weich garen, dann in der Flüssigkeit mit dem Stabmixer fein pürieren.

5 Die Kräuter waschen und trockenschütteln. Die Blätter abzupfen und hacken. Lorbeerblätter aus dem marinierten Hackfleisch entfernen. Das restliche Hackfleisch, Zwiebeln, Knoblauch, Speck, Möhren-Sellerie-Mischung, Kräuter, Eier, Semmelbrösel, 1 EL Mehl und Pfefferkörner mit dem marinierten Hackfleisch mischen. Mit Salz, Pfeffer, Muskat, Piment, Thymian und Paprika abschmecken.

6 Die Blätterteigscheiben auf der leicht bemehlten Arbeitsfläche dünn ausrollen. Den Backofen auf 200 °C (Umluft 180 °C, Gas Stufe 3–4) vorheizen; die Form mit Butter ausfetten.

7 Den Mürbeteig ebenfalls auf der bemehlten Arbeitsfläche ausrollen und die Form damit auskleiden. Die Fleischmasse hineinfüllen und mit 1 Blätterteigplatte bedecken. In die Mitte ein Loch stechen und eine Rolle aus Alufolie hineinstecken, damit der Dampf beim Backen entweichen kann.

8 Aus der zweiten Blätterteigplatte Sterne oder andere Ornamente ausstechen. Die Hackfleischpastete damit verzieren. Das Eigelb mit der Milch verrühren und den Teigdeckel damit bestreichen. Den Hackfleischkuchen in 65–70 Minuten goldbraun backen und warm servieren. Gut passt dazu Feldsalat mit Walnüssen; als Getränk schmeckt ein leichter Rotwein oder ein Bier zu dem deftigen Kuchen.

Der gute Tipp

Anstelle von Schweinehack kann man auch Rinderhack oder frisch durchgedrehtes Putenfleisch verwenden.

Zwiebelkuchen

Ob für die Party oder zum Abendessen: Ein ofenfrischer Zwiebelkuchen kommt immer bestens an. Gut dazu passt ein frischer Weißwein oder, ganz klassisch, ein Federweißer.

Für 1 Springform (28 cm Ø)
250 g Mehl, mehr zum Arbeiten
21 g Hefe (1/2 Würfel)
125 ml lauwarme Milch
120 g Butter, mehr für die Form, Salz
2 kg Gemüsezwiebeln
2 Eier
50 g durchwachsener geräucherter Speck
1/4 TL Kümmelsamen
3 Eigelb
180 g Schlagsahne

VORBEREITUNGSZEIT 45 MINUTEN
PLUS 1 1/4 STUNDEN RUHEZEIT
BACKZEIT 1 STUNDE

1 Das Mehl in eine Schüssel geben, in die Mitte eine Mulde drücken. Die Hefe in der Milch auflösen. In die Mulde gießen und mit Mehl vom Rand bestreuen. Den Vorteig 15 Minuten zugedeckt an einem warmen Ort gehen lassen.

2 20 g Butter und 1/4 TL Salz zum Vorteig geben. Zu einem glatten Teig verkneten und 30 Minuten gehen lassen. Dann 10 Minuten kräftig kneten, weitere 30 Minuten gehen lassen.

3 Die Zwiebeln schälen, auf dem Gemüsehobel in dünne Ringe hobeln. 100 g Butter erhitzen und die Zwiebeln darin glasig braten. Vom Herd nehmen. Die Eier in einer Schüssel verquirlen, die Zwiebeln unterrühren.

4 Den Backofen auf 220 °C (Umluft 200 °C, Gas Stufe 4–5) vorheizen; die Form ausfetten. Den Speck fein würfeln. Den Teig ausrollen, die Form damit auskleiden. Die Zwiebelmasse hineinfüllen, mit Speck und Kümmel bestreuen. Den Kuchen 10 Minuten backen, Ofentemperatur auf 180 °C (Umluft 160 °C, Gas Stufe 2–3) senken. Eigelbe, Salz und Sahne verrühren. Über den Kuchen gießen und den Kuchen etwa 50 Minuten backen.

Spinatquiche

Der Boden für diese Quiche lässt sich gut vorbacken. 1/2 Stunde vor dem Servieren Spinat und Sahneguss darauf geben und das Ganze fertig backen.

Für 1 Springform (26 cm Ø)
Für den Teig
200 g Mehl, mehr zum Arbeiten
1/2 TL Salz, 1 Eigelb
100 g Butter, mehr für die Form
Trockenerbsen zum Blindbacken
Für den Belag
600 g TK-Blattspinat, 1 Zwiebel
1 Knoblauchzehe, 100 g saure Sahne
100 g Schlagsahne, 3 Eier, 1 Eiweiß
50 g geriebener Parmesan
1 Prise geriebene Muskatnuss
Pfeffer, Salz, 2 EL Mandelblättchen

VORBEREITUNGSZEIT 45 MINUTEN
BACKZEIT 12 MINUTEN PLUS 30–35 MINUTEN

1 Für den Belag den Spinat auftauen lassen. Für den Teig das Mehl mit dem Salz, dem Eigelb, der Butter und 2 EL Wasser zu einem glatten Teig verkneten. Zur Kugel formen, in Folie wickeln und 20 Minuten kühl stellen. Die Form ausfetten. Den Backofen auf 180 °C (Umluft 160 °C, Gas Stufe 2–3) vorheizen.

2 Die Zwiebel und die Knoblauchzehe abziehen. Die Zwiebel fein würfeln, die Knoblauchzehe hacken. Saure Sahne, Schlagsahne, Eier, ½ Eiweiß, Parmesan und Gewürze verrühren. Den Spinat gut ausdrücken und mit einem schweren Messer grob hacken.

3 Den Teig auf der bemehlten Arbeitsfläche ausrollen. Die Form damit auskleiden. Den Teigboden mit der Gabel mehrmals einstechen, mit Backpapier und Trockenerbsen belegen. Den Teigboden 12 Minuten vorbacken. Anschließend herausnehmen, Backpapier und Erbsen entfernen.

4 Das restliche Eiweiß auf den Teigboden streichen. Spinat, Zwiebeln und Knoblauch auf dem Kuchenboden verteilen. Zum Schluss die Sahnemischung darüber gießen und mit den Mandelblättchen bestreuen. Die Spinatquiche 30–35 Minuten backen. Heiß servieren.

Quiche Lorraine

Dieser Klassiker ist einfach unschlagbar! Wer gleich ein ganzes Blech davon backen möchte, verdoppelt einfach die Rezeptmenge. Für den Tiefkühl-Vorrat die Quiche 5 Minuten vor Backzeitende aus dem Ofen nehmen, abkühlen lassen, in Stücke schneiden und portionsweise einfrieren.

Für 1 Springform (26 cm Ø)
Für den Teig
250 g Mehl, mehr zum Arbeiten
120 g Butter, mehr für die Form
1/2 TL Salz
1 Eigelb
Trockenerbsen zum Blindbacken
Für den Belag
150 g Crème fraîche
3 Eier
1 Eigelb
1 Prise geriebene Muskatnuss
schwarzer Pfeffer
Salz
150 g Schinkenspeck in Scheiben
200 g geriebener Emmentaler

VORBEREITUNGSZEIT 35 MINUTEN PLUS 30 MINUTEN KÜHLZEIT
BACKZEIT 12 MINUTEN PLUS 45 MINUTEN PLUS 25–35 MINUTEN

1 Für den Teig das Mehl in eine Schüssel geben. Die Butter in Stückchen schneiden. Mit Salz, Eigelb und 1–2 EL Wasser zum Mehl geben. Alles erst mit den Knethaken des Handrührgeräts, dann mit den Händen zu einem glatten Teig verkneten. Den Teig zur Kugel formen, in Folie wickeln und 30 Minuten kühl stellen.

2 Den Boden der Form einfetten. Den Backofen auf 180 °C (Umluft 160 °C, Gas Stufe 2–3) vorheizen. Den Teig auf der leicht bemehlten Arbeitsfläche dünn ausrollen. Die Form mit dem Teig auskleiden, dabei einen 5 cm hohen Rand bilden.

3 Den Teigboden mit einer Gabel mehrmals einstechen, mit Backpapier und Trockenerbsen belegen und 12 Minuten blindbacken. Trockenerbsen und Backpapier entfernen und den Teigboden weitere 45 Minuten vorbacken. Aus dem Ofen nehmen und leicht abkühlen lassen.

4 Für den Belag die Crème fraîche mit Eiern, Eigelb, Muskatnuss, Pfeffer und Salz verrühren, dabei nur sparsam salzen.

5 Die Schinkenspeckscheiben von den Schwarten befreien und in Stücke schneiden. Schinkenstreifen und Käse auf dem Teigboden verteilen und die Eiersahne darüber gießen.

6 Die Quiche 25–35 Minuten backen. Sollte die Oberfläche zu dunkel werden, mit Alufolie bedecken. Die fertige Quiche 5 Minuten in der Form abkühlen lassen, dann aus der Form lösen und noch heiß servieren.

Der gute Tipp

Statt mit Mürbeteig kann die Quiche auch mit Hefeteig hergestellt werden. Besonders fix gelingt das, wenn man TK-Hefe- oder TK-Pizzateig nimmt.

Flammkuchen Elsässer Art

Für kleine Flammkuchen den Teig in 8 Portionen teilen, oval ausziehen und den Belag darauf verteilen, nur 12–15 Minuten backen.

Für 1 Backblech (8–16 Stücke)
Für den Teig
2 EL Sonnenblumenöl, mehr für das Blech, 1/2 TL Salz
350 g Mehl, mehr zum Arbeiten
21 g Hefe (1/2 Würfel), 1/2 TL Zucker
150–180 ml lauwarme Milch
Für den Belag
3–4 große Zwiebeln, 80 g Räucherspeck
300 g Crème fraîche, 2 Eigelb
1 EL Sonnenblumenöl
1 Prise geriebene Muskatnuss
schwarzer Pfeffer, Salz

Vorbereitungszeit 35 Minuten
plus 1 Stunde Ruhezeit
Backzeit 15–18 Minuten

1 Für den Teig Öl, Salz und Mehl in eine Schüssel geben. Die Hefe mit dem Zucker in der Milch auflösen, zur Mehlmischung gießen. Alle Zutaten mit den Knethaken des Handrührgeräts 5 Minuten kneten, bis sich der Teig vom Schüsselrand löst. Den Teig zugedeckt an einem warmen Ort 30 Minuten gehen lassen.

2 Inzwischen für den Belag die Zwiebeln abziehen und würfeln. Den geräucherten Speck würfeln und in einer großen Pfanne glasig auslassen. Die Zwiebelwürfel dazugeben und glasig dünsten. Crème fraîche, Eigelbe, Öl und Gewürze verquirlen. Das Backblech mit Öl bestreichen.

3 Den Teig auf der bemehlten Arbeitsfläche 5 Minuten kräftig kneten. Mit nassen Händen auf dem Blech ausziehen. Einen schmalen Rand formen und die Teigoberfläche mehrmals mit einer Gabel einstechen.

4 Den Teig weitere 30 Minuten gehen lassen, bis sich sein Volumen etwa verdoppelt hat. Den Backofen auf 220 °C (Umluft 200 °C, Gas Stufe 4–5) vorheizen.

5 Die Speck-Zwiebel-Mischung, dann die Sahnemasse auf dem Teig verteilen. Den Flammkuchen 15–18 Minuten backen. Herausnehmen, noch heiß in Stücke schneiden und möglichst warm servieren.

Spargeltarte

Damit während des Backens nichts auf den Ofenboden tropft, können Sie ein Stück Alufolie unter die Form schieben.

Für 1 Tarteform (28 cm Ø)
Für den Teig
140 g Mehl, mehr zum Arbeiten
50 g kalte Butter, mehr für die Form
1/2 TL Salz, 1 TL Trockenhefe, 1 Ei
Für den Belag
250 g grüner Spargel
50 g geriebener Pecorino
50 g Parmaschinken, in dünne Streifen geschnitten, 50 g TK-Erbsen
2 Eier, 1 Eigelb
Salz, schwarzer Pfeffer, 250 ml Milch

VORBEREITUNGSZEIT 1 STUNDE
BACKZEIT 30–35 MINUTEN

1 Für den Teig alle Zutaten in eine Schüssel geben und glatt verkneten. Dann den Teig auf die bemehlte Arbeitsfläche geben und 5 Minuten kräftig kneten und schlagen. Zugedeckt an einem warmen Ort 45 Minuten gehen lassen.

2 Inzwischen für die Füllung die Spargelstangen waschen, putzen und quer halbieren. Die Spargelenden etwa 1 Minute in einem Siebeinsatz über kochendem Wasser dämpfen. Die Spargelspitzen zugeben, 2 Minuten mitdämpfen. Den Spargel aus dem Topf nehmen und abkühlen lassen.

3 Den Backofen auf 200 °C (Umluft 180 °C, Gas Stufe 3–4) vorheizen; die Form ausfetten. Den Teig ausrollen und die Form damit auskleiden. Den Käse auf den Teigboden streuen. Den Spargel, den Schinken und die Erbsen darauf verteilen.

4 Eier und Eigelb aufschlagen, salzen und pfeffern. Die Milch aufkochen, in die Eiermischung rühren und alles auf die Tarte gießen. Die Tarte 5 Minuten backen, dann die Ofentemperatur auf 180 °C (Umluft 160 °C, Gas Stufe 2–3) senken und die Tarte weitere 25–30 Minuten backen.

Pizzatarte mit Kirschtomaten

Diese leichte Pizzavariante ist wunderbar saftig und aromatisch. Der Teig erhält eine Extraportion Würze durch geriebenen Parmesan und der Belag eine feine Note durch frische Kräuter.

Für 1 Tarteform (28 cm Ø)
Für den Teig
170 g Weizenmehl Type 1050, mehr zum Arbeiten
1/2 TL Salz
1/2 TL Trockenhefe
30 g geriebener Parmesan
2 EL Olivenöl, mehr für die Form
Für den Belag
200 g weicher Ricotta oder Schichtkäse
2 TL gehackter frischer Oregano
1 EL gehackte glatte Petersilie
Salz
schwarzer Pfeffer
250 g Kirschtomaten
50 g entsteinte schwarze Oliven
2 EL Balsamessig
1 EL Olivenöl
1 kleiner Zweig Rosmarin
1 Knoblauchzehe

Vorbereitungszeit 40 Minuten
plus 1 Stunde Ruhezeit
Backzeit 15–20 Minuten

1 Für den Teig das Mehl und das Salz in eine Schüssel geben, die Trockenhefe und den Parmesan unterrühren. In die Mitte eine Mulde drücken, 120 ml lauwarmes Wasser und das Olivenöl hineingeben. Alles von der Mitte aus verkneten, falls nötig noch etwas Wasser zugeben.

2 Die Arbeitsfläche dünn mit Mehl bestreuen, den Teig darauf geben und etwa 10 Minuten kräftig kneten und schlagen, bis er schön elastisch ist und nicht mehr klebt. Den Teig in die Schüssel legen, mit einem Tuch bedecken und 1 Stunde an einem warmen Ort gehen lassen.

3 Den Backofen auf 220 °C (Umluft 200 °C, Gas Stufe 4–5) vorheizen; die Tarteform ausfetten. Den Teig zusammenkneten, in Formgröße ausrollen. Die Tarteform damit auskleiden.

4 Den Ricotta cremig rühren, die Kräuter zugeben, unterrühren und alles mit Salz und Pfeffer würzen. Den Ricotta gleichmäßig auf dem Teigboden verteilen. Die Tomaten waschen, abtropfen lassen, halbieren und mit den Schnittflächen nach oben in den Ricotta setzen. Die Oliven dazwischen verteilen.

5 In einem kleinen Topf den Balsamessig mit dem Olivenöl und dem Rosmarin erhitzen. Die Knoblauchzehe abziehen, leicht zerdrücken und zur Essigmischung geben. Das Ganze offen in 1–2 Minuten etwas einkochen lassen. Die Knoblauchzehe entfernen, die Flüssigkeit über die Tomaten und die Oliven träufeln.

6 Die Pizzatarte im vorgeheizten Ofen 15–20 Minuten backen, bis der Teigrand knusprig ist und die Tomaten leicht karamellisiert sind. Dann aus dem Ofen nehmen. Die Pizzatarte in Stücke schneiden und heiß servieren. Dazu am besten gemischten Blattsalat mit Sonnenblumen- und Kürbiskernen servieren.

Der gute Tipp

Wichtig für das köstliche Aroma dieser Pizzatarte sind sonnengereifte, aromatische Tomaten. Gut eignen sich kleine Kirschtomaten, aber auch Eier- oder Strauchtomaten. Große Tomaten in etwa 2 cm dicke Scheiben schneiden. Im Winter bieten kanarische Tomaten ein volles Aroma.

Pizza mit Pilzen

Machen Sie den Teig nach dem Rezept Pizza Capricciosa auf der rechten Seite. Sie können aber auch fertigen Pizzateig aus dem Tiefkühlfach nehmen.

Für 1 Backblech
1 Portion Hefeteig (siehe rechts)
5 EL Olivenöl, mehr für das Blech
Für den Belag
1 weiße Zwiebel, 2 Knoblauchzehen
1 Dose Pizzatomaten
2 EL Tomatenmark
Salz, schwarzer Pfeffer
1 TL gerebelter Oregano
300 g gemischte Pilze
100 g magerer roher Schinken
je 125 g Gouda und Mozzarella
2 EL gehackte Petersilie

VORBEREITUNGSZEIT 40 MINUTEN
BACKZEIT 12–15 MINUTEN

1 Den Hefeteig wie rechts beschrieben zubereiten. Das Blech mit Öl einfetten. Den Teig auf Blechgröße ausrollen, das Blech damit belegen. Den Teig zugedeckt an einem warmen Ort 30 Minuten gehen lassen.

2 Inzwischen die Zwiebel und den Knoblauch abziehen. Die Zwiebel würfeln, die Knoblauchzehen in Scheiben schneiden. In einer Pfanne 2 EL Olivenöl erhitzen, Zwiebel und Knoblauch darin glasig dünsten. Die Pizzatomaten unterrühren und offen 5 Minuten einkochen lassen. Tomatenmark untermischen und alles mit Salz, Pfeffer und Oregano würzen.

3 Den Backofen auf 250 °C (Umluft 230 °C, Gas Stufe 6) vorheizen. Die Pilze putzen, falls nötig mit Küchenpapier säubern und dann feinblättrig schneiden. Den Schinken von Schwarte und Fett befreien und in Streifen schneiden. Den Gouda entrinden und raspeln, den Mozzarella in Scheiben schneiden.

4 Den Teigboden mit der Tomatensauce bestreichen. Pilze, Schinken, beide Käsesorten und die Petersilie darauf verteilen. Alles mit Pfeffer und Salz bestreuen und mit 3 EL Öl beträufeln. 12–15 Minuten backen, bis die Teigränder hellbraun sind.

Pizzatarte mit Artischocken

Die Pizzatarte nach dem Belegen sofort backen, damit der Teig nicht durchweicht. Noch herzhafter wird die Pizza, wenn man sie mit Weizenmehl Type 1050 zubereitet.

Für 1 Backblech
Für den Teig
3 EL Olivenöl, mehr für das Blech
300 g Mehl, mehr zum Arbeiten
1/2 TL Salz
21 g frische Hefe (1/2 Würfel)
Für den Belag
2 Knoblauchzehen
3 EL Olivenöl
2 Dosen Pizzatomaten
2 EL Tomatenmark
Salz, schwarzer Pfeffer
1 TL gerebelter Oregano
250 g gekochter Schinken am Stück
6 Sardellenfilets
200 g in Öl eingelegte Artischockenherzen
100 g schwarze Oliven

VORBEREITUNGSZEIT 40 MINUTEN
BACKZEIT 12–15 MINUTEN

1 Das Blech mit Öl einfetten. Das Mehl mit den 3 EL Öl und dem Salz in eine Schüssel geben. Die Hefe in 150 ml lauwarmem Wasser auflösen, zur Mehlmischung geben.

2 Alle Zutaten zuerst mit den Knethaken des Handrührgeräts, dann auf der bemehlten Arbeitsfläche mit den Händen gut 5 Minuten kräftig kneten. Den Teig auf Blechgröße ausrollen, das Blech damit auslegen. Den Teig zugedeckt an einem warmen Ort 30 Minuten gehen lassen.

3 Für den Belag die Knoblauchzehen abziehen, klein würfeln. 1 EL Olivenöl in einer Pfanne erhitzen, den Knoblauch darin glasig dünsten. Die Pizzatomaten zugeben und offen 5 Minuten einkochen lassen; dann das Tomatenmark unterrühren. Die Sauce mit Salz, Pfeffer und Oregano würzen.

4 Den Backofen auf 250 °C (Umluft 230 °C, Gas Stufe 6) vorheizen. Den Schinken von Schwarte und Fett befreien und in Streifen schneiden. Die Sardellen abtropfen lassen, ebenfalls in Streifen schneiden. Die Artischocken abtropfen lassen und vierteln.

5 Den Teigboden mit der Tomatensauce bestreichen. Mit Schinken, Sardellen, Artischocken und Oliven belegen und 2 EL Öl darüber träufeln. Die Pizzatarte 12–15 Minuten backen, bis der Teigrand leicht bräunt. Noch heiß auf dem Blech in Stücke schneiden. Sofort servieren.

Pizza Napoletana

Der Belag für diese Pizza lässt sich nach Herzenslust variieren. Statt mit Anchovis kann man sie beispielsweise mit abgetropften Thunfischstücken oder mit Muscheln aus der Dose belegen.

Für 1 Backblech
Für den Teig
350 g Weizenmehl Type 1050, mehr zum Arbeiten
1 Päckchen Trockenhefe
1/2 TL Salz
2 EL Olivenöl, mehr für das Blech
Für den Belag
2 weiße Zwiebeln
2 Knoblauchzehen
2 EL Olivenöl
2 Dosen Pizzatomaten
1/2 TL Zucker
Salz
schwarzer Pfeffer
6 Zweige Basilikum
150 g mittelalter Gouda
250 g Mozzarella
8 Anchovisfilets
150 g entsteinte schwarze Oliven

VORBEREITUNGSZEIT 45 MINUTEN
PLUS 1 1/2 STUNDEN RUHEZEIT
BACKZEIT 20–25 MINUTEN

1 Das Mehl in eine Schüssel geben, Hefe und Salz untermischen. In die Mitte eine Mulde drücken, 200 ml lauwarmes Wasser und das Olivenöl hineingeben. Alles mit den Knethaken des Handrührgeräts von der Mitte aus zu einem klebrigen Teig verarbeiten. Falls der Teig zu trocken ist, noch etwas Wasser zugeben.

2 Die Arbeitsfläche dünn mit Mehl bestreuen. Den Teig darauf geben und mit den Händen etwa 10 Minuten kräftig kneten und schlagen, bis er elastisch ist und nicht mehr klebt. Dann wieder in die Schüssel geben, mit einem Tuch bedecken und an einem warmen Ort 1–1 1/4 Stunden gehen lassen, bis sich sein Volumen verdoppelt hat.

3 Für den Belag die Zwiebeln abziehen und in dünne Ringe schneiden. Die Knoblauchzehen abziehen und hacken. Das Olivenöl in einer beschichteten Pfanne erhitzen, Zwiebeln und Knoblauch darin unter Rühren glasig dünsten. Die Tomaten zugeben. Alles mit Zucker, Salz und Pfeffer würzen; die Sauce offen bei mittlerer Hitze 5 Minuten einkochen lassen. Vom Herd nehmen und abkühlen lassen.

4 Das Backblech dünn mit Olivenöl einfetten. Den Teig auf der bemehlten Arbeitsfläche durchkneten und zu einem großen Fladen mit etwa 40 cm Ø ausrollen. Diesen auf das Backblech legen.

5 Die Basilikumblättchen von den Stielen zupfen und falls nötig mit Küchenpapier säubern. Die Blättchen in breite Streifen schneiden und diese unter die Sauce rühren.

6 Den Gouda entrinden, grob reiben und auf den Teigboden streuen, dabei einen Rand von etwa 2 cm frei lassen. Dann die Sauce auf den Pizzaboden streichen, dabei rundum einen Rand von 1 cm frei lassen.

7 Den Mozzarella in dünne Scheiben schneiden und auf der Sauce verteilen. Die Sardellenfilets längs halbieren, mit den Oliven auf die Pizza legen. Die Pizza an einem warmen Ort 15 Minuten ruhen lassen.

8 Den Backofen auf 220 °C (Umluft 200 °C, Gas Stufe 4–5) vorheizen. Die Pizza 20–25 Minuten im vorgeheizten Ofen backen, bis der Teigrand knusprig und der Käse geschmolzen ist. Herausnehmen, in Stücke schneiden und sofort servieren.

Pizza Margherita

Die Farben Italiens kommen hier voll zur Geltung: Grünes Basilikum, weißer Mozzarella und rote Tomaten bilden den Belag. Statt frischer Tomaten können Pizzatomaten aus der Dose genommen werden.

Für 1 Backblech
Für den Teig
150 g Mehl, mehr zum Arbeiten
1 TL Trockenhefe
1/2 TL Salz
3 EL Olivenöl, mehr für das Blech
Für den Belag
500 g vollreife aromatische Tomaten
1 Knoblauchzehe
3 EL Olivenöl
4 EL trockener Rotwein
Salz
schwarzer Pfeffer
125 g Mozzarella
1/2 Bund Basilikum
1 EL geriebener Parmesan

VORBEREITUNGSZEIT 30 MINUTEN PLUS 1 1/2 STUNDEN RUHEZEIT
BACKZEIT 3 MINUTEN PLUS 10–15 MINUTEN

1 Das Mehl in eine Schüssel geben, Hefe und Salz untermischen. 50 ml lauwarmes Wasser und 2 EL Öl zugeben. Alles mit den Knethaken des Handrührgeräts zu einem klebrigen Teig verarbeiten, nach Bedarf noch etwas Wasser zufügen.

2 Die Arbeitsfläche mit Mehl bestreuen. Den Teig darauf geben und mit den Händen etwa 10 Minuten kräftig kneten und schlagen, bis er schön elastisch ist und nicht mehr klebt.

3 Den Teig zur Kugel formen, in die Schüssel legen und zudeckt an einem warmen Ort etwa 1 ½ Stunden gehen lassen, bis sich sein Volumen verdoppelt hat.

4 Inzwischen die Tomaten mit kochendem Wasser überbrühen und die Haut abziehen. Die Tomaten halbieren, die Stielansätze herausschneiden und die Tomatenhälften würfeln. Die Knoblauchzehe abziehen und klein würfeln.

5 In einer Pfanne 2 EL Olivenöl erhitzen und den Knoblauch darin glasig dünsten. Tomaten und Wein zugeben und unter gelegentlichem Rühren etwa 5 Minuten einkochen. Die Sauce mit Salz und Pfeffer würzen. Vom Herd nehmen, abkühlen lassen.

6 Den Mozzarella abtropfen lassen und in Würfel schneiden. Die Basilikumblättchen von den Stielen zupfen und falls nötig mit Küchenpapier säubern. Die Blättchen in Streifen schneiden. Den Backofen auf 250 °C (Umluft 230 °C, Gas Stufe 6) vorheizen.

7 Die Arbeitsfläche mit Mehl bestreuen, den Teig darauf rund ausrollen. Das Backblech oder eine große Pizzaform mit Öl bestreichen und den Teig darauf legen.

8 Den Teig etwa 3 Minuten im vorgeheizten Ofen backen. Das Blech herausnehmen. Erst die Tomatenstückchen, dann den Mozzarella auf dem Teig verteilen. Das Basilikum, den Käse, Salz und Pfeffer darüber streuen, die Pizza mit 1 EL Olivenöl beträufeln. 10–15 Minuten backen, bis der Käse geschmolzen, der Teigrand goldgelb ist.

Der gute Tipp

Man kann die Basilikumblätter auch im Ganzen, 3–4 Minuten vor Ende der Backzeit, auf die Pizza legen. Nur kurz mitgebacken, sind sie noch aromatischer.

Pizza mit vier Käsesorten

Anstelle der angegebenen Käsesorten eignet sich auch Gouda, Bergkäse, junger Pecorino oder Emmentaler. Harte Käsesorten am besten reiben und auf der Pizza verteilen.

Für 1 Backblech
Für den Teig
2 EL Olivenöl, mehr für das Blech
300 g Mehl, mehr zum Arbeiten
1/2 TL Salz
21 g frische Hefe (1/2 Würfel)
Für den Belag
2 Knoblauchzehen, 3 EL Olivenöl
1 Dose Pizzatomaten
2 EL Tomatenmark, schwarzer Pfeffer
Salz,1 TL gerebelter Oregano
je 80 g Büffelmozzarella, Bel Paese, Gorgonzola und schnittfester Ricotta
100 g schwarze Oliven

VORBEREITUNGSZEIT 40 MINUTEN
BACKZEIT 10–12 MINUTEN

1 Das Blech mit Öl einfetten. Das Mehl mit 2 EL Olivenöl und dem Salz in eine Schüssel geben. Die Hefe in 160 ml lauwarmem Wasser auflösen, zur Mehlmischung geben.

2 Alle Zutaten zuerst mit den Knethaken des Handrührgeräts, dann mit den Händen auf der bemehlten Arbeitsfläche gut 5 Minuten kräftig kneten. Den Teig auf Blechgröße ausrollen, das Blech damit auslegen. Den Teig zugedeckt an einem warmen Ort 30 Minuten gehen lassen.

3 Die Knoblauchzehen abziehen und fein hacken. 1 EL Olivenöl in einer Pfanne erhitzen, den Knoblauch darin glasig dünsten. Die Tomaten zugeben, alles offen 5 Minuten einkochen lassen. Das Tomatenmark unterrühren und die Sauce mit Pfeffer, Salz und Oregano würzen. Die Tomatensauce etwas abkühlen lassen. Den Backofen auf 250 °C (Umluft 230 °C, Gas Stufe 6) vorheizen.

4 Die Käsesorten in kleine, knapp 1 cm dicke Scheiben schneiden. Die Tomatensauce auf den Teigboden streichen und mit den Käsescheiben bedecken. Die Oliven dazwischen setzen und die Pizza mit dem restlichen Öl beträufeln. Die Pizza nochmals kurz gehen lassen, dann 10–12 Minuten backen. Heiß in Stücke schneiden und sofort servieren.

Pissaladière

Nehmen Sie den Teig vom Rezept auf der linken Seite. Oder versuchen Sie diese französische Pizza-Variante mit Blätterteig aus dem Tiefkühlfach.

Für 1 Backblech
1 Portion Hefeteig (siehe links)
Für den Belag
3–4 große Gemüsezwiebeln
2 EL Olivenöl, 3 EL Weißwein
schwarzer Pfeffer, Salz
6–8 Eiertomaten
1/2 TL gerebelter Thymian, 1 TL gerebelter Oregano
150 g geriebener Bergkäse
90 g Sardellenfilets
etwa 150 g schwarze Oliven, 1 Ei

VORBEREITUNGSZEIT 40 MINUTEN
BACKZEIT 10–15 MINUTEN

1 Den Teig wie im Rezept Pizza mit vier Käsesorten beschrieben zubereiten. Ausrollen, das Blech damit auslegen und zugedeckt an einem warmen Ort 30 Minuten gehen lassen. Den Backofen auf 250 °C (Umluft 230 °C, Gas Stufe 6) vorheizen.

2 Die Zwiebeln abziehen und in dünne Ringe hobeln. Das Öl in einer großen Pfanne erhitzen und die Zwiebeln darin bei mittlerer Hitze glasig und weich dünsten. Mit dem Wein ablöschen, dann pfeffern, salzen und auf dem Teig verteilen; rundherum einen fingerbreiten Rand frei lassen.

3 Die Tomaten waschen, in Scheiben schneiden und gleichmäßig auf die Zwiebeln legen. Kräuter und Käse darüber streuen. Die Sardellenfilets abspülen, trockentupfen und längs zwei- bis dreimal teilen. Die Sardellenstreifen rautenförmig auf Kräuter und Käse legen (siehe Foto). In die Mitte jeder Raute 1 Olive setzen.

4 Das Ei mit 1 EL Wasser verquirlen und die Teigränder damit bepinseln. Die Pissaladière kurz gehen lassen. Dann im vorgeheizten Ofen 10–15 Minuten backen. Heiß in Stücke schneiden und sofort servieren.

Hackfleischrolle

Ein prima Picknickbrot, das man schon am Tag zuvor backen, in Alufolie wickeln und gut durchziehen lassen kann. Der Quark-Öl-Teig ist eine schnelle Alternative zum Hefeteig!

Für 1 Backblech
Für den Teig
200 g Magerquark
250 g Mehl, mehr zum Arbeiten
1 Päckchen Backpulver
1/2 TL Salz
1 Ei, 4 EL Sonnenblumenöl
Für die Füllung
1 Brötchen
2 Zwiebeln
1 Knoblauchzehe
150 g durchwachsener Speck
2 EL Rapsöl
400 g gemischtes Hackfleisch
1 Ei
je 1 TL gerebeltes Basilikum, gerebelter Oregano und Thymian
1 Prise Cayennepfeffer
schwarzer Pfeffer
Salz
200 g eingelegte Tomatenpaprika-Streifen
1 Eigelb und 2 EL Milch zum Bestreichen

Vorbereitungszeit 40 Minuten
Backzeit 40–45 Minuten

1 Für den Teig den Quark, das Mehl, das Backpulver, das Salz, das Ei und das Öl in eine Schüssel geben. Mit den Knethaken des Handrührgeräts zu einem glatten Teig verarbeiten. Das Backblech mit Backpapier belegen und den Backofen auf 200 °C (Umluft 180 °C, Gas Stufe 2–3) vorheizen.

2 Für die Füllung das Brötchen in reichlich Wasser einweichen, dann gut ausdrücken. Die Zwiebeln und die Knoblauchzehe abziehen. Die Zwiebeln fein würfeln, den Knoblauch hacken. Den Speck von der Schwarte befreien und klein würfeln.

3 Das Öl in einer Pfanne erhitzen und die Speckwürfel darin glasig braten. Zwiebeln und Knoblauch zugeben und ebenfalls glasig werden lassen. Alles in eine Schüssel geben und kurz abkühlen lassen.

4 Das ausgedrückte Brötchen klein zerpflücken, mit dem Hackfleisch und dem Ei zur Zwiebelmischung geben. Alles gut verkneten; mit Kräutern, Cayennepfeffer, Pfeffer und Salz herzhaft würzen.

5 Die Arbeitsfläche dünn mit Mehl bestreuen. Den Teig darauf zu einem 35 × 40 cm großen Rechteck ausrollen. Die Füllung gleichmäßig darauf verteilen, dabei den hinteren Rand frei lassen. Die Tomatenpaprika-Streifen abtropfen lassen und auf die Füllung geben.

6 Das Ganze aufrollen, mit der Naht nach unten auf das Blech legen und mit Milch bepinseln, die Seiten einschlagen und zusammendrücken.

7 Die Hackfleischrolle im vorgeheizten Ofen in 40–45 Minuten goldbraun backen. Mit Tomatensauce und grünem Salat servieren.

Der gute Tipp

Eingeweichte Brötchen und eingeweichtes Brot lassen sich sehr leicht ausdrücken und gleichzeitig fein zerkleinern, wenn man sie über dem Spülbecken zwischen 2 Holzbrettchen auspresst. Dabei Brot oder Brötchen zwischen den Brettchen einklemmen. Die Brettchen vertikal halten und gegeneinander hin- und herschieben.

Käse-Brandteig-Ring

Käse und Cayennepfeffer geben dem Teig eine herzhafte Note.
Anstelle der Ratatouille schmeckt auch ein Gulasch oder ein Ragout als Belag.

Für 1 Tarteform (30 cm Ø)
Für den Teig
60 g Butter, 1/2 TL Salz, 80 g Mehl
2 Eier, 60 g fein geriebener Gruyère
1 Messerspitze Cayennepfeffer
Für den Belag
je 1 rote und grüne Paprikaschote
1 Aubergine, 2 Zucchini, 1 Zwiebel
2 Knoblauchzehen, 2 EL Olivenöl
1 kleine Dose weiße Bohnen
1 Dose Pizzatomaten, 3 EL gehackte Petersilie, 2 EL gehackter frischer Thymian
Salz, schwarzer Pfeffer

VORBEREITUNGSZEIT 45 MINUTEN
BACKZEIT 25 MINUTEN

1 Den Backofen auf 220 °C (Umluft 200 °C, Gas Stufe 4–5) vorheizen. Für Ratatouille Paprikaschoten, Aubergine und Zucchini waschen, putzen und in 3 cm große Stücke schneiden. Zwiebel und Knoblauch abziehen, Zwiebel würfeln, Knoblauch hacken.

2 Ein Backblech mit Backpapier belegen, das Gemüse darauf verteilen und mit dem Olivenöl beträufeln. Das Gemüse im Ofen 35 Minuten garen, zwischendurch einmal wenden.

3 Inzwischen aus den angegebenen Zutaten einen Brandteig wie auf S. 31 beschrieben zubereiten. Die Form ausfetten und den Teig hineingeben. Den Brandteig in 25 Minuten goldbraun backen.

4 Die Bohnen abtropfen lassen und mit Tomaten, Petersilie, Thymian, Salz und Pfeffer in eine Stielkasserolle geben. Aufkochen und 5 Minuten offen einkochen lassen. Das gegarte Gemüse unterrühren und alles mit Salz und Pfeffer abschmecken.

5 Den Brandteig aus dem Ofen nehmen, vorsichtig aus der Form heben und auf eine Platte setzen. Die Ratatouille in der Mitte des Brandteigs anrichten. Sofort servieren.

Allgäuer Krautstrudel

Falls der Strudel beim Backen zu dunkel wird, sollten Sie ihn nach der Hälfte der Backzeit mit Alufolie bedecken.

Für 1 Reine (15 Stück)
Für den Teig
350 g Mehl, mehr zum Arbeiten
1/4 TL Salz, 1 Ei, 1 EL Essig
3 EL Sonnenblumenöl, mehr zum Bestreichen
125 g flüssige Butter zum Bestreichen, mehr für die Form
100 ml Brühe zum Begießen
Für die Füllung
250 g magerer geräucherter Speck
600 g Sauerkraut, 1 EL Kümmelsamen
125 ml Brühe oder trockener Weißwein
Salz, schwarzer Pfeffer

VORBEREITUNGSZEIT 1 STUNDE
BACKZEIT 35–45 MINUTEN

1 Für den Teig alle Zutaten mit 125 ml lauwarmem Wasser wie im Grundrezept auf S. 32 beschrieben verkneten und 30 Minuten ruhen lassen. Den Backofen auf 220 °C (Umluft 200 °C, Gas Stufe 4–5) vorheizen; die Form mit Butter ausfetten. Eine ofenfeste Schüssel mit heißem Wasser auf den Backofenboden setzen.

2 Für die Füllung den Speck von der Schwarte befreien, würfeln und in einer großen Pfanne anbraten. Das Sauerkraut hacken, zum Speck geben und mit Kümmel würzen. Brühe dazugießen und das Kraut zugedeckt 10 Minuten bei schwacher Hitze schmoren. Das Kraut mit Salz und Pfeffer würzen und in einem Sieb abtropfen lassen.

3 Den Teig in 4 Portionen teilen, nacheinander auf einem bemehlten Tuch ausrollen und mit den Handrücken zu papierdünnen Rechtecken ausziehen. Die Teigrechtecke mit Butter bestreichen. Die Füllung so auf die Strudelblätter geben, dass die Seiten und die hinteren Ränder frei bleiben; die Ränder mit Brühe anfeuchten.

4 Die Strudel mithilfe des Tuchs aufrollen und in 6 cm lange Stücke schneiden. Die Rollen aufrecht nicht zu dicht nebeneinander in die Form setzen. Mit der restlichen Butter bestreichen. Die Strudel 35–45 Minuten backen, dabei alle 10 Minuten mit Brühe oder Wein begießen. Die Strudel heiß in der Form servieren.

Schinkenstrudel mit Brokkoli

Wer es eilig hat, kann den Strudel mit fertigem Strudelteig vom Bäcker oder abgepacktem aus dem Supermarkt zubereiten. Gut eignet sich auch Yufkateig, den man im türkischen Lebensmittelgeschäft bekommt.

Für 2 Strudel
Für den Strudelteig
350 g Mehl, mehr zum Arbeiten
1/4 TL Salz
1 Ei
3 EL Sonnenblumenöl, mehr zum Bestreichen
1 EL Essig
150 g flüssige Butter zum Bestreichen, mehr für die Form
100 ml Milch
50 g Schlagsahne
Für die Füllung
1,5 kg Brokkoli
300 g gekochter Schinken
20 g Butter
3 Eier
1 EL Speisestärke
200 g Crème fraîche
6 EL geriebener Parmesan
1 Prise geriebene Muskatnuss
schwarzer Pfeffer
Salz
1–2 TL Zitronensaft

VORBEREITUNGSZEIT 45 MINUTEN
BACKZEIT 35–40 MINUTEN

1 Eine Schüssel oder einen Topf anwärmen. Für den Teig die Zutaten und 125 ml lauwarmes Wasser in einer zweiten Schüssel mit den Knethaken des Handrührgeräts vermengen.

2 Den Teig 10 Minuten kräftig mit den Händen kneten und schlagen, zu 2 Kugeln formen und mit Öl bestreichen. Die Teigkugeln mit der angewärmten Schüssel bedecken und an einem warmen Ort mindestens 30 Minuten ruhen lassen.

3 Inzwischen für die Füllung den Brokkoli waschen und putzen, die Röschen grob hacken. Den Schinken von Schwarte und Fettrand befreien und in schmale Streifen schneiden. Die Butter in einer Pfanne aufschäumen lassen und die Schinkenstreifen darin leicht anbraten.

4 Die Eier mit der Speisestärke, der Crème fraîche, dem Parmesan, den Gewürzen und 1 guten Prise Salz verrühren. Brokkoli und Schinken unter die Eiermasse heben und alles mit Salz und Zitronensaft abschmecken.

5 Den Backofen auf 220 °C (Umluft 200 °C, Gas Stufe 4–5) vorheizen; das Blech mit Öl bestreichen. Ein ofenfestes Schälchen mit heißem Wasser auf den Backofenboden stellen. Den Teig portionsweise auf einem bemehlten Tuch ausrollen, dann mit den Handrücken zu papierdünnen Rechtecken ausziehen. Die Teigrechtecke mit etwas flüssiger Butter bestreichen.

6 Die Füllung portionsweise so auf den Teigrechtecken verteilen, dass die Seiten und die hinteren Ränder frei bleiben. Die Ränder mit Wasser anfeuchten. Die Strudel mithilfe des Tuchs aufrollen und die Ränder zusammendrücken.

7 Die Strudel nebeneinander mit den Nahtstellen nach unten auf das Backblech gleiten lassen und die Oberflächen mehrmals einstechen.

8 Die Strudel mit der restlichen zerlassenen Butter bestreichen und im vorgeheizten Ofen in 35–40 Minuten goldbraun backen. Die Milch mit der Sahne mischen, leicht salzen. Die Strudel alle 10 Minuten mit einem Teil der Milchmischung begießen. Nach dem Backen 2–3 Minuten ruhen lassen, dann in 5 cm breite Stücke schneiden.

Lachsstrudel

Teig wie im Hauptrezept beschrieben zubereiten. Für die Füllung 2 Bund Frühlingszwiebeln putzen, waschen und in 1 cm breite Ringe schneiden. 4 Pellkartoffeln vom Vortag pellen und in kleine Würfel schneiden. 250 g Räucherlachs in 1 cm breite Streifen schneiden. 20 g Butter in einer großen Pfanne erhitzen, die Frühlingszwiebeln darin glasig werden und abkühlen lassen. 3 Eier, 1 EL Speisestärke, 200 g Crème fraîche, 1 TL geriebenen Meerrettich, 2 EL gehackte Petersilie, Salz und Pfeffer verrühren. Zwiebeln, Kartoffeln und Lachs untermischen, alles mit Salz und Zitronensaft abschmecken. Die Strudel füllen und wie beschrieben backen.

Italienischer Fleischstrudel

Mit einer großen Portion gemischtem Salat dazu ist der heiße Strudel ein köstliches Hauptgericht.

Für 3 Strudel
Für den Teig
1 Portion Strudelteig (siehe S. 32)
150 g flüssige Butter zum Bestreichen, mehr für die Form
150 ml Milch oder Schlagsahne zum Begießen
Für die Füllung
1 Zwiebel, 1 Knoblauchzehe
2 EL Olivenöl
400 g mageres Rinderhackfleisch
1 Bund Basilikum, 1 Dose Pizzatomaten
1 TL gerebelter Oregano
1 TL edelsüßes Paprikapulver
Salz, schwarzer Pfeffer
1 Gemüsezwiebel
1 gelbe, 1 grüne und 2 rote Paprikaschoten
50 g geriebener Emmentaler

Vorbereitungszeit 1 Stunde
Backzeit 35–45 Minuten

1 Den Strudelteig wie im Grundrezept auf S. 33 beschrieben zubereiten und 30 Minuten ruhen lassen. Die Form mit Butter ausfetten.

2 Für die Füllung die Zwiebel und die Knoblauchzehe abziehen. Die Zwiebel in kleine Würfel schneiden, den Knoblauch hacken. Das Öl in einer Pfanne erhitzen. Erst Zwiebel, dann Knoblauch darin glasig dünsten. Das Hackfleisch zugeben und unter Rühren krümelig braten. Basilikum säubern, die Blättchen in Streifen schneiden.

3 Tomaten, Kräuter und Gewürze zur Fleischmischung geben. Alles offen unter Rühren 5 Minuten einkochen, dann abschmecken. Gemüsezwiebel abziehen. Paprikaschoten halbieren, putzen und waschen. Das Gemüse in dünne Streifen schneiden.

4 Den Backofen auf 220 °C (Umluft 200 °C, Gas Stufe 4–5) vorheizen; eine Schale mit heißem Wasser auf den Backofenboden stellen. Den Strudelteig in 3 Portionen teilen. Jeweils ausrollen, ausziehen und mit Butter bestreichen. Die Fleischfarce darauf streichen, das Gemüse längs darauf verteilen.

5 Die Strudel aufrollen, nebeneinander in die Form legen und mit einer Messerspitze einstechen. Die Fleischstrudel mit Butter bestreichen und 35–45 Minuten backen, dabei alle 10 Minuten mit insgesamt 150 ml Milch oder Sahne begießen. Die Strudel 10 Minuten vor Ende der Backzeit mit Käse bestreuen. Fertig backen, aus dem Ofen nehmen und 5 Minuten ruhen lassen. Die Strudel in Stücke schneiden und servieren.

Wirsingstrudel

Besonders knusprig werden die Strudel, wenn man sie während des Backens immer wieder mit der austretenden Flüssigkeit bestreicht. Die Teigstücke sollten etwa 10 cm länger als die Form sein.

Für 3 Strudel
1 Portion Strudelteig (s. Seite 32)
Für die Füllung
1,2 kg Wirsing, 1 Bund Petersilie
200 g mehlig kochende Kartoffeln
1 Zwiebel, 1 Knoblauchzehe
150 g geriebener Emmentaler
200 g Schlagsahne, Salz
schwarzer Pfeffer, Cayennepfeffer
1 Prise geriebene Muskatnuss
50 g Butter, 2 EL Öl, 1 Ei

Vorbereitungszeit 50 Minuten
Backzeit 45–50 Minuten

1 Den Strudelteig wie im Grundrezept auf S. 33 beschrieben zubereiten und 30 Minuten ruhen lassen. Die Form ausfetten.

2 Für die Füllung den Wirsing achteln, putzen, waschen und in kleine Stücke schneiden. Die Petersilie abbrausen und trockenschütteln, die Blättchen hacken. Die Kartoffeln waschen, schälen und würfeln. Wirsing, Petersilie und Kartoffeln in der Küchenmaschine fein zerkleinern.

3 Den Backofen auf 200 °C (Umluft 180 °C, Gas Stufe 3–4) vorheizen. Zwiebel und Knoblauchzehe abziehen und hacken. Mit Käse, Sahne und den zerkleinerten Zutaten mischen. Alles mit Salz, Pfeffer und Muskat würzen.

4 Die Form mit der Hälfte der Butter ausfetten. Den Teig in 2 Portionen teilen und ausziehen. Die Teigplatten mit Öl bestreichen, mit der Füllung belegen und aufrollen. Die Enden einschlagen und die Strudel nebeneinander in die Form legen.

5 Die Wirsingstrudel 45–50 Minuten im vorgeheizten Ofen backen. Zwischendurch zwei- bis dreimal mit der restlichen Butter und der Garflüssigkeit bestreichen.

Spinatstrudel mit Schafskäse

Wer es gerne schärfer mag, gibt 1 Teelöffel Paprikaflocken aus dem türkischen Lebensmittelgeschäft in die Füllung. Anstelle von Schafskäse schmeckt auch geriebener Emmentaler, in Würfel geschnittener Scamorza oder Frischkäse mit Kräutern in der Füllung.

Für 3 Strudel
Für den Teig
350 g Mehl, mehr zum Arbeiten
1/4 TL Salz, 1 Ei
3 EL Olivenöl, mehr zum Bestreichen und für das Blech
1 EL Essig
150 g Butter zum Bestreichen, mehr für die Form
100 ml Milch
Für die Füllung
600 g TK-Blattspinat
1 Zwiebel, 1 Knoblauchzehe
1 EL Olivenöl
1–2 EL heller Instantsaucenbinder
3 Eigelb, 2 EL geriebener Parmesan
250 g Schafskäse
2 Scheiben mittelalter Gouda

VORBEREITUNGSZEIT 50 MINUTEN
BACKZEIT 30–40 MINUTEN

1 Für die Füllung den TK-Spinat auftauen lassen. Eine Schüssel oder einen Topf anwärmen. Für den Teig die Zutaten mit 125 ml lauwarmem Wasser in einer zweiten Schüssel mit den Knethaken des Handrührgeräts vermengen. Den Teig auf der leicht bemehlten Arbeitsfläche 10 Minuten kräftig kneten und schlagen. Zu 3 Kugeln formen und mit Öl bestreichen. Die Teigkugeln mit der angewärmten Schüssel bedecken und an einem warmen Ort mindestens 30 Minuten quellen lassen.

2 In der Zwischenzeit für die Füllung die Zwiebel und die Knoblauchzehe abziehen. Die Zwiebel würfeln, den Knoblauch hacken. Das Öl in einer Pfanne erhitzen, Zwiebel und Knoblauch darin glasig dünsten. Den Spinat etwas ausdrücken, grob hacken und in die Pfanne geben. Alles verrühren und den Saucenbinder dazugeben; kurz aufkochen. Das Gemüse etwas abkühlen lassen, dann die Eigelbe und den Parmesan darunter rühren.

3 Den Teig portionsweise auf einem bemehlten Tuch ausrollen. Mit den Handrücken zu papierdünnen Rechtecken ausziehen. Den Backofen auf 220 °C (Umluft 200 °C, Gas Stufe 4–5) vorheizen; das Blech mit Öl bestreichen. Ein ofenfestes Schälchen mit heißem Wasser auf den Backofenboden stellen.

4 Die Butter zerlassen. Den Teig mit einem Teil davon bestreichen. Den Spinat auf dem Teig verteilen, dabei rundum einen Rand frei lassen. Den Schafskäse über den Spinat bröckeln.

5 Teigränder mit Wasser anfeuchten und die Seiten einschlagen. Die Strudel mithilfe des Tuchs aufrollen und die Ränder zusammendrücken. Die Strudel so auf das Blech gleiten lassen, dass die Nahtstellen unten liegen. Die Strudel mehrmals einstechen.

6 Die Strudel mit der restlichen zerlassenen Butter bestreichen. Im vorgeheizen Ofen in 30–40 Minuten goldgelb backen. Dabei die Strudel alle 10 Minuten mit Milch begießen. 5 Minuten vor Ende der Backzeit die Käsescheiben in Streifen schneiden, auf die Strudel legen und schmelzen lassen. Die Strudel aus dem Ofen nehmen und 2–3 Minuten ruhen lassen. Dann in 5 cm breite Stücke schneiden.

Lauchstrudel

Den Strudelteig wie im Hauptrezept beschrieben zubereiten. 1 kg dünne Lauchstangen putzen, waschen und in dünne Streifen schneiden. In 20 g Butter glasig dünsten. 30 g eingeweichte, klein geschnittene Steinpilze zum Lauch geben und kurz mit andünsten. Vom Herd nehmen. Alles mit Salz, Pfeffer, Muskat und 1 TL gerebeltem Thymian würzen, kurz abkühlen lassen. 2 Eier, 200 g Crème fraîche und 100 g geriebenen Emmentaler unterrühren und die Strudel wie beschrieben weiter verarbeiten.

Fragen und Antworten rund ums Backen

Kann man braunen Zucker ohne weiteres durch weißen ersetzen?
Brauner Zucker – gleich, ob Rüben- oder Rohrzucker – zeichnet sich durch ein feines Karamellaroma aus. Werden im Rezept 1–2 TL brauner Zucker angegeben, lassen sie sich problemlos durch weißen Zucker ersetzen, hier liegt die Betonung auf Süße und nicht auf Aroma. Von 2 EL aufwärts ist ein Ersatz zwar auch möglich, doch auf den Karamellgeschmack muss man dann verzichten, und der Teig wird blasser als vorgesehen.

Wie groß sollten die Eier sein?
Üblicherweise beziehen sich die Angaben in den Backrezepten auf Hühnereier der Gewichtsklasse M (60–65 g). Kräftig gefärbte Eidotter machen zwar auch das Gebäck schön gelb, doch leider ist die Intensität der Färbung an der Schale nicht ersichtlich. Sie hängt allein vom Futter ab. Eier sollten im Kühlschrank aufbewahrt und vor dem Verarbeiten in Teigen rechtzeitig herausgeholt werden, damit sie Raumtemperatur annehmen können.

Lässt sich Zitronenschale auch ohne Reibe fein zerkleinern?
Wer keine spezielle Zitronenreibe hat, kann eine feine Haushaltsreibe benutzen. Ist gar keine Reibe zur Hand, die Zitronen so dünn schälen, dass die weiße Innenhaut an der Frucht bleibt. Die Schale in hauchdünne Streifen und diese wiederum in feinste Würfel schneiden.

Wie häutet man Mandeln?
Die geschälten Mandelkerne in einen Topf mit Wasser geben und den Topf schließen. Das Wasser aufkochen und die Mandeln kurz darin ziehen lassen. Anschließend in ein Sieb schütten. Die Mandeln lassen sich nun ganz einfach aus den Schalen drücken.

Und wie häutet man Haselnüsse?
Haselnüsse in einer trockenen Pfanne unter Rühren rösten, bis die Häute aufplatzen. Die Pfanne vom Herd nehmen, die Nüsse auf einen Teller geben und etwas abkühlen lassen. Dann vorsichtig zwischen den Händen reiben: Die dünnen Häute lassen sich dabei leicht entfernen.

Wie behilft man sich, wenn keine Teigrolle zur Hand ist?
Eine leere Flasche (selbstverständlich ohne Etikett: Legen Sie die Flasche vorher in Wasser, um es zu entfernen) kann eine Teigrolle sehr gut ersetzen. Soll der Teig, beispielsweise ein Mürbeteig, kühl verarbeitet werden, füllt man die Flasche mit kaltem Wasser und stellt sie für etwa 2 Stunden in den Kühlschrank. Die Flasche wird mit lauwarmem Wasser gefüllt, wenn ein Hefeteig damit ausgerollt werden soll, denn dieser Teig braucht Wärme.

Woran muss man denken, wenn man Teigmengen verkleinern oder vergrößern möchte?
Als Faustregel gilt: 2 kleine Springformen mit je 18–20 cm Ø entsprechen einer großen Springform mit 28 cm Ø; und 2 große Springformen entsprechen in etwa einem Backblech.

Muss man den Backofen immer vorheizen?
Hier sollte man sich unbedingt nach den Angaben im Rezept richten. Fast immer ist Vorheizen erforderlich. Einige Teige, z. B. Rührteige, bekommen eine speckige Krume, wenn man sie zu früh in den nicht ausreichend vorgeheizten Ofen schiebt. Andere Teige, dazu gehören bestimmte Brotteige, müssen dagegen in den kalten Backofen geschoben werden, damit sie aufgehen können, während der Ofen aufheizt.

Was ist besser: Ober- und Unterhitze oder Umluft?
Grundsätzlich gilt, dass Kuchen, Gebäck und Brot beim Backen mit Ober- und Unterhitze eine schöne Kruste entwickeln und dadurch saftig bleiben. Bei Umluft gebacken, wird die Kruste nicht so ausgeprägt und das Backgut insgesamt etwas trockener. Bei Ober- und Unterhitze jeweils nur 1 Form bzw. 1 Blech mit Teig in den Backofen schieben, bei Umluft 2–3 Bleche gleichzeitig in den Ofen schieben. Wichtig: Biskuitteig sollte grundsätzlich nicht bei Umluft gebacken werden.

Gewusst wie

Runde und eckige Backformen lassen sich ganz ohne Zuschneiden mit Backpapier auslegen, wenn man ein passend großes Stück Backpapier fest zusammenknüllt und anschließend wieder auseinander faltet und glatt streicht. Dadurch wird das Papier geschmeidig und passt sich Ecken und Rundungen leicht an.

Wieso muss man Knetteig blindbacken, und wie geht das?
Böden aus Mürbeteig werden blindgebacken, damit sie schön flach bleiben und der Rand nicht zusammensackt oder zur Mitte hin zusammenfällt. Zum Blindbacken den rohen Teigboden und -rand mit Backpapier belegen. Darauf eine dicke Schicht getrocknete Hülsenfrüchte, wie Erbsen, Bohnen oder Kichererbsen, füllen. Den Teig wie im Rezept beschrieben vorbacken. Dann die getrockneten Hülsenfrüchte und das Backpapier entfernen und den Teigboden weiterverarbeiten. Die Hülsenfrüchte abkühlen lassen und bis zum nächsten Blindbacken in einem ver-

schlossenen Glas aufbewahren. Zum Kochen eignen sich einmal mitgebackene Hülsenfrüchte nicht mehr!

Ist Blindbacken immer nötig?
Nein. Kleine Tortenböden oder Tartelettes aus Mürbeteig kann man vor dem Backen mehrmals mit einer Gabel einstechen und dann ohne Backpapier und Hülsenfrüchte backen.

Kann man im Mikrowellengerät backen?
Das Backergebnis ist meist sehr enttäuschend, weil das Mehl nicht lange genug quellen kann und sich außerdem keine braune Kruste bildet. Das beste Backergebnis erzielt man im Mikrowellengerät beim Backen von Frucht- oder Quarkmassen.

Woran erkennt man, ob ein Rührkuchen durchgebacken ist?
Bei Rührteig die Garprobe machen: Ein Holz- oder Metallstäbchen tief in die höchste Stelle des Kuchens stechen und anschließend sofort herausziehen. Haften am Stäbchen klebrige Teigreste, ist der Kuchen noch nicht gar. Haften gar keine Reste oder nur vereinzelt Krümel daran, kann der Kuchen aus dem Ofen genommen werden. Achtung bei Kuchen mit Schokoladenstückchen: Die Schokolade haftet natürlich immer am Stäbchen, denn sie wird erst nach dem Abkühlen fest.

Wann sollte Gebäck mit Puderzucker bestreut werden?
Unmittelbar vor dem Servieren. Ist das Gebäck beim Bestreuen noch warm, kann der Puderzucker schmelzen und sich verfärben.

Wie geht man mit Blattgelatine um?
Gelatineblätter vor dem Schmelzen mindestens 10, besser sogar 30 Minuten in reichlich kaltem Wasser einweichen. Dafür gibt man sie einzeln ins Wasser, damit sie nicht aneinander kleben. Erst wenn sich die Gelatine komplett „glibberig“ anfühlt, kann sie ausgedrückt werden. Zum Schmelzen die weiche, tropfnasse Gelatine in wenig kochend heißes (aber nicht kochendes!) Wasser oder die ausgedrückten Blätter in reichlich kochend heiße (aber nicht kochende!) Flüssigkeit geben. Diese Mischung in kühle (nicht zu kalte) Flüssigkeit rühren. Wichtig: Eischnee wird einer Gelatinemasse erst zugefügt, wenn diese bereits begonnen hat zu gelieren. Frische Papayas, Ananas und Kiwis enthalten Enzyme, die das Festwerden von Gelatine verhindern. Dieses Obst also vor der Weiterverarbeitung blanchieren oder statt Gelatine Agar-Agar verwenden.

Gewusst wie

Wird Mehl vor der Weiterverarbeitung gesiebt, wird der Teig lockerer. Das gilt auch für Vollkornmehl. Damit dessen wertvolle Inhaltsstoffe nicht verloren gehen, gibt man die abgesiebten Bestandteile ebenfalls zum Teig und rührt sie unter.

Wie wird Sahne sehr steif?
Schlagsahne lässt sich am besten steif schlagen, wenn sie sehr gut gekühlt ist. Die Sahne nur so lange schlagen, bis sie steif ist. Schlägt man sie über diesen Punkt hinaus oder im Hochsommer bei zu warmer Raumtemperatur, setzt sich die Butter in Flocken ab, und die Sahne lässt sich nicht mehr für Cremes verwenden. Damit die geschlagene Sahne länger stabil bleibt, kann man Sahnefestiger zugeben.

Wozu braucht man einen Tortenring?
Ein solcher Ring ist ein praktisches Hilfsmittel zum Füllen von Creme- oder Sahnetorten. Er wird um den unteren Teigboden gelegt und ermöglicht das Aufeinanderschichten von Creme- und Biskuitschichten, ohne dass die Füllung verläuft. Tortenringe sind meist aus Edelstahl und lassen sich im Durchmesser verstellen.

Was tun, wenn Kekse beim Backen oder auf andere Weise zu hart geworden sind?
Es spielt keine Rolle, ob Plätzchen durch zu langes Backen, Heizungswärme oder trockene Luft hart geworden sind. Man legt sie auf jeden Fall für einige Tage zusammen mit einem frischen Apfel, einer Orange oder einem Stück frischem Brot in einen ausreichend großen Kunststoffbehälter mit fest schließendem Deckel oder in einen anderen gut verschließbaren Behälter.

Welche Teigarten lassen sich roh einfrieren?
Blätter- und Quarkblätterteig, Hefe-, Mürbe- und Strudelteig kann man roh einfrieren. Dabei ist es persönlichen Vorlieben überlassen, ob man nur den Teig oder das fertige, ausgeformte Gebäck mit Auflagen und Füllungen in das Gefriergerät gibt. Vor dem Backen sollte der Teig vollständig aufgetaut sein. Möglichst nur die Teigmengen auftauen lassen, die tatsächlich verbraucht werden. Ist Teig einmal aufgetaut, darf er nicht wieder eingefroren werden.

Wie lässt sich Kuchen am besten aus der Form lösen?
Lassen Sie einen fertig gebackenen Kuchen, den Sie gerade aus dem Ofen genommen haben, zunächst noch kurz in der Form ruhen. Das Gebäck zieht sich nämlich beim Abkühlen ein wenig zusammen, und zwischen Kuchen und Form entsteht dadurch ein kleiner Zwischenraum. Den Kuchen dann mit einem kleinen Messer vollständig vom Formrand lösen. Anschließend ein Kuchengitter auf die Form legen, mitsamt der Form umdrehen und die Form vorsichtig vom Kuchen abheben.

Was kann man tun, wenn sich der Kuchen nicht gleich aus der Form lösen lässt?

Probieren Sie Folgendes: ein feuches Küchentuch um die Form legen und dann den Kuchen noch einmal aus der Form stürzen. Wichtig: Den Kuchen nicht zu kühl werden lassen, das könnte dazu führen, dass er sich gar nicht mehr aus der Form lösen lässt. Falls das einmal passieren sollte: Den Kuchen zum Aufwärmen nochmals kurz in den warmen Ofen schieben, dann aus der Form lösen.

Was ist besser: Fetten oder Backpapier?

Generell ist es egal, ob Sie eine Form oder ein Blech mit einem Pinsel fetten oder alternativ mit Backpapier auslegen. In der Praxis hat sich das Auslegen mit Backpapier bewährt: Es spart nicht nur ein manchmal mühsames Säubern von Blech und Formen, sondern erleichtert darüber hinaus das Herauslösen des Gebäcks.
Wichtig: Backpapier nur für glatte Formen wie Kasten- und Springform sowie Backbleche verwenden.

Wie zuverlässig sind die angegebenen Backzeiten?

Die in den Rezepten angegebenen Temperaturen und Backzeiten sind nur Richtwerte. Die tatsächliche Heizleistung hängt vom Herd-Typ ab; beachten Sie die Temperatur- und Zeitangaben des Geräteherstellers. Außerdem spielen das Alter des Geräts und die Tageszeit, zu der gebacken wird, eine Rolle: Je mehr in den Haushalten eines Energieversorgungsnetzes gekocht und gebacken wird, umso weniger Energie (Strom, Gas) kommt beim einzelnen Haushalt an. Vor allem in der Vorweihnachtszeit dauert es meist länger als angegeben, bis das Gebäck fertig ist.
Wichtig: Am besten zuerst eine kürzere Backzeit wählen als angegeben, die Garprobe machen und falls nötig die Backzeit verlängern.

Wie erhält der Kuvertüreguss einen schönen Glanz?

Kuvertüre stets auf einem warmen Wasserbad in einer Metallschüssel unter Rühren erwärmen. Wichtig: Zuerst zwei Drittel der angegebenen Menge zerbröckeln und auf 38 °C erwärmen. Dann den Rest der Kuvertüre in die flüssige Masse geben, um sie herunterzukühlen. Nach wenigen Minuten die Mischung erneut unter Rühren auf 33 °C erwärmen und sofort auf das kalte Gebäck streichen. Einen besonderen Glanz bekommt die Kuvertüreglasur, wenn man noch etwa 5 g Kokosfett zusammen mit der Kuvertüre schmilzt.
Wichtig: Kuvertüre darf beim Schmelzen nie zu heiß werden, dann verliert sie beim Erkalten ihren Glanz. Ebenfalls darf kein Wasser (auch kein Wasserdampf!) hineingeraten – auch das würde ihren Glanz beeinträchtigen. Restliche, wieder erstarrte Kuvertüre kann jederzeit erneut geschmolzen und verwendet werden.

Wie kann man Marzipan selber machen?

450 g geschälte süße Mandeln sehr fein mahlen. Dann 100–200 g Puderzucker, 2–4 EL Rosenwasser und einige Tropfen Bittermandelaroma zugeben; alles gut miteinander verkneten. Die Masse zur Kugel formen, in Folie wickeln und möglichst 3 Tage kühl lagern, bis sie verwendet wird. Selbst gemachtes Marzipan hält sich, in Folie verpackt, 3 Wochen im Kühlschrank.

Gewusst wie

Gekaufte oder selbst hergestellte Marzipanmasse mit ein paar Tropfen Lebensmittelfarbe durchkneten. Die bunte Masse auf Puderzucker ausrollen und mit kleinen Keksförmchen ausstechen. Ebenso kann man die Masse mit Holzspateln und Löffeln zu Rosenblättern formen. So lassen sich Kuchen und Torten verzieren.

Wie kann man Schokoladenraspel herstellen?

Schokoladenraspel kann man leicht selbst machen, indem man mit einem Sparschäler von kühler Kuvertüre oder Tafelschokolade Raspel herunterschabt. Etwas größer werden die Raspel, wenn Sie mit einer glatten Messerklinge an der unteren flachen Seite der Schokoladentafel entlangschaben.
Große Raspel entstehen, wenn man Kuvertüre oder dunkle Schokolade zunächst schmilzt und dann etwa 1 mm dick auf eine Granit- oder Marmorplatte streicht. Die Schicht muss sehr dünn sein und fast auskühlen. Dann können Sie mit einem breiten Metallspatel (Malerfachgeschäft!) große Locken und Raspel von der erkalteten Masse herunterschaben.

Und wie stellt man Schokoladenblättchen her?

Auf eine Granit- oder Marmorplatte bzw. ein Stück Alufolie eine etwa 2–3 mm dicke Schicht geschmolzene Kuvertüre oder Schokolade streichen. Dann mithilfe einer kleinen Form die gewünschten Blätter aus der beinahe erkalteten Schokoladenschicht stechen.

Kann man ausgekratzte Vanilleschoten noch sinnvoll verwenden?

Ja! Stecken Sie die ausgekratzte Schote oder die ausgekratzten Schoten in ein Glas mit Zucker – das feine Vanillearoma geht in den Zucker über. Ebenso können Sie die Schoten zum Aromatisieren von Brandy verwenden: Die Schoten in die Flasche geben und darin ziehen lassen. Je länger, desto intensiver wird der Vanillegeschmack.

Was muss man bei der Zubereitung und Verwendung von Puderzuckerguss beachten?

Für eine normale Portion Puderzuckerguss 200 g durchgesiebten Puderzu-

cker mit 4–5 EL Flüssigkeit verühren: Wasser, Zitronen- oder Orangensaft, Rum oder Kirschwasser für weißen Guss; Johannisbeer- oder Kirschsaft für rosa Guss. Falls der Guss zu dünn ist, noch etwas Zucker untermischen. Puderzuckerguss dringt nicht zu tief in den Kuchen ein, wenn man die Kuchenoberfläche vorher mit durchpassierter Aprikosenkonfitüre bestreicht. Den Zuckerguss immer erst kurz vor der Verwendung zubereiten, damit er keine harte Kruste bildet. Durch Zugabe von etwa 5 g Kokosfett erhält der Guss nach dem Trocknen einen schönen Glanz.

Wie funktioniert eigentlich ein Wasserbad?

Ein Wasserbad bietet die schonendste Art der Erwärmung von empfindlichen Lebensmitteln wie Eiern bzw. Eiercremes und Schokolade. Die Produkte können dabei weder kochen, noch anbrennen oder gerinnen. Für ein Wasserbad füllt man 2 Finger hoch Wasser in einen Topf. Darüber wird eine Metallschüssel so gesetzt oder gehängt, dass sie das Wasser im Topf nicht berührt – nur der aufsteigende Wasserdampf soll die Schüssel und das Lebensmittel erwärmen. Wer häufig Creme-Desserts oder cremige Tortenfüllungen herstellt oder Schokolade schmilzt, für den lohnt es sich gegebenenfalls, sich einen speziellen Wasserbadtopf, eine so genannte Bain-Marie, zuzulegen. Übrigens: Auf dem Wasserbad lassen sich Cremes auch kalt schlagen: die Schüssel dafür nicht auf ein heißes, sondern ein eiskaltes Wasserbad (Wasser plus Eiswürfel) stellen.

Kann Backpulver verderben und warum macht es Teig locker?

Wenn Backpulver feucht gelagert wurde und Klümpchen bildet, hat es seine Treibkraft verloren. Das weiße Pulver besteht aus Natron und Kohlensäure, woraus unter Einwirkung von Feuchtigkeit und Wärme Kohlendioxid entsteht. Diese chemische Reaktion findet im Teig während des Backprozesses statt: Er wird regelrecht „aufgeblasen", was den Teig in die Höhe treibt und ihn locker macht. Wird in der ersten Hälfte der Backzeit dieser Prozess durch Öffnen der Backofentür gestört, fällt das empfindliche „aufgeblasene" Gebäck wieder zusammen. Der Grund: Der Teig ist noch nicht stabil genug, um die Luftbläschen fest zu umschließen. Das Ergebnis ist ein fester, schwerer Kuchen.

Kann man Hefe noch verwenden, wenn man sie in zu warmer Flüssigkeit angerührt hat?

Nein. Hefepilze werden durch höhere Temperaturen abgetötet. Der Teig kann dann nicht mehr aufgehen, weil sich die Hefepilze nicht mehr vermehren können.

Gibt es eine Alternative zum Spritzbeutel?

Wer häufig Kuchen, Torten und Kleingebäck mit Sahne füllt und verziert, für den ist ein Spritzbeutel ein unentbehrliches Backutensil. Wer nur sehr selten einen Spritzbeutel benötigt, für den gibt es ein simples Hilfsmittel: Einen kleinen Gefrierbeutel (1 l) zu etwa einem Drittel mit Sahne oder Creme füllen; den Beutel oben zusammendrehen. Unten vom Beutel eine Ecke schräg abschneiden – so entsteht ein Loch, aus dem man die Masse spritzen kann. Tipp: besser zuerst ein kleine Ecke abschneiden, das Spritzen ausprobieren und nach Bedarf das Loch noch etwas vergrößern.

Wie kann man einen missglückten Kuchen noch retten?

Verzweifeln Sie nicht, wenn beispielsweise ein Rührkuchen zu fest und trocken geworden ist oder beim Herauslösen aus der Form in mehrere Stücke bricht. Trockener und fester Rührkuchen kann zu Zwieback gebacken werden. Dafür den Kuchen in Scheiben schneiden und die Scheiben auf ein mit Backpapier belegtes Backblech legen. Im auf 200 °C (Umluft 180 °C, Gas Stufe 3–4) vorgeheizten Backofen in 10–15 Minuten knusprig backen. Auf einem Kuchengitter abkühlen lassen und in einer Blechdose aufbewahren. Zerbrochener oder klitschiger Kuchen ist eine köstliche Grundlage für diesen Überraschungskuchen: Kuchenteile mit halbsteif geschlagener Vanillesahne in eine Schüssel schichten; 3 Stunden kühl durchziehen lassen. Nach Belieben noch Obst einschichten.

Rezeptregister

A

Aachener Printen 211
Allgäuer Krautstrudel 335
Ananaskuchen mit Johannisbeergelee 86
Apfel-Heidelbeer-Pie 61
Apfelkuchen mit Gitter 62
Apfelkuchen vom Blech 63
Apfelküchli, Schweizer 201
Apfel-Müsli-Kekse 192
Apfelsahne, Mandeltorte mit 155
Apfelstrudel, Wiener 67
Apfeltarte, Umgedrehte 64
Apfel-Weintrauben-Kuchen, Gedeckter 68
Aprikosen, Schokorolle mit 69
Aprikosenmuffins 181
Aprikosen-Müsli-Tarte 70
Aprikosenstrudel 33
Artischocken, Pizzatarte mit 325

B

Bagels 240
Baiser mit Sahnefüllung 28
Baiser, Rhabarbertorte mit 57
Baiser, Zitruscremetarte mit 139
Baiserhaube, Beerentörtchen mit 174
Baisermasse, Grundrezept 28
Baisers, Mini- 29
Baklava mit Früchten 198
Bananenkuchen, Mexikanischer 85
Bananentarte mit Zitronencreme 83
Baseler Leckerli 214
Baumkuchen 208
Bayerische Fleischtaschen 274
Beerentörtchen mit Baiserhaube 174
Beerentorte mit Vanillecreme 56
Belgrader Brot 229
Berliner Pfannkuchen 187
Beschwipster Orangenkuchen 82
Bienenstich, Gefüllter 116
Birnen, Mohnstriezel mit 166
Birnenkuchen 73
Birnenkuchen, Umgedrehter 74
Birnentörtchen 200
Biskuit, Eigelb- oder Gold- 25
Biskuit, Eiweiß- oder Silber- 25
Biskuit, Münchner 25
Biskuit, Nuss- mit Äpfeln 27
Biskuit, Schokoladen- 25
Biskuit, Wiener 25
Biskuitrolle mit Himbeeren 48
Biskuitrolle mit Pfirsichsahne 136
Biskuitrolle mit Sommerfrüchten 92
Biskuitteig, Grundrezept 24
Brandteig, Grundrezept 30
Brandteig, Schneller 31
Brandteig-Ring, Käse- 334
Braune Kuchen 35
Brezeln, Plunder- 189
Brezeln, Schokoladen- 222
Briks, Tunesische mit Thunfisch 300
Brioches 246
Brokkoli, Schinkenstrudel mit 336
Brokkolikuchen mit Lachs 306
Brot, Dunkles Weizen- 271
Brot, Früchte- 261
Brot, Glutenfreies 266
Brot, Helles Mehrkorn- 268
Brot, Irisches Soda- 248
Brot, Kletzen- 237
Brot, Kräuter-Zopf- 19
Brot, Lockeres Weiß- 267
Brot, Roggensauerteig- 262
Brot, Sonnenblumen-Kartoffel- 260
Brötchen, Frühstücks- 14
Brötchen, Käse- 19
Brötchen, Roggen- 17, 243
Brötchen, Rosinen- 248
Brötchen, Sonntags- 251
Brötchen, Süße 15
Brote, Indische Naan- 252
Brote, Pitta- 257
Brotrolle, Pikant gefüllte Weizen- 265
Brownies 190
Buchteln mit Konfitüre 254
Bunte Mürbeplätzchen 231
Butterhörnchen 245
Butterkuchen, Walisischer 121

C

Cantuccini mit Cranberries 219
Charlotte Russe 122
Christstollen 216
Cranberries, Cantuccini mit 219
Cremetorte mit Obst 161

D

Dattel-Walnuss-Kuchen 120
Dattel-Walnuss-Riegel 193
Donauwellen 103
Dunkles Weizenbrot 271

E

Eberswalder Spritzkuchen 186
Eigelb- oder Goldbiskuit 25
Einfacher Kirschkuchen 38
Eiweiß- oder Silberbiskuit 25
Elisenlebkuchen 215
Empanadas mit Putenfleisch 291
Engadiner Nusstorte 119
Erdbeer-Kiwi-Käsekuchen 52
Erdbeerkuchen mit Sahnefüllung 156
Erdbeer-Ricotta-Tarte 55
Erdnusskekse 195

F

Feigentorte mit Orangenjoghurt 77
Festliche Hackfleischpastete 314
Fetataschen, Griechische 276
Fillokörbchen mit Früchten 173
Fillosäckchen mit Fruchtfüllung 172
Filloteigecken mit Mangosalsa 297
Fillotörtchen mit Garnelen 287
Fillotörtchen mit Pfirsichen 171
Flammkuchen Elsässer Art 320
Fleischstrudel, Italienischer 338
Fleischtaschen, Bayerische 274
Flockenschnitten 159
Focaccia 253
Focaccia mit Kräutern und Oliven 15
Frankfurter Kranz 112

Früchtebrot 261
Fruchtfüllung, Fillosäckchen mit 172
Fruchtfüllung, Hörnchen mit 168
Frühstücksbrötchen 14

G

Garnelen, Fillotörtchen mit 287
Gedeckter Apfel-Weintrauben-Kuchen 68
Gefüllte Mohntorte 105
Gefüllter Bienenstich 116
Gemüseecken, Orientalische 277
Gestürzter Mangokuchen 91
Glutenfreies Brot 266
Griechische Fetataschen 276
Große Orangentorte 79
Guacamole, Windbeutel mit 303
Gugelhupf 125

H

Hackfleischpastete, Festliche 314
Hackfleischrolle 332
Haferflockenmakronen 226
Haselnusstorte 129
Hefegebäck, Party- 242
Hefe-Nikolause 232
Hefeteig, Grundrezept 14
Hefezopf, Klassischer 259
Heidelbeeren, Käsekuchen mit 51
Heidelbeerkuchen mit Grießguss 47
Heidelbeermuffins 182
Helles Mehrkornbrot 268
Herzhafter Quarkstrudel 33
Himbeeren, Biskuitrolle mit 48
Himbeertorte mit Sahnejoghurt 140
Honigkuchen 213
Honigkuchen, Ingwer- 35
Hörnchen mit Fruchtfüllung 168
Hörnchen, Butter- 245

I

Indische Naan-Brote 252
Ingwer-Honigkuchen 35
Irisches Sodabrot 248
Italienische Pizzacracker 293
Italienischer Fleischstrudel 338
Italienischer Reiskuchen 106

J

Joghurt-Sahne-Torte 24
Johannisbeeren, Vollkornmuffins mit 179
Johannisbeer-Quark-Kuchen 46
Johannisbeertarte mit Marzipan 45

K

Kaffeetorte, Kleine 129
Kartoffelbrot, Sonnenblumen- 260
Kartoffel-Lauch-Quiche 312
Kartoffel-Zucchini-Kuchen 311
Käse-Brandteig-Ring 334
Käsebrötchen 19
Käsekuchen mit Heidelbeeren 51
Käsekuchen mit Rosinen 111
Käsekuchen, Erdbeer-Kiwi- 52
Käsesorten, Pizza mit vier 330
Käse-Stangen, Sesam- 292
Kirschkuchen mit Rahmguss 39
Kirschkuchen, Einfacher 38
Kirschstreuseltorte, Schnelle 42
Kirschstrudel mit Mandeln 43
Kirschtomaten, Pizzatarte mit 322
Kirschtörtchen, Versunkene 184
Kirschtorte, Schwarzwälder 98
Klassischer Hefezopf 259
Kleine Kaffeetorte 129
Kletzenbrot 237
Kohlrabipiroggen 288
Kokosbusserln 227
Kranz, Frankfurter 112
Kräuterscones mit Ricotta 283
Kräuter-Zopfbrot 19
Krautstrudel, Allgäuer 335
Kürbiskuchen 308

L

Lachs, Brokkolikuchen mit 306
Lachstarteletts 280
Lauchkuchen mit Pinienkernen 313
Lauch-Quiche, Kartoffel- 312
Lebkuchen, Grundrezept 34
Leckerli, Baseler 214
Linzer Torte 104
Lockeres Weißbrot 267

M

Makronen, Haferflocken- 226
Makronen, Tiroler 230
Makronenschnitten mit Mango 151
Makronentorte mit Vanillecreme 153
Mandelkekse 195
Mandel-Orangen-Kuchen 131
Mandelspritzgebäck 224
Mandeltorte mit Apfelsahne 155
Mandel-Zitronen-Torte 127
Mango, Makronenschnitten mit 151
Mangokuchen, Gestürzter 91
Mangosahnetorte 150
Mangosalsa, Filloteigecken mit 297
Marmorkuchen 124
Marzipanfüllung, Spekulatius mit 221
Marzipan-Orangen-Muffins 183
Marzipanplätzchen 23
Mehrkornbrot, Helles 268
Mexikanische Tortillafladen 256
Mexikanischer Bananenkuchen 85
Mini-Baisers 29
Mohnstriezel mit Birnen 166
Mohntorte, Gefüllte 105
Möhren-Nuss-Kuchen mit Ricotta 162
Möhrentorte 126

Mokkakranz 142
Mokkasahnerolle 137
Muffins, Aprikosen- 181
Muffins, Heidelbeer- 182
Muffins, Marzipan-Orangen- 183
Muffins, Obst- 13
Muffins, Parmesan- 282
Muffins, Schokoladen- 180
Muffins, Vollkorn- mit Johannisbeeren 179
Münchner Biskuit 25
Mürbeplätzchen, Bunte 231
Mürbeteig mit Nüssen 21
Mürbeteig, Grundrezept 20
Mürbeteig, Salziger 21

N

Naan-Brote, Indische 252
Napfkuchen, Schoko- 10
Nikolause, Hefe- 232
Nussbiskuit mit Äpfeln 27
Nusstorte, Engadiner 119

O

Obst, Cremetorte mit 161
Obstkuchen mit Streuseln 18
Obstmuffins 13
Obsttörtchen 20
Olivenschnecken 299
Orangenbaisers 147
Orangenjoghurt, Feigentorte mit 77
Orangenkuchen, Beschwipster 82
Orangenkuchen, Portugiesischer 80
Orangentorte, Große 79
Orientalische Gemüseecken 277

P

Panettone 218
Parmesanmuffins 282
Party-Hefegebäck 242
Pastetchen, Zwiebel- mit Salat 294
Pastete, Festliche Hackfleisch- 314
Pfannkuchen, Berliner 187
Pfeffernüsse 210
Pfirsichsahne, Biskuitrolle mit 136
Pie, Pilz- 309
Pikant gefüllte Weizenbrotrolle 265
Pilz-Pie 309
Piroggen, Kohlrabi- 288
Pissaladière 331
Pitta-Brote 257
Pizza mit Pilzen 324
Pizza mit vier Käsesorten 330
Pizza Napoletana 326
Pizzacracker, Italienische 293
Pizzatarte mit Artischocken 325
Pizzatarte mit Kirschtomaten 322
Plätzchen, Marzipan- 23
Plunderbrezeln 189
Plunderstücke 169
Portugiesischer Orangenkuchen 80
Preiselbeeren, Quarksahnetorte mit 158
Printen 35
Printen, Aachener 211
Putenfleisch, Empanadas mit 291

Q

Quarkcreme, Vanillekranz mit 143
Quark-Öl-Teig, Grundrezept 18
Quark-Sahne-Torte 108
Quarksahnetorte mit Preiselbeeren 158
Quarkstrudel, Herzhafter 33
Quiche Lorraine 319
Quiche, Kartoffel-Lauch- 312
Quiche, Spinat- 317
Quittentorte 78

R

Rehrücken mit Pistazien 113
Reis-Gemüse-Päckchen 285
Reiskuchen, Italienischer 106
Rhabarberkuchen mit Schmandguss 58
Rhabarbertorte mit Baiser 57
Ricotta, Möhren-Nuss-Kuchen mit 162
Ricottacreme, Schokokranz mit 134
Ricotta-Tarte mit Zitrusfrüchten 95
Rodonkuchen 11
Roggenbrötchen 17
Roggenbrötchen 243
Roggensauerteigbrot 262
Rosinen, Käsekuchen mit 111
Rosinenbrötchen 248
Rosinenkekse 196
Rührteig, Grundrezept 10
Rührteig, Streuselkuchen aus 117

S

Sachertorte, Wiener 130
Sahnefüllung, Erdbeerkuchen mit 156
Sahnejoghurt, Himbeertorte mit 140

Salziger Mürbeteig 21
Savarins mit Früchten 100
Schinkenkipferln 298
Schinkenstrudel mit Brokkoli 336
Schneeballen 177
Schnelle Kirschstreuseltorte 42
Schneller Brandteig 31
Schokocreme, Windbeutel mit 145
Schoko-Kirsch-Tarte 40
Schokokranz mit Ricottacreme 134
Schokoladenbiskuit 25
Schokoladenbrezeln 222
Schokoladen-Cookies 205
Schokoladencreme-Torte 148
Schokoladenmuffins 180
Schokoladentarte ohne Boden 101
Schokoladen-Walnuss-Kuchen 11
Schoko-Napfkuchen 10
Schokorolle mit Aprikosen 69
Schürzkuchen 202
Schwarzwälder Kirschtorte 98
Schweizer Apfelküchli 201
Scones, Kräuter- mit Ricotta 283
Sesam-Käse-Stangen 292
Shortbread 197
Sodabrot, Irisches 248
Sonnenblumen-Kartoffelbrot 260
Sonnenblumentaler 234
Sonntagsbrötchen 251
Spargeltarte 321
Spekulatius 221
Spekulatius mit Marzipanfüllung 221
Spinatquiche 317
Spitzbuben 235
Springerle 229
Spritzgebäck, Mandel- 224
Spritzkuchen, Eberswalder 186
Stollen, Christ- 216
Streuselkuchen aus Rührteig 117
Strudel mit Obstfüllung 32
Strudel, Allgäuer Kraut- 335
Strudel, Aprikosen- 33
Strudel, Herzhafter Quark- 33
Strudel, Italienischer Fleisch- 338
Strudel, Kirsch- mit Mandeln 43
Strudel, Schinken- mit Brokkoli 336
Strudel, Wiener Apfel- 67
Strudel, Wirsing- 339
Strudel, Zwetschgen-Quark- 88
Strudelteig, Grundrezept 32
Süße Brötchen 15

T

Tarte, Aprikosen-Müsli- 70
Tarte, Bananen- mit Zitronencreme
Tarte, Erdbeer-Ricotta- 55
Tarte, Johannisbeer- mit Marzipan 45
Tarte, Pizza- mit Artischocken 325
Tarte, Pizza- mit Kirschtomaten 322
Tarte, Ricotta- mit Zitrusfrüchten 95
Tarte, Schoko-Kirsch- 40
Tarte, Schokoladen- ohne Boden 101
Tarte, Spargel- 321
Tarte, Umgedrehte Apfel- 64
Tarte, Zitruscreme- mit Baiser 139
Teekuchen 114
Thunfisch, Tunesische Briks mit 300
Tiroler Makronen 230
Tomatengalettes mit Basilikum 279
Tortillafladen, Mexikanische 256
Tunesische Briks mit Thunfisch 300

U

Umgedrehte Apfeltarte 64
Umgedrehter Birnenkuchen 74

V

Vanillecreme, Makronentorte mit 153
Vanillekipferln 224
Vanillekranz mit Quarkcreme 143
Versunkene Kirschtörtchen 184
Vollkornmuffins mit Johannisbeeren 179

W

Walisischer Butterkuchen 121
Walnuss-Kuchen, Schokoladen- 11
Walnusstaler 223
Weihnachtsgebäck 34
Weinbrandkissen 203
Weincremetorte 154
Weißbrot, Lockeres 267
Weizenbrot, Dunkles 271
Weizenbrotrolle, Pikant gefüllte 265
Wiener Apfelstrudel 67
Wiener Biskuit 25
Wiener Sachertorte 130
Windbeutel 30
Windbeutel mit Guacamole 303
Windbeutel mit Sahne 146
Windbeutel mit Schokocreme 145
Wirsingstrudel 339

Z

Ziegenkäsetartelets 286
Zitronencreme, Bananentarte mit 83
Zitronenkuchen 109
Zitruscremetarte mit Baiser 139
Zucchini-Kuchen, Kartoffel- 311
Zwetschgendatschi 89
Zwetschgenküchlein 176
Zwetschgen-Quark-Strudel 88
Zwiebelkuchen 316
Zwiebelpastetchen mit Salat 294

Rezeptregister nach Teigarten

Baisermasse

Baiser mit Sahnefüllung 28
Baisermasse, Grundrezept 28
Kokosbusserln 227
Makronenschnitten mit Mango 151
Makronentorte mit Vanillecreme 153
Mini-Baisers 29
Orangenbaisers 147
Tiroler Makronen 230

Biskuitteig

Biskuitrolle mit Himbeeren 48
Biskuitrolle mit Pfirsichsahne 136
Biskuitrolle mit Sommerfrüchten 92
Biskuitteig, Grundrezept 24
Charlotte Russe 122
Cremetorte mit Obst 161
Eigelb- oder Goldbiskuit 25
Eiweiß- oder Silberbiskuit 25
Himbeertorte mit Sahnejoghurt 140
Mokkasahnerolle 137
Münchner Biskuit 25
Nussbiskuit mit Äpfeln 27
Portugiesischer Orangenkuchen 80
Quark-Sahne-Torte 108
Schokoladenbiskuit 25
Schokoladencreme-Torte 148
Schokorolle mit Aprikosen 69
Schwarzwälder Kirschtorte 98
Wiener Biskuit 25

Blätterteig

Birnentörtchen 200
Butterhörnchen 245
Festliche Hackfleischpastete 314
Griechische Fetataschen 276
Hörnchen mit Fruchtfüllung 168
Olivenschnecken 299
Plunderstücke 169
Schinkenkipferln 298
Zwiebelpastetchen mit Salat 294

Brandteig

Brandteig, Grundrezept 30
Eberswalder Spritzkuchen 186
Flockenschnitten 159
Käse-Brandteig-Ring 334
Schneller Brandteig 31
Schweizer Apfelküchli 201
Windbeutel 30
Windbeutel mit Guacamole 303
Windbeutel mit Sahne 146
Windbeutel mit Schokocreme 145

Filloteig

Baklava mit Früchten 198
Fillokörbchen mit Früchten 173
Fillosäckchen mit Fruchtfüllung 172
Filloteigecken mit Mangosalsa 297
Fillotörtchen mit Garnelen 287
Fillotörtchen mit Pfirsichen 171
Reis-Gemüse-Päckchen 285
Tunesische Briks mit Thunfisch 300

Hefeteig

Apfelkuchen vom Blech 63
Bagels 240
Bayerische Fleischtaschen 274
Berliner Pfannkuchen 187
Brioches 246
Buchteln mit Konfitüre 254
Christstollen 216
Dunkles Weizenbrot 271
Empanadas mit Putenfleisch 291
Flammkuchen Elsässer Art 320
Focaccia 253
Focaccia mit Kräutern und Oliven 15
Früchtebrot 261
Frühstücksbrötchen 14
Gefüllter Bienenstich 116
Glutenfreies Brot 266
Hefe-Nikolause 232
Hefeteig, Grundrezept 14
Helles Mehrkornbrot 268
Italienische Pizzacracker 293
Klassischer Hefezopf 259
Kletzenbrot 237
Kohlrabipiroggen 288
Lockeres Weißbrot 267
Mohnstriezel mit Birnen 166
Panettone 218
Party-Hefegebäck 242

Pikant gefüllte Weizenbrotrolle 265
Pilz-Pie 309
Pissaladière 331
Pitta-Brote 257
Pizza mit Pilzen 324
Pizza mit vier Käsesorten 330
Pizza Napoletana 326
Pizzatarte mit Artischocken 325
Pizzatarte mit Kirschtomaten 322
Plunderbrezeln 189
Roggenbrötchen 17
Rosinenbrötchen 248
Savarins mit Früchten 100
Schürzkuchen 202
Sonnenblumen-Kartoffelbrot 260
Sonntagsbrötchen 251
Spargeltarte 321
Süße Brötchen 15
Zwetschgendatschi 89
Zwetschgenküchlein 176
Zwiebelkuchen 316

Lebkuchenteig

Baseler Leckerli 214
Braune Kuchen 35
Elisenlebkuchen 215
Honigkuchen 213
Ingwer-Honigkuchen 35
Lebkuchen, Grundrezept 34
Pfeffernüsse 210
Printen 35
Weihnachtsgebäck 34

Mürbeteig

Aachener Printen 211
Ananaskuchen mit Johannisbeergelee 86
Apfel-Heidelbeer-Pie 61
Apfelkuchen mit Gitter 62
Aprikosen-Müsli-Tarte 70
Bananentarte mit Zitronencreme 83
Beerentörtchen mit Baiserhaube 174
Belgrader Brot 229
Birnenkuchen 73
Brokkolikuchen mit Lachs 306
Bunte Mürbeplätzchen 231
Engadiner Nusstorte 119
Erdbeer-Kiwi-Käsekuchen 52
Erdbeer-Ricotta-Tarte 55
Gedeckter Apfel-Weintrauben-Kuchen 68
Gefüllte Mohntorte 105
Große Orangentorte 79
Heidelbeerkuchen mit Grießguss 47
Indische Naan-Brote 252
Irisches Sodabrot 248
Johannisbeertarte mit Marzipan 45
Kartoffel-Lauch-Quiche 312
Käsekuchen mit Heidelbeeren 51
Käsekuchen mit Rosinen 111
Kirschkuchen mit Rahmguss 39
Kürbiskuchen 308
Lachstarteletts 280
Linzer Torte 104
Mangosahnetorte 150
Marzipanplätzchen 23
Mexikanische Tortillafladen 256
Mürbeteig mit Nüssen 21
Mürbeteig, Grundrezept 20
Obsttörtchen 20
Orientalische Gemüseecken 277
Quiche Lorraine 319
Quittentorte 78
Ricotta-Tarte mit Zitrusfrüchten 95
Salziger Mürbeteig 21
Schneeballen 177
Schnelle Kirschstreuseltorte 42
Sesam-Käse-Stangen 292
Shortbread 197
Sonnenblumentaler 234
Spekulatius 221
Spekulatius mit Marzipanfüllung 221
Spinatquiche 317
Spitzbuben 235
Springerle 229
Tomatengalettes mit Basilikum 279
Umgedrehte Apfeltarte 64
Vanillekipferln 224
Walnusstaler 223
Weinbrandkissen 203
Weincremetorte 154
Ziegenkäsetarteletts 286
Zitruscremetarte mit Baiser 139

Quark-Öl-Teig

Hackfleischrolle 332
Käsebrötchen 19
Kräuter-Zopfbrot 19
Lauchkuchen mit Pinienkernen 313
Obstkuchen mit Streuseln 18
Quark-Öl-Teig, Grundrezept 18
Rhabarberkuchen mit Schmandguss 58

Rührteig

Apfel-Müsli-Kekse 192
Aprikosenmuffins 181
Baumkuchen 208
Beerentorte mit Vanillecreme 56

Beschwipster Orangenkuchen 82
Brownies 190
Cantuccini mit Cranberries 219
Dattel-Walnuss-Kuchen 120
Donauwellen 103
Einfacher Kirschkuchen 38
Erdbeerkuchen mit Sahnefüllung 156
Erdnusskekse 195
Feigentorte mit Orangenjoghurt 77
Frankfurter Kranz 112
Gestürzter Mangokuchen 91
Gugelhupf 125
Haferflockenmakronen 226
Haselnusstorte 129
Heidelbeermuffins 182
Italienischer Reiskuchen 106
Johannisbeer-Quark-Kuchen 46
Kartoffel-Zucchini-Kuchen 311
Kleine Kaffeetorte 129
Kräuterscones mit Ricotta 283
Mandelkekse195
Mandel-Orangen-Kuchen 131
Mandelspritzgebäck 224
Mandeltorte mit Apfelsahne 155
Mandel-Zitronen-Torte 127
Marmorkuchen 124
Marzipan-Orangen-Muffins 183
Mexikanischer Bananenkuchen 85
Möhren-Nuss-Kuchen mit Ricotta 162
Möhrentorte 126
Mokkakranz 142
Obstmuffins 13
Parmesanmuffins 282
Rehrücken mit Pistazien 113
Rhabarbertorte mit Baiser 57
Rodonkuchen 11
Rosinenkekse 196
Rührteig, Grundrezept 10
Schoko-Kirsch-Tarte 40
Schokokranz mit Ricottacreme 134
Shokoladenbrezeln 222
Schokoladen-Cookies 205
Schokoladenmuffins 180
Schokoladentarte ohne Boden 101
Schokoladen-Walnuss-Kuchen 11
Schoko-Napfkuchen 10
Streuselkuchen aus Rührteig 117
Teekuchen 114
Umgedrehter Birnenkuchen 74
Vanillekranz mit Quarkcreme 143
Versunkene Kirschtörtchen 184
Vollkornmuffins mit Johannisbeeren 179
Walisischer Butterkuchen 121
Wiener Sachertorte 130
Zitronenkuchen 109

Strudelteig

Allgäuer Krautstrudel 335
Aprikosenstrudel 33
Herzhafter Quarkstrudel 33
Italienischer Fleischstrudel 338
Kirschstrudel mit Mandeln 43
Schinkenstrudel mit Brokkoli 336
Strudel mit Obstfüllung 32
Strudelteig, Grundrezept 32
Wiener Apfelstrudel 67
Wirsingstrudel 339
Zwetschgen-Quark-Strudel 88

Bildnachweis

Umschlag:
Food Fotografie Michael Brauner
Innenteil: © Reader's Digest